高等职业教育"十三五"规划教材——轨道交通类

供高职高专铁路通信、信号类专业用

铁路 GSM-R/调度通信设备维护

主编　　张重阳

主审　　李　伟

西南交通大学出版社

·成　都·

内容简介

本书结合铁路 GSM-R、FAS 数字调度通信系统实际网络运行设备,采用模块化结构,以铁路专用通信工作岗位为载体,以铁路 GSM-R、FAS 数字调度通信系统设备构成为主线进行编写,主要内容包括铁路 GSM-R/调度通信系统基础、铁路 FAS 调度通信设备维护、铁路 GSM-R 无线网设备维护、机车综合无线通信(CIR)设备维护等 4 个学习项目。

本书打破传统教材的章节结构形式,以铁路专用通信系统现有的工作任务及其工作过程为依据整合教学内容、设计教学项目。在项目学习过程中,既能完成必要的理论知识学习,又能掌握相关的实践技能,使理论与实践高度融合。

本书既可作为铁路通信专业、铁道通信信号专业、高速信号控制专业以及相关专业高职高专学生的教材,也可作为铁路通信、信号类专业教师及相关实验人员的教学参考书。

图书在版编目(CIP)数据

铁路 GSM-R/调度通信设备维护 / 张重阳主编. —成都:西南交通大学出版社,2015.9
高等职业教育"十三五"规划教材. 轨道交通类
ISBN 978-7-5643-4273-9

Ⅰ. ①铁… Ⅱ. ①张… Ⅲ. ①铁路运输－运输调度－数字通信－通信设备－维修－高等职业教育－教材 Ⅳ. ①U285.4

中国版本图书馆 CIP 数据核字(2015)第 209301 号

高等职业教育"十三五"规划教材——轨道交通类
铁路 GSM-R/调度通信设备维护
主编 张重阳

责 任 编 辑	李 伟	
特 邀 编 辑	张芬红	
封 面 设 计	何东琳设计工作室	
出 版 发 行	西南交通大学出版社 (四川省成都市金牛区交大路 146 号)	
发行部电话	028-87600564　028-87600533	
邮 政 编 码	610031	
网　　　址	http://www.xnjdcbs.com	
印　　　刷	四川森林印务有限责任公司	
成 品 尺 寸	185 mm × 260 mm	
印　　　张	18.5	
字　　　数	449 千	
版　　　次	2015 年 9 月第 1 版	
印　　　次	2015 年 9 月第 1 次	
书　　　号	ISBN 978-7-5643-4273-9	
定　　　价	39.80 元	

课件咨询电话:028-87600533

前　言

　　随着铁路跨越式的发展，铁路通信系统也迎来了划时代的转变，铁路对通信技术的要求趋向于大容量、数字化以及接入的移动化。而 GSM-R 通信系统是铁路信息化的基础平台和关键因素，在铁路信息化建设中占有举足轻重的地位。2010 年初，随着铁路通信管理体制的改革，中国铁通公司的铁路通信业务部分，重新回归原铁道部统一管理，各铁路局相继成立了铁路局直接管理的通信段，各铁路局需要大量的通信专业人才。

　　"铁路 GSM-R/调度通信设备维护"是高职高专院校铁路通信类专业必修的核心课程，是铁路信号类专业的必修课程，也是和学生今后就业联系最紧密的课程之一，在铁路通信类、信号类专业人才培养中起着非常重要的作用。其先修课程主要有"铁路通信概论""传输设备运行与维护""交换设备运行与维护""光缆线路施工""移动通信设备运行与维护"，后续课程有"接入网设备运行与维护""数据通信设备运行与维护""专业顶岗实习"等。

　　本课程在教学过程中起着承上启下的作用。通过本课程的学习，使学生具备铁路 FAS 调度通信设备维护、GSM-R 区段设备综合维护、铁路 GSM-R 无线网（BSS）设备维护及机车综合无线通信设备（CIR）维护等铁路 GSM-R/调度通信设备维护主要岗位的专业知识和专业技能，而且能够全面培养学生具有严格的纪律性和劳动组织、沟通协调、独立学习、获取信息、分析判断、总结及应用实践经验、决策及应变处理等综合素质与能力，为学生后续课程学习以及参加顶岗实习、撰写毕业论文奠定了坚实的基础。

　　本书以铁路专用通信工作岗位为载体，以铁路 GSM-R 移动通信、FAS 数字调度通信设备构成为主线，将铁路 GSM-R 专用移动通信系统现有的典型工作任务划分为铁路 GSM-R/调度通信理论基础、铁路 FAS 调度通信设备维护、铁路 GSM-R 无线网设备维护、机车综合无线通信（CIR）设备维护 4 个学习项目。

　　本书共分为 4 个项目。

　　项目 1：主要介绍铁路 GSM-R/调度通信系统基础，包括铁路通信网综述、铁路专用通信系统、铁路调度通信系统、铁路数字移动通信系统（GSM-R）、铁路无线列调系统 5 个学习任务。

　　项目 2：主要介绍铁路 FAS 调度通信设备维护，包括 FAS 数字调度通信系统构成、调度通信设备维护与故障处理 2 个学习任务。

　　项目 3：主要介绍铁路 GSM-R 无线网设备维护，包括 BSC 设备维护与故障处理、BTS 设备维护与故障处理、直放站设备维护与故障处理 3 个学习任务。

　　项目 4：主要介绍机车综合无线通信（CIR）设备维护，包括 CIR 设备系统构成、CIR/LBJ 设备操作使用、CIR/LBJ 设备出入库检测、CIR/LBJ 设备故障处理 4 个学习任务。

　　全书由西安铁路职业技术学院张重阳担任主编和统稿，并负责项目 1 任务 1.4、项目 2、项目3、项目4的编写。项目1任务1.1由西安铁路局西安通信段李贤乐编写，项目1任务1.2由西安铁路职业技术学院杨楠编写，项目1任务1.3由西安铁路职业技术学院杨国荣编写，项目1任务1.5由西安铁路职业技术学院李艳芳编写。全书由西安铁路局西安通信段总工兼副段长李伟担任主审。在本书编写过程中得到了西安铁路职业技术学院电子信息系主任孙津平教授、西安铁路局西安通信段高铁办主任王超、GSM-R核心网中心主任马莉的大力支持和帮助，在此表示衷心的感谢。

由于时间仓促，编者水平有限，书中不妥之处在所难免，恳请广大读者和行业专家批评指正。

编　者

2015 年 7 月

目　录

项目 1　铁路 GSM-R/调度通信系统基础

铁路通信系统主要由传输系统及接入系统、电话交换系统、数据通信系统、调度通信系统、无线列调系统、GSM-R 铁路专用移动通信系统、会议通信系统、广播与站场通信系统、电报与人工电话系统、应急通信系统、通信电源系统、机房设备与环境监控系统、综合视频监控系统、同步网、网管系统、通信线路等组成。本项目在综述铁路通信网的基础上，主要介绍铁路专用通信系统、铁路调度通信系统（FAS）、铁路数字移动通信系统（GSM-R）、铁路无线列调系统（450 MHz）等内容。

任务 1.1　铁路通信网综述

铁路通信系统是专门为铁路运输生产、经营管理、生活服务等建立的一整套通信系统，是运输生产的基础，是铁路实现集中统一指挥的重要手段，是保证行车安全、提高运输效率和改进管理水平的重要设施。铁路通信利用有线通信、无线通信、光纤通信等技术和设备，传输、交换和处理铁路运输生产和建设过程中的各种信息。

铁路通信系统的作用是在保证铁路列车运行安全、准点、高密度和高效率的基础上，形成铁路运输的集中统一指挥、行车调度自动化和列车运行自动化，是连接移动设备、固定设备、运输生产基地的纽带，是铁路运输生产及作业人员的信息沟通工具。

铁路运输作业分散在铁路沿线和各车站、车场上，为了统一指挥和调度列车运行、组织运输生产和铁路建设，需有一个迅速可靠、四通八达的铁路通信系统。从电信技术和设备应用于铁路通信的角度来看，铁路通信具有以下特点：

（1）铁路通信是设备分散、线路分支点多、组网难度较大的一种专用通信。铁路通信的架空明线、电缆线路等均沿铁路线设置。通信用的终端设备除了安装在铁路各管理机构外，还安装在铁路沿线的机务段、车务段、车辆段、工务段、电务段，以及沿线各车站、车场和工区。此外，铁路沿线每隔一两公里，还设置从通信线路分歧引出的区间电话，以满足行车事故应急通信和铁路沿线维护通信的需要。

（2）铁路通信是以运输为重点的通信。它的最主要任务之一是实现列车和机车车辆运行的统一调度和指挥，保证行车的安全和效率。因此，在铁路通信业务中，要确保调度电话和站间行车电话畅通，一旦发生自然灾害或事故，使铁路通信发生故障，应千方百计首先抢通调度电话和站间行车电话。

（3）铁路通信是一种有线与无线相结合的通信。铁路运输生产是通过列车和机车车辆的运行来实现的，为了便于运行中的列车和行车的指挥机构及时联系，铁路通信应发展成为一个以有线通信为主，而又广泛应用无线通信使两者相互结合的通信系统。

（4）铁路通信的业务种类繁多，设备多样化，且要求准确、迅速，分秒不断。因此，各国铁路一般建有综合性的专用铁路通信网。

按照中国铁路总公司（原铁道部）的行业标准，铁路通信的业务类型可分为以下几种类型：

（1）按服务区域一般可分为铁路长途通信、铁路地区通信、铁路区段通信、铁路站内通信等。

（2）按业务性质可分为铁路公用通信和铁路专用通信。铁路公用通信是铁路各部门相互间经过交换、传输系统进行联络的通信，如一般电话、电报等；铁路专用通信是专供某些业务部门间进行联络的通信，如各种调度电话、养路电话、站间电话、扳道电话等。

（3）按传输信号的性质分。

① 语音业务：包括干、局线调度通信，地区、长途电话通信，区段通信、区段调度，站场通信，无线列调，应急通信，列车通信，专用电话等。

② 数据业务：包括传真、电报、铁路调度指挥管理系统（TDCS）、调度集中（CTC）系统、客票发售、安全监控、系统办公管理等。

③ 图像业务：包括铁路综合视频监控与视频会议业务。

（4）按应用性质分。

① 地区、长途交换通信，含纯语音业务。

② 铁路专用通信，含语音、数据、图像、无线移动业务。

③ 会议通信，含语音和图像业务。

④ 应急抢险通信，含语音和图像业务。

⑤ 数据网络通信。

1.1.1　铁路通信网概况

铁路通信网历经多年的建设，现已基本形成了由基础网、移动通信网、业务网构成的通信网络架构，能提供基本的语音、数据、图像通信，满足铁路运输生产及运营指挥必要的通信需求。随着我国电信业再次重组的完成，2009 年 12 月 15 日，中国铁通正式拆分，其固话及宽带等业务留归中国移动所有；与铁路通信相关的业务及基础传输设施资产划转至中国铁路总公司（原铁道部），包括电报网、调度通信、站车广播、同步网、专用电话接入、铁路专用数据通信等。

铁路通信基础网主要包括通信线路（光缆、电缆）、传输网、数据通信网。全路通信光缆线路长度达到 23.1 万多公里，传输网网络基本覆盖 18 个铁路局及铁路沿线车站，由骨干层、汇聚层、接入层组成，基本采用光数字同步传输技术。铁路数据通信网由骨干网、区域网组成，基本采用 IP 技术。目前，铁路数据通信网骨干网已经建设，区域网在 9 个路局设置了核心节点及部分汇聚、接入节点，既有的 TMIS、DMIS、PMIS 等数据业务利用传输电路搭建专用信息网络。

铁路移动通信网主要由铁路 GSM-R 移动通信系统和无线列调系统组成，铁路 GSM-R 移动通信系统已经建成 12 个核心网节点，GSM-R 无线网覆盖铁路线 1 万多公里，主要是高速铁路、青藏铁路和大秦重载铁路线，大的站场、编组场基本实现移动通信覆盖；无线列调系统覆盖铁路线约 7 万公里，主要是普通铁路线。

铁路通信业务网主要包括电话交换网、调度通信网、电报网、会议电视网、应急通信网、视频监控系统。铁路电话交换网交换机全部为程控交换机（SPC）设备，在 2009 年中国铁通正式拆分后属中国移动公司所有，铁路专用固定电话用户总数量约为 28.9 万；铁路调度通信网基本实现了数字调度通信，实现了铁路总公司、局、站段的调度通信和站场专用通信，全路设置了调度所交换机 173 套，车站调度交换设备 6 888 套；铁路电报网担负着全路近 4 000 多个单位的电报往来业务，既有电报所有主备用电报交换机 42 套，电报终端 437 套；会议电视网、视频监控是铁路近期发展较快的业务，随着高速铁路建设，相关的部分路局建设了数字视频监控区域节点和 IP 会议电视设备（MCU），大部分铁路局在各站段自行建设了部分既有线视频监控系统和会议电视网。目前，会议电视网能够召开铁路总公司—路局—站段之间二级会议电视，视频监控系统尚未实现互联互通、路局资源共享；随着高速铁路建设和新建普通铁路建设及改造，应急通信在 8 个路局已建设了应急指挥中心设备，可提供现场话音和静图接入，客专线路还可提供现场动态图像接入。

随着铁路运输及信息化发展，铁路通信基础网和业务网为铁路运营指挥发挥了重要作用。然而，现有铁路通信网还存在许多问题，如基础网不能满足新增网络和通道的需要；电话交换网不能自主控制，铁路沿线新增固定电话用户比较困难；多处存在铁路与中国移动公司共用机房及设备，设备维护界面不清晰，通信网安全性不能得到有效保证；划转网络设备陈旧，功能有限，骨干层传输网设备制式已不能支持网络扩展；电报网业务内容单一，速率低，设备技术落后；与行车密切相关的 GSM-R 核心网和调度通信网缺少足够的备份机制，亟待提高网络可靠性；早期视频监控系统建设标准不一致，不能实现资源和信息共享；应急通信多数不能呈现现场的动态图像，隧道内应急通信措施尚不完善等。总之，目前的铁路通信网急需进行改造和完善，尽快提高基础网、移动通信网、业务网的能力和维护手段。

1.1.2　铁路通信网规划

1.1.2.1　基础网规划

1. 传输网规划

铁路传输网按骨干层、汇聚层、接入层三层结构建设。目前，传输网已覆盖全路路网。在 2011 年至 2015 年间，完成覆盖中国铁路总公司和 18 个铁路局的骨干层传输网更新改造，满足铁路既有业务和新增业务的需求；逐步改造完善各路局既有汇聚层传输网，新建线汇聚层传输网随着新建线建设；随着既有铁路线改造完善既有铁路接入层传输网，新建线接入层传输网随着新建线建设。

2. 数据通信网规划

铁路数据通信网按骨干网、区域网建设，到 2015 年实现全路覆盖。在 2011 年至 2015

年间，完成铁路数据通信网骨干网建设，以及与各路局区域网互联；结合客运专线建设项目，完成 18 个铁路局（公司）区域网建设；完善既有数据通信网汇聚层和部分接入层整合改造建设，满足铁路 IP 数据业务的需求。到 2015 年建成的全路数据通信网骨干网，以及骨干网与各路局区域网互联详见图 1-1-1 所示。

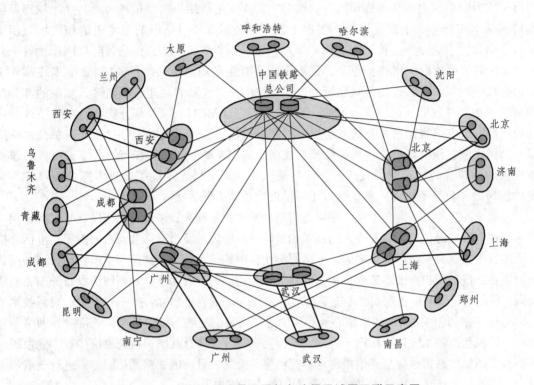

图 1-1-1　数据通信网骨干网与各路局区域网互联示意图

3. 同步网规划

铁路同步网由铁路时钟同步网、时间同步网构成。

铁路时钟同步网由骨干同步网和局内同步网组成。在 2011 年至 2015 年间，完成覆盖中国铁路总公司和 18 个铁路局的骨干同步网建设，调整既有同步网各级时钟跟踪源，满足铁路既有业务和新增业务的需求；随着既有铁路线改造和新建铁路线建设，逐步完善局内同步网，以及沿线二级及三级时钟设备的更新改造。全路时钟骨干同步网网络结构及基准时钟设备设置情况如图 1-1-2 所示。

铁路时间同步网按一级、二级、三级结构组网，时间同步网是近年来新建的网，目前只覆盖客运专线及相关路局。在 2011 年至 2015 年间，完成覆盖中国铁路总公司至 18 个铁路局的一级、二级节点时间设备建设及时间同步网，满足铁路既有业务和新增业务的需求；随着既有铁路线改造及新建铁路线建设，为三级节点时间设备提供了时间同步源接引，三级时间设备由相关专业设置。全路时间同步网网络结构如图 1-1-3 所示。

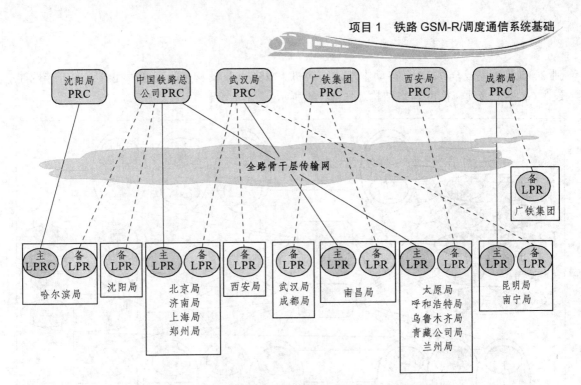

图 1-1-2　全路时钟骨干同步网网络结构示意图

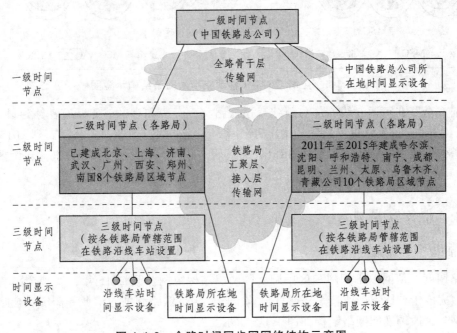

图 1-1-3　全路时间同步网网络结构示意图

1.1.2.2　移动通信网规划

GSM-R 移动交换网采用二级网络结构，即移动汇接网和移动本地网，在北京、武汉设置移动汇接网机（TMSC）设备，在 18 个路局及拉萨设置移动本地网交换机（MSC）设备。

到 2015 年，完成全路 19 个移动本地网交换机（MSC）建设及互联互通，完善移动汇接网建设。GSM-R 移动交换网网络结构如图 1-1-4 所示。

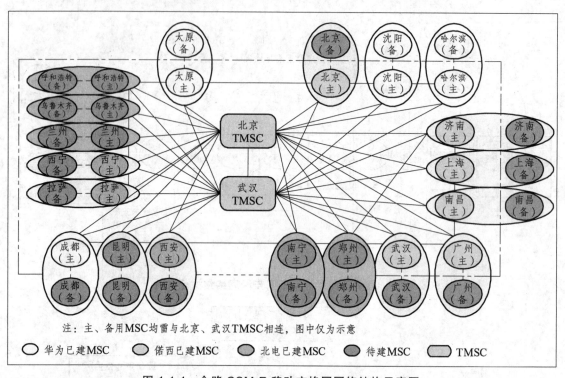

图 1-1-4　全路 GSM-R 移动交换网网络结构示意图

目前，全路在客运专线、部分新建普速铁路、大秦线和京九线等既有铁路建设 GSM-R 无线网，GSM-R 覆盖总里程累计约达 1 万公里，无线列调覆盖约 7 万公里。到 2015 年，完成全部繁忙干线及部分重要干线的 GSM-R 无线网络建设，共计约 1.8 万公里，建设重载线路 GSM-R 无线网 0.2 万公里，既有线改造建设无线列调约 0.8 万公里。

1.1.2.3　业务网规划

1. 调度通信网规划

铁路调度通信网按干调网和区段调度网两层结构组网。到 2015 年，实现全路调度通信数字化，完成干调网更新改造，完善区段调度网，满足铁路调度通信业务需求。全路调度通信干调网与区段调度网网络结构如图 1-1-5 所示。

2. 会议电视网规划

铁路会议电视网按铁路总公司会议网和局会议网两层结构组网。到 2015 年，实现全路统一采用基于 IP 网络的 H.323 标准组建会议电视网，提供中国铁路总公司—路局—站段、路局—站段—车间及站段内会议电视业务。全路铁路总公司会议电视网与局会议电视网络结构如图 1-1-6 所示。

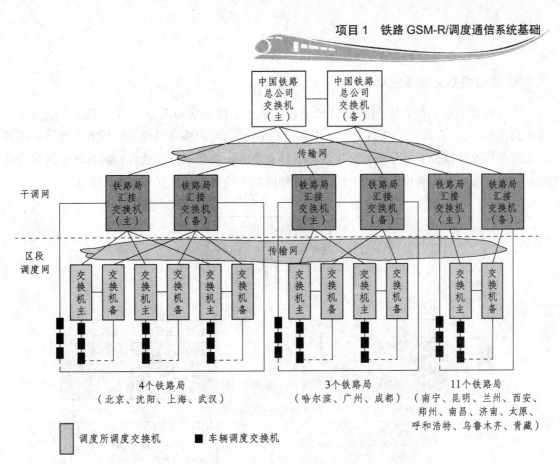

图 1-1-5　全路干调网与区段调度网网络结构示意图

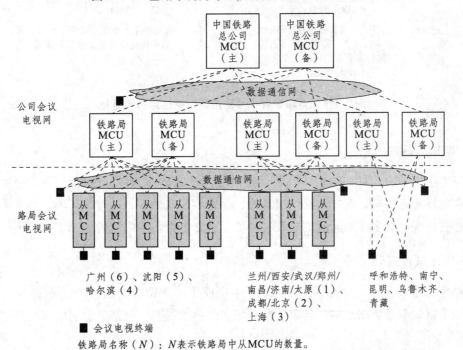

图 1-1-6　全路铁路总公司会议电视网与局会议电视网网络结构示意图

3. 综合视频监控系统规划

综合视频监控系统按中国铁路总公司核心节点、路局区域节点、接入节点三层结构组建。到 2015 年，完成中国铁路总公司视频核心节点、18 个铁路局视频区域节点建设；视频接入节点和视频监控采集点随着高速铁路、客运专线、新建铁路线建设；随着既有铁路线路改造，完善既有视频监控系统。全路综合视频监控系统网络结构如图 1-1-7 所示。

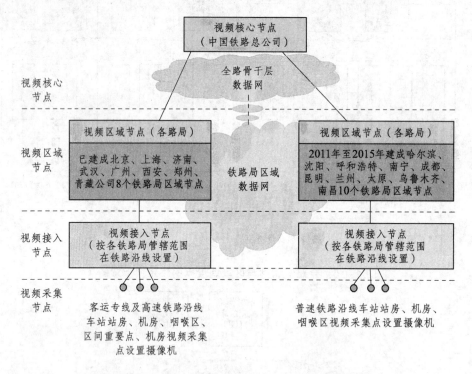

图 1-1-7　全路综合视频监控系统网络结构示意图

4. 电报网规划

铁路电报网采用计算机 IP 技术及新设备组网，到 2015 年，替换既有落后的电报网设备，满足铁路电报业务要求，发挥铁路电报准确、保密、时间性强、可查找追溯、具有法定效力的优点，并可提供更多、更灵活的收发报手段。全路电报网网络结构如图 1-1-8 所示。

5. 应急通信规划

铁路应急通信网按二级组网，到 2015 年完成中国铁路总公司中心、铁路局分中心建设，实现全路应急通信网组网，满足铁路现场应急抢险需要。全路应急通信网网络结构如图 1-1-9 所示。

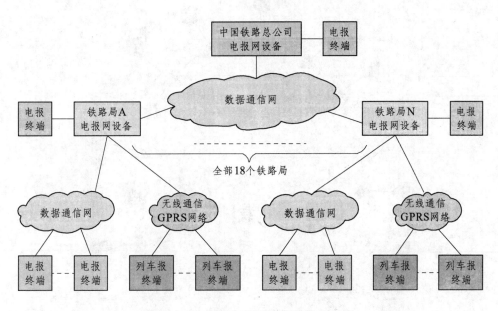

图 1-1-8 全路电报网网络结构示意图

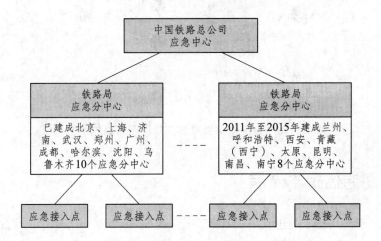

图 1-1-9 全路应急通信网网络结构示意图

6. 电话交换网规划

采用软交换技术组建铁路专用的电话交换网，到 2015 年完成覆盖 18 个铁路局的软交换设备建设，满足铁路各业务部门对固定电话用户需求。全路软交换电话交换网网络结构如图 1-1-10 所示。

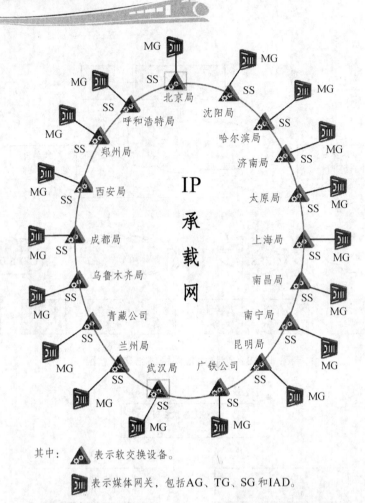

其中：▲ 表示软交换设备。

▥ 表示媒体网关，包括AG、TG、SG和IAD。

图 1-1-10　全路软交换电话交换网网络结构示意图

1.1.3　铁路通信技术发展

近年来，由于高新技术的迅猛发展，经济全球化和社会信息化的趋势日益明显。语音、图像特别是以 IP 为代表的数据业务快速增长，新型业务不断涌现，导致了对网络带宽的巨大需求。全球通信网络主导业务正以语音业务为中心向以数据业务为中心过渡，网络体系架构正向高速、大容量和高质量服务方向飞速发展。为了满足通信业务迅速发展的需要，在移动通信和基础网方面的新技术、大容量、智能化的设备不断更新换代；业务网逐渐向基于 IP 技术上发展更新。从 2008 年开始，原铁道部根据通信业务发展的需要，制定了视频监控、会议电视、应急通信、数据通信、时间同步、GSM-R 移动通信等一系列组网技术标准及设计规范，并在"十二五"通信网规划期内延续采用。

下面将重点介绍传输网技术、数据通信网承载技术、移动通信网技术、调度通信网、会议电视技术、视频监控技术和软交换技术的发展情况。

1.1.3.1　传输网技术发展

基于光传输网的现状及其发展趋势，要求光传送平台具备以下特征：具有满足不同网络容量的传输能力，开放、支持多业务传输；可升级性、可靠的业务保护和恢复机制，较高的性能价格比；可以最大限度地利用波长和光纤资源满足带宽需求，节省投资；为即将到来的全光网络奠定坚实的技术基础。

DWDM 密集波分复用技术、OTN 光传送网技术、SDH 同步数字技术、MSTP 多业务传送系统技术等作为光传输网的主流技术，其网络容量、传送能力、网管功能等均能满足光传输网络业务传送的需求，且其技术成熟，多厂家支持，商用化程度高，并可持续发展。

随着国内外通信技术的不断发展，OTN 光传送网技术在骨干网建设中逐渐取代 DWDM 密集波分复用技术，OTN 设备传送带宽容量大，具备智能化且能承载大颗粒的 TDM、IP 通信业务。结合通信发展新技术，本规划铁路骨干层传输网或部分主要汇聚层传输网主要考虑利用 OTN 光传送网技术与 MSTP 传输技术相结合，建设一个全路的骨干层 OTN 光传送网 + MSTP 传输网络。

1.1.3.2　数据通信网承载技术发展

目前，在 IP 数据通信网承载方式上，有以下方式可以选择：IP over SDH、IP over WDM、MSTP 等主流技术以及近年出现的 OTN 等传送技术。此技术可通过传输网解决长距离的信息传送，主要用于数据通信网骨干网，以及区域网核心节点至汇聚节点、汇聚节点与远距离接入节点间的信息传送，具有较高的吞吐量、较低的协议开销，可有效降低建设费用。

由于 OTN 技术并不支持 GE 以下颗粒业务的映射与调度，目前 IP 数据通信网采用 OTN 承载时，最小带宽只能为 GE 光接口；采用 MSTP 承载时，可根据业务流量需求按 $N \times$ 2M 带宽捆绑设置 FE 接口；采用 MSTP 或 SDH 承载时，可按 155M、622M 带宽设置 POS 接口。

数据通信网络直接承载于裸光纤上，一般应用于城域内、短距离的高速链路互联。

PTN 技术主要定位于城域网的汇聚接入层，满足 TDM、ATM、IP 业务的统一接入，解决传统 SDH/MSTP 传送网络无法适应分组业务的大规模应用缺陷。

通过以上分析，建议在数据通信网建设中，汇聚节点以上长途链路可选择 OTN 承载方式；在传输 OTN 网络无法覆盖的节点，可以使用传输系统提供 POS 接口。传输系统带宽不能满足要求时，接入节点可选择裸光纤作为基础承载链路。

业务接入优先选择 MSTP 与 PTN，在传输系统容量不能满足要求时，也可以选择裸光纤方式。

1.1.3.3　移动通信网技术发展

对于 MSC 的备份，引进软交换及 Pool 技术，保持铁路移动通信系统的技术进步。

无线网规划，可根据技术发展情况，采用新技术，更好地解决现场问题。分布式基站克服了 BBU 与 RRU 之间的时延，保证了 RRU 空口发射完全同步；同时也拓宽了单小区的覆盖范围，减少了小区间的切换，一定程度上降低了频率规划难度，减少了系统内部干扰；此外 BBU 冗余备份机制也提高了无线系统的可靠性。无线网规划时，可根据实际情况在并线、交叉、枢纽地区使用分布式基站。

随着 3GPP 版本的不断升级，以及各大设备供应商产品的更新换代，同时，随着业务需求的不断扩展，视频监控、电视会议等宽带业务移动接入的需求不断增加，GSM-R 系统将难以作为统一的平台承载宽带业务。因此，UIC 已着手开展未来铁路宽带移动通信系统在铁路中应用的研究工作，并对 LTE（长期演进）系统的需求进行深入分析，GSM-R 将向 LTE-R 技术演进。

1.1.3.4 调度通信网技术发展

目前，调度通信技术主要分电路交换调度和 IP 多媒体调度两种。

数字调度交换机是目前铁路调度通信组网中主要采用的技术和设备。随着多媒体技术的不断成熟，多媒体调度通信将是一个发展方向。然而，铁路调度通信为铁路运输指挥提供调度通信业务网，对网络的安全性和可靠性要求很高。对于多媒体调度通信，主要采用 IP 技术，在网络安全性上不如电路交换调度通信强。

近年来，根据铁路通信发展的需要，各调度设备生产厂商，先后推出交换容量为 4 096 × 4 096 的调度交换机，具有与 GSM-R 通信系统互联互通的能力。在网络组网中可实现主设备双机主备用方式，通过双接口连接调度台，可实现在单点故障状态的无故障通信，满足铁路调度通信网系统组网设备的冗余要求。

电路交换调度通信在铁路调度通信网中运用成熟、安全可靠，而且，由于铁路调度通信主要是实现语音调度通信功能，在 2011 年至 2015 年规划建设中仍然建议采用电路交换构建铁路调度通信网。

1.1.3.5 会议电视技术发展

H.320、H.323 是目前会议电视网中主要的两个协议标准。

H.320 标准是视频会议的早期建议之一，主要针对窄带 ISDN 网，存在固有的局限性。

H.323 标准涵盖了音频、视频及数据在以 IP 包为基础的网络（LAN、Extranet 和 Internet）上的通信，建立 H.323 标准是为了允许不同厂商的多媒体产品和应用能够互操作。H.323 标准组网方式灵活，逐渐成为多媒体视讯会议的主流技术。因此，综合兼容性、互通性、可扩展性等方面的考虑，推荐采用基于 IP 网络的 H.323 标准组织铁路会议电视网。

会议电视的编码标准常用的是 MPEG-4 和 H.264，H.264 作为一种新的国际标准，它在编码效率、图像质量、网络亲和性和抗误码方面都取得了成功。铁路会议电视网推荐采用基于 H.264 的编码方式。

现有主流厂家的 MCU 设备均支持 H.323 标准、H.264 标准，可实现标清（CIF，2M 带宽）终端接入端口数量为 100 ~ 1 000 × 2M。正在建设的客运专线逐渐在主要会场采用高清

（720 P 及以上，8M 带宽）终端，因此，需要具体考虑各个路局会议终端类型和数量来选择路局会议电视组网方案和带宽需求。

1.1.3.6　视频监控技术发展

视频监控系统主要经历了模拟视频监控系统、数字化视频监控系统、网络化视频监控系统、智能化视频监控系统 4 个发展阶段。

在上述 4 个发展阶段中，除模拟视频监控系统不再建设和采用外，其他 3 个阶段没有明确界限，在目前的视频系统建设中同时存在。随着视频监控领域的需求不断扩大，IP 摄像机和高清视频技术近年来发展迅速，技术和产品日渐成熟，尤其是高清摄像机已被越来越多地应用于机场、公路交通、重要场馆等场所，高清视频也为智能分析提供了更好的效果。

综合视频监控系统主要以第三阶段和第四阶段为主。智能化视频在铁路上的应用范围不大，但在国内已经走在了技术发展的前沿。

目前，随着铁路业务的发展需要，在铁路沿线车站安检区采用 720 P、1 080 P 等高清分辨率摄像机进行监控，线路监控中入侵检测、车站安检区的人脸识别等行为分析检测模式需求在不断增加，图像高清化、智能化视频的应用会逐步体现在综合视频监控系统中。

1.1.3.7　电话交换技术发展

传统的程控交换机（SPC）由于产品生命周期及技术发展等因素，大部分通信设备生产商已经停止这类交换机的生产，电话交换网将逐步向下一代网络（NGN）演进。下一代交换网的主要技术有软交换和 IP 多媒体系统（IMS）。IMS 更具技术的先进性，但是目前阶段，软交换无论从成熟度、商用、价格等各个方面都优于 IMS。铁路行业结合高安全性和高稳定性需求，可采用软交换技术作为实施方案，并预留软交换向 IMS 二次融合升级的条件。

课后思考

1. 铁路通信系统主要由哪几部分构成？

2. 铁路通信系统的作用主要表现在哪几个方面？

3. 铁路通信具有哪些特点？

4. 铁路通信的业务可分为哪几种类型？

5. 铁路通信网由哪几部分组成？

6. 铁路通信业务网主要包括哪几个方面？

7. 铁路基础网规划包括哪几个方面？如何规划？请画图表示。

8. 铁路移动通信网是如何规划的？请画图表示。

9. 铁路业务网规划包括哪几个方面？如何规划？请画图表示。

10. 简述铁路通信技术发展状况。

任务 1.2　铁路专用通信系统

铁路专用通信一般是指专用于组织及指挥铁路运输及生产的专用通信设备。这些设备专用于某一目的，接通一些所指定的用户，一般不与公务通信的电报、电话网连接。铁路专用通信系统主要包括调度电话、专用电话、公用电话以及区间电话和站间电话等，此外还为铁路调度集中系统（CTC）、牵引供电远动系统、车辆故障检测系统、自动闭塞、电力远动系统和低速数字传输系统提供传输通道。铁路专用通信系统的另一重要内容是铁路站场通信，站场通信主要服务于铁路站场，用户线以站场值班室为中心向外辐射，用户集中在几十平方米到几平方公里的范围内。站场通信包括站场专用电话、扳道电话、车站扩音对讲设备、站场扩音设备、站场无线电话等。现就铁路专用通信主要内容及发展分述如下。

1.2.1　调度电话

调度电话是铁路各级业务指挥系统使用的专用电话，均为封闭式的专用电话系统。中国铁路总公司至各铁路局间设干线调度电话；铁路局至局管内各铁路分局、编组站及区段站间设局线调度电话。这两种调度电话分别利用干、局线通信通道组成调度通信网，所用的设备和行车调度电话设备相似。铁路基层使用的调度电话有以下几种。

1. 列车调度电话

列车调度电话供列车调度员与其管辖区段内所有的分机进行有关列车运行通话之用。在列车调度回线上，只允许接入与列车运行直接相关的车站（场）值班员、车站调度员、机务段（或折返段）值班员、列车段（或车务段）值班员、机车调度员及电力牵引变电所值班员处。

列车调度电话应能使调度员迅速方便地呼叫区段内的任何一个车站（单呼）、一批车站（组呼）或区段内的全部车站（全呼），并与他们互相通话；任何车站也可以方便地对列车调度员呼叫并进行通话。

为了更加灵活方便地进行调度电话通信，列车调度电话必要时还应能使调度员与该区段中行进的列车司机相互通话，为了适应这种情况，还需列车无线调度电话。因调度区段的划分或传输衰减的要求，也采用遥控电路组成有线和无线相结合的无线列调系统。我国铁路区段上也有将列车调度电话（有线），通过转接设备与列车无线调度电话连接起来，构成有线-无线列车调度电话系统，如图 1-2-1 所示。

有线-无线调度电话系统包括调度电话总机、调度电话分机、调度回线以及转接总机、转接分机、车站电台、机车电台等。

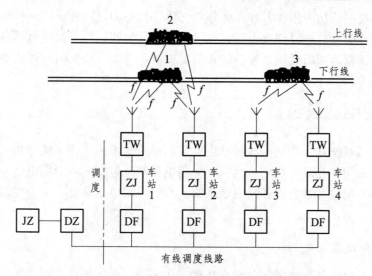

图 1-2-1 有线-无线调度电话系统示意图

TW—铁路车站无线电台；ZJ—有线-无线转换设备；DZ—有线调度总机；
DF—有线调度分机；JZ—转接总机

在有线-无线调度电话系统中，调度员通过调度所设备、调度回线以及调度电话总机可以呼叫调度电话分机；同理，车站值班通过上述设备亦可呼叫调度员。当车站值班员需与在本区间中行进的司机通话时，车站值班员的话音电流经车站固定台调制而变为高频电能，通过天线把高频能量变换为电磁波能量向周围空间辐射，于是被在此区间的机车电台接收，经过解调后将高频能量转换成话音电流，从而可以通话；同理，司机也可通过机车电台同邻近车站值班员讲话。需注意的是，机车电台只能在某区间内呼出邻近车站电台，若机车在第三站与第四站之间运行，只能和第三站或第四站车站台通话，而不能和第二站、第五站或调度所直接通话。

2. 电力调度电话

电力调度电话主要供铁路电气化区段管理接触网供电之用。电力调度电话区段的划分，必须与电力调度员管辖区一致。

电力调度电话设备与行车调度电话设备相同，二者仅使用场合与用途不同而已。电力调度电话总机设在分局调度所，分机设在牵引变电所值班员室、开闭所、接触网工区、分区亭、AT所、电力机车段及折返段的值班员室、供电段调度室、无接触网工区的中间站车站值班员室。

电气化铁路的牵引电源均由电业部门供电，因此铁路供电设备的运用、停电、检修等业务，应与有关电业部门的电力调度所联系。由于供电直接影响列车运行，需要及时、迅速联系，所以电力调度台与有关电力调度所间应设直通电话或专用电话。

3. 货运调度电话

货运调度电话供调度货运车辆以及指挥各主要车站装卸货物作业之用。货运调度电话区段的划分，应与货运调度员管辖区一致，调度电话设备和行车调度电话设备相同。货运调度电话总机设在分局调度所，分机设在中间站货运员及区段站、编组站、货运站的货运调度员处。

由于铁路调度电话均为指挥各种业务作业之用，具有相当的重要性，应保证通信迅速、不中断，且具有准确性。所以调度电话，尤其是干调、局调、列车调度电话应有备用通信手段。各种调度电话都为封闭系统，且在通常情况下，不考虑各分机间的通话要求。

1.2.2 专用电话系统

铁路专用电话系统是为铁路沿线各基层单位如车站、工区、领工区等相互间以及与基层系统的上级领导机构相互联系之用。目前，专用电话系统包括电务专用电话系统、工务专用电话系统、车务专用电话系统、各站电话系统、水电专用电话系统、电力专用电话系统和桥隧守护电话系统。

1. 电务专用电话系统

电务专用电话供电务段技术人员调度指挥工作之用，以保证在车站和区间内的信号设备和通信设备可靠工作。电务专用电话分机一般安装在通信工区、信号工区、电缆工区和领工区，当总机设在通信站时，在电务段调度室亦应设置专用电话机。

2. 工务专用电话系统

工务专用电话供工务段技术人员调度管理工作、维护线路设备和建筑物之用，一般俗称养路电话。养路电话一般设置在养路工区、路基工区、桥隧工区和领工区。根据需要，在桥梁和隧道的巡守工值班室、特殊看守的地点也可设置。当总机不在电务段调度室时，调度室内应设置专用电话分机。

3. 车务专用电话系统

车务专用电话供车务段技术人员进行调度管理之用。车务电话一般设置在中间站的车站值班员室、中间站其他必要的地点和车务段调度室。

4. 各站电话系统

各站电话系统供铁路各区段内车站间相互业务通话之用。目前，我国各站电话有人工接续方式和自动接续方式两种。现仅以人工接续方式为例说明通信网的基本组成，如图 1-2-2 所示。

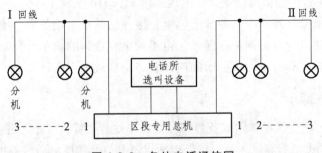

图 1-2-2　各站电话通信网

各站电话设备包括各站电话总机、各站回线以及各站电话分机和电话所选叫设备等。在人工接续方式中，各用户彼此间通话是借助于电话员的转接完成的。各站电话用户不仅彼此间可以通话，而且通过电话员的转接也可以和地区电话用户及长途用户通话。随着近年来铁路电话通信的发展，中间站自动电话系统迅速普及，所以各站电话系统，已没有必要和地区及长途电话联网，因此各站电话系统已逐步趋于封闭式的电话网。为了确保列车调度电话的畅通，构成通信网时，应考虑将各站回线作为列车调度电话回线的备用线。各站电话分机一般设在车站值班员室，列车乘降所，货运室，通信、信号、电力接触网工区及领工区，变电所，分区亭，给水所及领工区，公安派出所，学校，采石场和车务段等。各站电话系统一个区段内连接的分机数量一般在 10 ~ 15 台内，超过 15 台时，可将各站回线分段。远区段超过衰耗标准时，可采用遥控通路完成通信。

5. 水电专用电话系统

水电专用电话供水电段技术人员进行生产调度及管理之用。水电电话一般设置在水电段变电所值班员室、电力工区及领工区、自动闭塞电力工区及领工区、给水所及领工区和水电段值班室。

6. 电力专用电话系统

电力专用电话供交流电气化铁路区段的牵引供电段的技术人员进行生产管理之用。电力专用电话设在沿线的接触网工区、牵引变电所、开闭所、分区亭、AT 所及领工区。

7. 桥隧守护电话系统

根据《铁路通信设计规范》的规定，铁路桥梁、隧道和隧道天井由部队守护时，应装设守护电话；直接指挥桥梁、隧道守护部队的连、营部亦应装设守护电话。

1.2.3　区间电话

区间电话是供运转车长当列车在区间内被迫停车及工务、电务、电力等工作人员在区间工作时，与车站值班员或有关领导人员进行紧急防护及业务通话之用。区间电话能直接构成和邻近车站值班员的联系，并能接通该区段内的列车调度、电力调度、客站、工务、电务、水电电话回线以及通过有关回线接通长途台。

通信机械室设区间电话转接机，一般把区间电话机装在铸铁盒内，安装在电杆上。为保证列车调度回线的质量，接线盒一般不接列车调度回线，应分别接各站、工务回线。列车在区间被迫停车时，可根据情况利用各站或工务电话，经长途台接通列车调度员。

在电缆区段一般设一对区间电话回线。在电气化区段，因电力牵引供电直接影响列车运行，维修接触网时，时间要求紧急，因此应加设一对供电力维修专用的区间电话回线，通过转接扳键可随时接通电力调度回线。

区间电话机或接线盒的间隔，一般不应大于 1.5 km。在自动闭塞区段，其位置应与通过信号机相对应，距信号机的距离不得大于 100 m。

1.2.4 中间站自动电话

在铁路沿线各中间站为各种用户设置自动电话，将其纳入邻近大站的自动电话总机中，以实现各中间站的非公务电话。中间站自动电话通道目前大都使用光接入网设备解决。

铁路区段通信系统，除了包括上述 4 种电话系统外，还应给其他为铁路运输服务的信息提供通道，如铁路调度集中系统的信号，牵引供电远动系统、自动闭塞、电力远动系统的控制信号，车辆故障检测系统的信息，列车确报电报信号等，这些均可使用铁路区段通信系统的通道。

列车确报电报是供相邻编组站及编组站与区段站之间及时传递列车编组顺序之用，以便根据确报，正确、及时地掌握车流，编制分局和车站作业计划。分局确报所需要收集本分局管内各确报所的确报信息，以掌握运输状况，因此，列车确报电报网是以分局确报所为中心汇接本分局管内的各个确报报路。

1.2.5 铁路站场通信系统

铁路站场通信系统主要是解决站场工作人员相互通信的问题，其主要设备是车站电话集中机、站场扩音机等。铁路站场通信系统包括站场电话系统、站场扩音对讲系统、站场无线电话系统和客运广播系统，如图 1-2-3 所示。

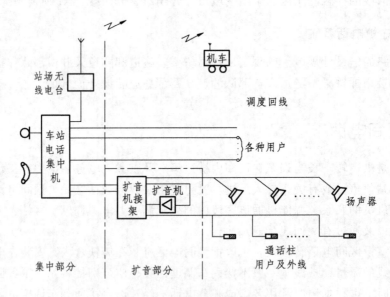

图 1-2-3　站场通信网示意图

1. 站场电话系统

站场电话系统供站内运输人员指挥站内行车和调车作业，以及联系车站日常运输组织工作之用。它由站内纵向通话系统和横向通话系统两部分构成，如图 1-2-4 所示。

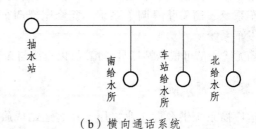

（a）纵向通话系统　　　　　　　　（b）横向通话系统

图 1-2-4　站场电话系统示意图

在编组站、区段站、客运站和货运站，应以下列指挥人员为中心设置集中式电话设备，构成放射状的纵向通话系统。

（1）车站调度员；

（2）车站（场）值班员；

（3）调车区长；

（4）驼峰值班员；

（5）货运调度员；

（6）货运值班员；

（7）列检所值班员；

（8）列车段（车务段）值班员；

（9）机务段（折返段）值班员。

站场横向通话系统指运输作业人员相互间联系的业务电话，如调车员、车号员、列检人员以及统计、货运、客运、给水等系统。每一业务系统均设置单独回线，每一回线可采用磁石式或共线自动式电话并联连接。

2. 站场扩音对讲系统

站场扩音对讲系统包括行车作业系统使用的对讲设备以及供调车作业系统使用的对讲设备。前者以车站值班员为中心，连接有关用户进行扩音对讲；后者则以调车区长为中心，连接所属各部门用户进行扩音对讲。

扩音对讲设备由电话集中机、扩音机、扩音转接机、室外扩音通话柱、扬声器等部分组成。

通过上述设备，室内值班人员与室外作业人员可以互相对讲，并且室内值班人员和室外作业人员都可以向室外扩音。

3. 站场无线电话系统

站场流动作业人员横向之间和流动作业人员与固定作业人员纵向之间，均需要及时联系。为保证作业人员的安全和提高工作效率，有条件时，应尽量采用站场无线电话设备。流动作业人员携带袖珍电台与固定工作人员处设置的固定电台联系，或流动作业人员相互间通话联系，可以代替站场内的有线电话和扩音对讲设备，且灵活方便，降低站场噪声分贝数，是发展站场通信的方向。

站场无线电话设备采用的工作频率应选用国家无线电管理委员会分配给铁路站场的专用频率。

在编组站、区段站、客运站、客车技术整备所，可建立下列站场无线电话系统：机械化驼峰调车系统、简易驼峰调车系统、驼峰尾部调车系统、联送调车系统、检车系统、车号系统、接发车系统等。

站场无线通信可根据站场具体情况，以有线与无线结合方式构成，也可全部按无线方式构成。

4. 客运广播系统

客运广播系统供客运作业之用。在客运站或旅客最高峰人数大于 300 人的客、货运站，可装设客运扩音设备。扩音机应设在广播室或邻近的通信机械室内。

为了便于客运服务，客运扩音设备常采用分路输出，即通过分路控制设备可以分别向候车室、各站台、站前广场等处进行广播。对于扬声器的配置应注意和扩音机的输出阻抗匹配，并应注意声音效果。

1.2.6　区段数字调度系统

区段数字调度系统是近几年投入使用的铁路数字专用通信系统，它采用了数字时分交换技术、计算机硬软件控制技术、数字信号处理技术和环形网络自动保护技术等，集中了传统的区段调度、专用通信、站场、站间通信、区间电话等功能，实现了区段、车站通信设备一体化。

区段数字调度系统组网时，由 1 套主系统和若干套车站分系统组成，主系统设于站段调度所或大型调试指挥中心车站；分系统由数字调度主机、车站操作台组成，设于站段管辖范围内的各车站。主系统与分系统之间通过 2 Mbit 数字传输通道相连，主要用于接入车站操作台、远端调度分机、站间电话、区间电话和站场电话等，如图 1-2-5 所示。

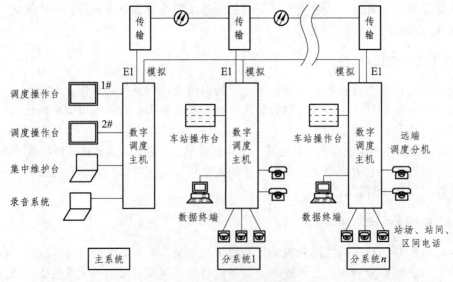

图 1-2-5　区段数字调度系统

1.2.7　通信线路与设备

1. 通信线路

通信线路包括长途通信光电缆线路、地区通信光电缆线路、站场通信光电缆线路、漏泄同轴电缆线路、天线铁塔等。地区站场电缆包括全塑市话电缆、低频对称电缆、光缆和广播控制电缆。电缆线路施工程序与长途光电缆线路类似，区别是其施工地域相对集中，短段电缆、分支电缆较多，市话电缆芯数较多，测试相对简单，人力需要较少。

2. 通信设备

通信站设备包括传输、交换、专用通信等主要系统的核心设备以及电源设备、引入配线设备、网管设备等。通信设备主要施工工序为：列架和槽道的安装、电源设备安装、机架、引入配线设备安装配线、接地装置连接等，设备安装一般采用防静电地板下设底座加固方式。机械室设备包括引入综合柜、配线柜（箱）、电源设备、传输及接入设备、区段数字通信调度系统车站分系统、扩音设备、无线设备等，设备安装一般采用水泥地面直接固定安装方式。传输及接入系统调试完成后可开始各种专用通信及区段通信设备的调试。

课后思考

1. 什么是铁路专用通信？铁路专用通信系统主要包括哪几个方面？
2. 铁路基层使用的调度电话有哪几种？
3. 专用电话系统包括哪几个方面？其主要作用是什么？
4. 什么是区间电话？其主要作用是什么？
5. 铁路站场通信系统包括哪几个方面？其系统主要解决什么问题？主要设备有哪些？
6. 简述区段数字调度系统及其组成。

任务 1.3　铁路调度通信系统

1.3.1　铁路调度通信系统结构

为指挥列车运行，保证运输安全，铁路历来有一套完善的调度指挥系统。铁路调度系统按机构可分为铁路总公司调度和铁路局调度两级，如图 1-3-1 所示。

铁路总公司调度是铁路总公司指挥各铁路局，协调完成全国铁路运输计划的工作，其按调度业务性质分为行调、客调、军调、特调、车流、集装箱、机车、车辆、电力、工务、电务调度等。其调度通信网络结构是以中国铁路总公司为中心，对各铁路局呈一点对多点的星形复合网络，我们习惯上称之为干线调度，简称干调。

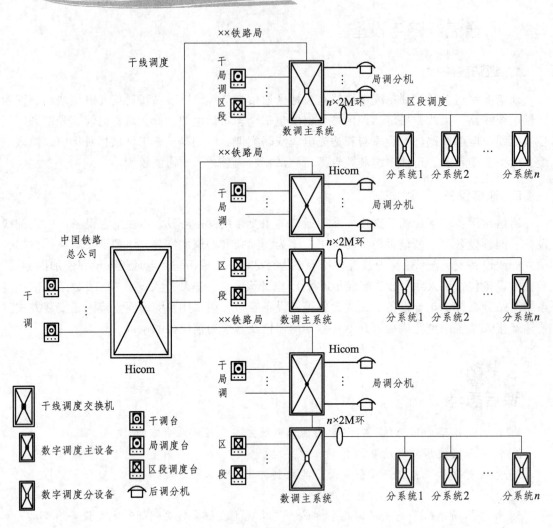

图 1-3-1　铁路调度通信系统结构

铁路局调度是铁路局指挥局内相关站段，协调完成全局铁路运输计划的工作。铁路局调度有两种类型：一是局运输指挥中心对全局相关站段的调度指挥，与相邻铁路局也有业务往来，同时接受中国铁路总公司的调度指挥，其按调度业务性质分为客调、军调、篷布调度、计划调度、车流、机车、车辆、工务、电务调度，他们有的归属局总调室，有的归属相关业务处，各铁路局不尽相同，这一类调度既是干调分机，又是局线调度，仍简称局调。其调度通信网络结构，有的用专线组成星形调度通信网络，有的用铁路自动电话拨号呼叫进行联络。二是铁路局总调室（或业务处）调度员仅指挥一段铁路线上的各车站（段、所、点），其按业务性质分为列车调度、货运调度、电力牵引调度（供电调度）、红外线调度等，列调、货调隶属于局总调室，电调、红外线调度隶属于相关业务处，对这一类调度，我们习惯上称之为区段调度。其通信结构取决于业务性质和地理位置，基本上是以共线形为主的调度通信网络。

此外，还有以站段为中心组成的调度系统，在大型车站及站场内车站调度员对各值班员之间调度通信，称之为站调。车务、工务、电务、水电等段调度员对所辖各工区（站）之间通信，统称为公务专用电话系统。其通信网络结构：站调采用星形通信网络，公务专用电话系统采用共线形和自动电话两种方式。

1.3.2　铁路调度通信业务分类

铁路调度通信业务分类如表 1-3-1 所示。

表 1-3-1　铁路调度通信业务分类

通信类型	按机构分	按调度业务性质分	调度通信网络组成方式
干线通信	中国铁路总公司调度	总调度长、行调、客调、军调、特调、车流、集装箱、机车、车辆、电力、工务、电务等	以中国铁路总公司为中心,对各铁路局及相邻铁路局之间相连,组成星形复合网络
局线通信	铁路局调度	总调主任、客调、军调、特调、车流、篷布、机车、车辆、工务、电务等	（1）以铁路局为中心,对相关站段及相邻局用专线组成星形网络 （2）利用铁路自动电话网,相互拨号呼叫联络
		区段调度：列调、货调、电调、红外线调	以局调度员为中心,按管辖范围对所属调度对象以共线方式组成调度网
区段通信	站段调度	公务专用电话：车务、工务、电务、水电	（1）以段调度员为中心,按管辖范围对所属调度对象以共线方式构成专用电话电路 （2）利用铁路自动电话网,相互拨号呼叫联络
站场通信		站调、调车、货运、车号、商检	以车站调度员（值班员）为中心,对相关值班员用专线组成多个星形站调通信网络

1.3.3　干线调度通信网

1.3.3.1　网络结构

干线调度通信网络由设在中国铁路总公司（原铁道部）的 Hicom382 数字调度交换机为汇接中心，与设在各铁路局的 Hicom372 数字调度交换机或其他型号数字调度交换机用 2M 数字中继通道相连，相邻铁路局的数字调度交换机之间也以 2M 数字中继通道相连作为直达路由，从而构成一个复合星形网络的干线调度通信网，如图 1-3-2 所示。其中西安、青藏铁路局干线调度交换机采用中软公司数字调度主系统，信令为 DSS1 信令；太原、武汉铁路局干线调度交换机采用佳讯公司数字调度主系统，信令为 DSS1 信令；中国铁路总公司及其他铁路局干线调度交换机采用西门子公司 Hicom 调度交换机，信令为 CORNET-N。调度交换机内数字为干线调度长途区号。

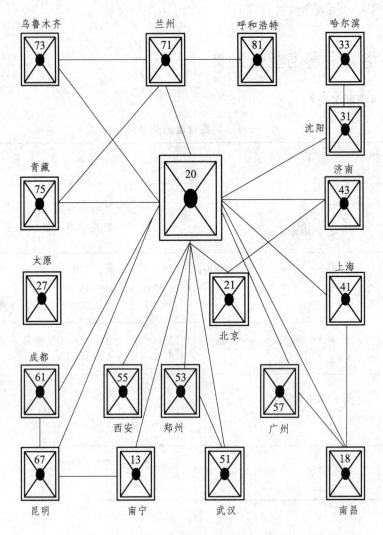

图 1-3-2　干线调度通信网络图

1.3.3.2　网络编号

干线调度专网用户与局线调度专网用户的电话号码，全路统一编号，采用 H_1H_2 + ABCDE 结构。H_1H_2 为铁路调度通信网长途区号（也称局向号），如表 1-3-2 所示；ABCDE 为用户号，A = 0 分配给调度所，A = 1 ~ 5 分配给车站，A = 6 预留，A = 7 ~ 9 分配给非调度身份用户。

表 1-3-2　H_1H_2 分配表

H_1	H_2									
	0	1	2	3	4	5	6	7	8	9
0										
1				南宁					南昌	
2	中国铁路总公司	北京						太原		
3		沈阳		哈尔滨						
4		上海		济南						
5		武汉		郑州		西安		广州		
6		成都						昆明		
7		兰州		乌鲁木齐		青藏				
8		呼和浩特								
9										

注：空格处的 H_1H_2 为备用。

1.3.3.3　网络同步

网络同步采用主从同步方式，铁路总公司 Hicom382 调度交换机配置的时钟作为第一从时钟，从铁路总公司 SPC 上提取的时钟为主时钟，各铁路局调度交换机通过数字传输通道（PCM30/32 的 TS_0）保持与第一从时钟同步。

同时，为了保证调度网络的可靠性，铁路总公司 Hicom382 调度交换机配置的时钟，采用双工热备份方式作为调度网络的副时钟（精度为 $\pm 5 \times 10^{-6}$）。当中国铁路总公司 SPC 主时钟故障或与中国铁路总公司 SPC 相连的数字链路故障时，各铁路局与 Hicom382 副时钟同步，各铁路局调度交换机本身也配有时钟（精度为 $\pm 1 \times 10^{-6}$）；如果铁路总公司副时钟或铁路局与铁路总公司 Hicom382 的数字链路中断，铁路局调度交换机自身的时钟自动进入工作状态。

1.3.3.4　接口及信令

接口：交换机之间的局间中继接口采用 30B + D 数字接口，用 2M 数字通道相连接。

信令：局间信令采用西门子专用 ISDN 网络共路信令（CorNET 信令）。铁路局调度交换机如果采用其他型号的调度交换机，其局间信令采用 DSS1 信令。

在以 CorNET 互联的 Hicom 交换机专网范围内，可提供大量公共 ISDN 网络所没有的服务，并组成一个统一的 ISDN 调度网络，实现全部 ISDN 功能的全网透明传输。

1.3.4 区段调度通信网络

1.3.4.1 非 GSM-R 区段调度通信网络

铁路局调度有两种类型：一是局调度指挥中心对全局相关站段的调度指挥，其通信网络结构，有的用专线组成星形调度通信网络，有的用铁路自动电话拨号呼叫进行联络；二是铁路局调度员仅对铁路线上某一区段的各车站（段、所、点）进行调度指挥，按其调度范围我们仍称为区段调度通信。下面介绍区段调度通信网络的特点与组成。

1. 区段调度通信网络的特点

铁路区段调度通信网络是根据调度通信业务性质、地理位置，以及安全可靠的特殊要求等多方面因素来组建，概括起来有两大特点：

（1）数字共线型的通信网络。

区段调度的通信方式：调度所调度员→车站值班员为指令型；车站值班员→调度所调度员为请示汇报型。

（2）以 2M 自愈环组成区段调度通信网络。

区段调度业务包括了列车调度、货运调度、电力调度，每一类调度分别只占用 1 个时隙、1 个 2M 传输通道的通信容量，完全可以容纳多个区段的各类调度业务。组网时，1 个 2M 数字通道从始端站至末端站按上、下行逐站串接，末端站又从另一层传输网中的 1 个 2M 数字通道返回至主系统，从而构成一个 2M 数字环。逐站串接的 2M 为主，末端站迂回的 2M 为备用。当区段通信线路在某一点中断，从断点至末端站可由迂回的 2M 接通主系统，所以称之为 2M 自愈环。尽管通信传输网络也具有自愈功能，但区段调度通信网络的 2M 自愈功能可为安全可靠地运用多一层保护，即使大通道全部中断，只要从主系统至末端站从异网沟通 1 个迂回 2M，仍能保证调度通信的正常使用。

2. 区段调度通信网络的组成

区段调度通信组网时，必须根据数字传输通道和铁路运输区段的实际情况，综合考虑如何组成 2M 自愈环。

（1）确定 1 个自愈环内串接多少个分系统（车站）。

在保持同步和呼叫响应时间不大于 50 ms 的要求下，根据制造商提供的资料可以稳定串接 50 ~ 64 个分系统。50 个车站之间的线路长度不会小于 500 km，至少有 4 个行车调度区段为 1 个 2M 自愈环，其他线路上 2 个行车调度区段合用 1 个 2M 自愈环，如图 1-3-3 所示。

图 1-3-3 中 AB 站为 2 个调度区段的分界站，必须同时纳入 A 列调台和 B 列调台。

（2）几种特殊情况的处理。

① 枢纽列车调度台的组网。

枢纽列车调度台，也有的称为集中列调或地区列调，各单位命名不一样，实际都是指大站周边的几个小站组成的一个列车调度台。

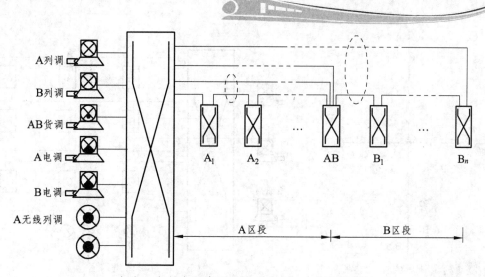

（a）1 个行车调度区段用 1 个 2M 自愈环组网

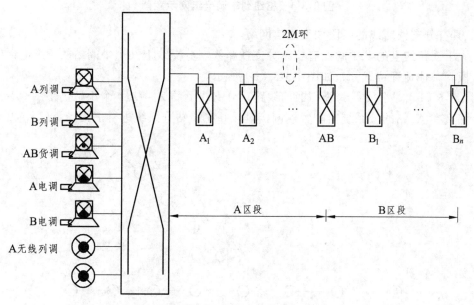

（b）2 个行车调度区段合用 1 个 2M 自愈环组网

图 1-3-3　区段调度通信网络组网图

图 1-3-4（a）为枢纽列调地理位置示意图，对枢纽列车调度台组网时，要根据地理位置和数字传输通道来确定能自行组成 2M 自愈环的最佳方案，但是很难做到。如图 1-3-4（b）所示，A 方向和 B 方向为主干线路具有数字传输条件，可以将 A_1、A_2、A_3 站和 B 方向的 B_1、B_2、B_3 站分别纳入该方向主干线路的区段 2M 自愈环内，占用 1 个时隙，C 方向的 C_1、C_2、C_3 自行构建 1 个 2M 自愈环，D 方向未经数字化改造，D_1、D_2 站的调度分机仍为模拟调度分机，接入主系统的模拟接口。这样将 4 个方向的调度分机分别采用时隙的、2M 的、模拟的方式，在主系统中进行星形汇接，从而构成一个数/模混用、星形加共线型的复合网络。

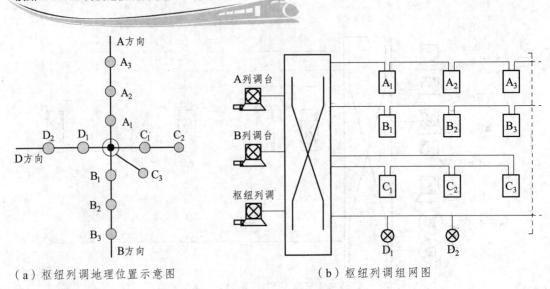

（a）枢纽列调地理位置示意图　　　　（b）枢纽列调组网图

图 1-3-4　枢纽列车调度组网示意图

② 具有分支铁路线的区段调度通信网络。

在主干铁路线上的某中间站有一条分支铁路线，分支线上几个中间站的调度电话纳入该调度区段，其他地理位置分布如图 1-3-5（a）所示。

图 1-3-5（b）是分支线为模拟通信线路，分支线上的 $Z_1 \sim Z_4$ 4 个小站仍采用双音频调度分机，那么在 A_z 站的分系统需配置模调接口，并在该站分系统进行汇接。

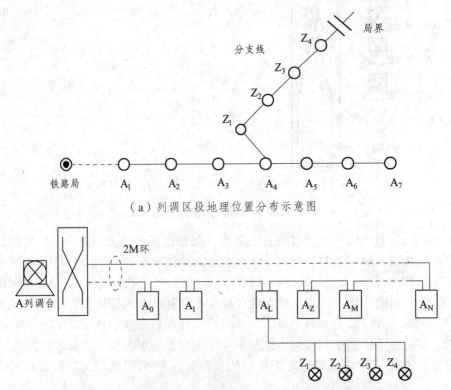

（a）列调区段地理位置分布示意图

（b）分支线为模拟通信线路的区段调度通信组网图

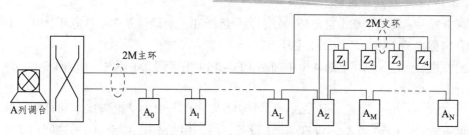

（c）分支线为数字传输通道的区段调度通信组网图

图 1-3-5　具有分支铁路线的区段调度通信组网图

图 1-3-5（c）为分支线已具有数字传输通道，该分支线自行组成 1 个 2M 支环并接入 A_Z 站分系统汇接处理，A_Z 分系统需配置 4 个 2M 口。

③ 具有分流线路的区段调度通信线路。

在主干铁路线上的某一段另建有一条分流铁路线，作为迂回或货运直达用，分流线上小站的调度电话纳入该调度区段，其地理位置分布如图 1-3-6（a）所示。末端站 A_N 具有从传输网迂回 2M 的条件，分叉站 A_F 不具有 2M 迂回的条件，有两种组网方式：

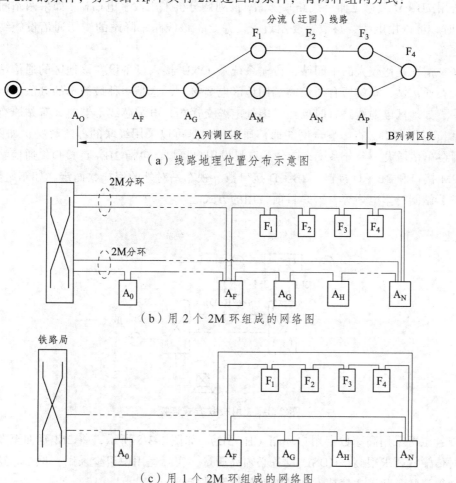

（a）线路地理位置分布示意图

（b）用 2 个 2M 环组成的网络图

（c）用 1 个 2M 环组成的网络图

图 1-3-6　具有分流线路的区段调度通信网络组网示意图

组网方式一：设 2 个 2M 自愈环，分别为分流线和主干线建立 2M 自愈环，如图 1-3-6（b）所示，分别称之为 2M 分环和 2M 主环。

组网方式二：把分流线上的 4 个中间站（$F_1 \sim F_4$）串接到 2M 环内，如图 1-3-6（c）所示。

两种方式比较：

组网方式一：安全性好，但多占用 1 个 2M 自愈环，加大了投资成本和日常运营费用。

组网方式二：分叉站 A_F，没有 ATM 设备，保护用 2M 在 A_F 至 A_N 站之间仍走在区段传输通道中。一旦在这一段线路中断，无法自动形成保护。即使在 A_N 末端站由人工进行 2M 倒接，也不能保证迂回分流线或主干线断点后的中间站不受影响，势必有部分车站要中断，安全性较差，但可大大节省费用。

对投资、线路安全状况、分流线路长度等综合比较后，选择方式一或方式二。

④ 中间站没有光纤网络单元（ONU）设备或 2M 通道的处理。

没有 2M 传输设施的中间站，有下列几种情况：

一种是线路乘降站，不办理客货运业务，只需一台列车调度电话分机，那么可以在相邻的分系统用 2B＋D 接口延伸至线路乘降站，该列调分机采用数字电话机。如果两站间距离超过 5 km 时，可以用电缆线路数字复用设备。总之，该线路乘降站的一切通信设施纳入相邻站的分系统。

另一种情况是比较大的中间站，传输系统及 ONU 接入设备设在该地区的通信站，将分系统也设在通信站，车站所有通信终端用地区电缆接入，这是一种最简单的办法。但存在的问题较多，如地区电缆线路有时要经过多处电缆交接箱，电缆芯线不够时，车站原有的模拟集中电话机还得利用，将影响全网的通信质量。但是可以采用级联的办法解决，如图 1-3-7 所示，即在车站增设一台分系统，该分系统只设用户接口，包括 2B＋D 接口。通信站的分系统只设 2M 接口和 2B＋D 接口，2B＋D 接口数 n 视车站对外的用户数而定，如车站值班台、区间用户、站间行车电话等，这是目前常用的方式之一。

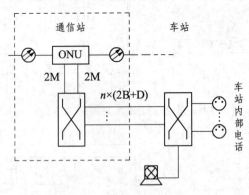

图 1-3-7　用级联方式连接

此外，也可采用高速数字用户环路（HDSL），如图 1-3-8 所示，将 2M 延伸至车站。这种方式对传输线要求很高，HDSL 设备必须高质量，实际运用中很少采用。但是，这种方法维护界面很清楚，随着通信技术的发展其将逐渐被接受。

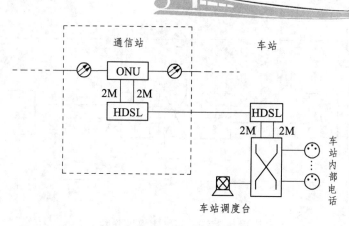

图 1-3-8　用 HDSL 方式连接

还有一种情况是光传输系统隔站设置 ONU 接入设备，最简单的处理方法是利用区间数字调度设备具有数模兼容的特点，在没有 ONU 接入设备的中间站，仍沿用原有模拟调度分级，如图 1-3-9 所示。

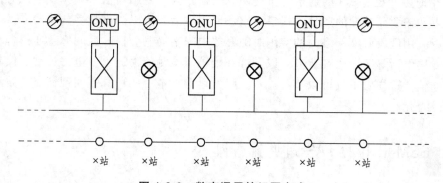

图 1-3-9　数字混用的组网方式

这种数模混用的组网方式，确实简单，投资又省，但模拟线路的传输质量差，整个区段全线接入，通信质量得不到改善，这种办法不可取。

如图 1-3-10 所示为用数字倍增联网示意图。在没有 ONU 接入设备的中间站设一套分系统，仅配置用户接口，与相邻车站之间通过数字倍增相连。数字倍增是为区段设置调度设备开发的配套设施，外线端分别接两对区间电缆实回线（非加感），一主一备，主用回线故障时，自动倒向备用回线。2B＋D 接口端接入分系统的 2B＋D 接口，配对连接后，该分系统接入区段调度通信网络。

（3）时隙分配及网络的综合运用。

区段调度通信网络采用 PCM30/32 传输，TS_0 为同步时隙，TS_{16} 为标志信号时隙，$TS_1 \sim TS_{15}$ 及 $TS_{17} \sim TS_{31}$ 为 30 个话路时隙。区段调度通信网络组成采用 2M 逐站串接方式，其内部信令控制线需占用 3～4 个时隙，一般安排在 $TS_{28} \sim TS_{31}$，因此可用时隙还有 26 个。

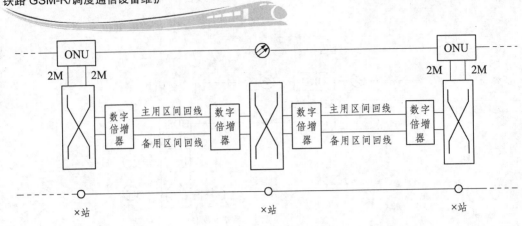

图 1-3-10   用数字倍增联网

区段内调度通信业务包括列车调度、货运调度、电力调度、无线列车调度，占用 4 个共线时隙。即使由 2 个调度区段组成的 2M 自愈环，也只需 6 ~ 8 个共线时隙。另外，站间行车电话需占用 2 ~ 3 个站间时隙（将时隙分段使用）。因此，如果仅开放区段调度电话业务，只需 8 ~ 11 个时隙，还有 2/3 的通信容量空闲。而铁路数字专用通信系统完全是针对铁路区段通信的特点和需要而开发的产品，接口丰富、使用灵活，可以提供数字共线的通信业务，因此完全可以利用区段调度网络内的空闲时隙开放中间站局调分机、区间应急通信自动电话、区段公务专用电话等区段语音业务，以及红外线轴温检测传输通道、电力远动、信号监测等区段数据通信。这样做不仅可以节省投资、降低运营成本，还可真正实现铁路区段专用通信数字化、综合化。

1.3.4.2   GSM-R 区段 FAS 调度通信网

自中国铁路总公司（原铁道部）确定了 GSM-R 为我国铁路移动通信系统的发展方向以后，调度通信也从简单的模拟列调和有线通信系统转为 FAS（固定接入交换机）系统和 GSM-R 系统，实现了更高层次的两网融合。

1. FAS 系统简介

FAS 系统是 GSM-R 固定用户接入交换系统，由枢纽 FAS、车站 FAS、调度台、值班台、固定终端和网管终端构成。枢纽 FAS 一般放在各铁路局调度中心，车站 FAS 一般放在各铁路局下属的各个车站。FAS 系统通过枢纽 FAS 提供的 30B+D 接口与放置于铁路局的 GSM-R 系统的 MSC（移动业务交换中心）连接，形成一个有线、无线统一的铁路调度通信网络。它不仅可以实现数字调度系统的各种功能，同时实现了有线调度业务和无线调度业务的融合，解决了调度员、车站值班员等固定用户和机车司机、运转车长、区间作业人员等无线用户之间的通信。

2. FAS 系统业务

FAS 系统业务分为调度业务、专用通信业务和其他通信业务。
调度业务主要包括列车调度、货运调度、牵引供电调度业务等。

专用通信业务主要包括车务、工务、电务、水电、供电、公安专用电话业务等。

其他通信业务主要包括站场通信、站间通信等。

（1）调度业务。

调度员可个别呼叫其所在调度辖区内任一固定终端、移动终端，并与之通话。

固定终端可个别呼叫其所在调度辖区内的调度员，并与之通话。

移动终端可个别呼叫其当前所在调度辖区的调度员，并与之通话。

调度员可组呼其所在调度辖区内任一组内的所有固定终端和移动终端，并与之通话。

调度员可向其所在调度辖区内所有固定终端和移动终端发布语音广播。

移动终端可紧急呼叫其当前所在紧急呼叫组内的所有用户，并与之通话。

（2）专用通信业务。

专用值班员可个别呼叫其所在专用通信系统内任一固定终端、移动终端，并与之通话。

固定终端可个别呼叫其所在专用通信系统内的专用值班员、其他固定终端、移动终端，并与之通话。

移动终端可个别呼叫其所在专用通信系统内的专用值班员、固定终端、其他移动终端，并与之通话。

专用值班员可组呼其所在专用通信系统内任一组内所有固定终端和移动终端，并与之通话。

移动终端可紧急呼叫其当前所在紧急呼叫组内的所有用户，并与之通话。

（3）站场通信。

站场通信包括车站（场）集中电话系统、货运系统、列检系统、车号系统、商检系统、行包系统和客运系统等（驼峰调车系统、平面调车系统暂不纳入其中）。

各系统值班员可个别呼叫其所在系统内的任一固定终端、移动终端，并与之通话。

固定终端可个别呼叫其所在系统内的值班员、其他固定终端、移动终端，并与之通话。

移动终端可个别呼叫其所在系统内的值班员、固定终端、其他移动终端，并与之通话。

各系统值班员可组呼其所在系统任一组内所有固定终端和移动终端，并与之通话。

（4）站间通信。

车站值班员可个别呼叫相邻车站值班员，并与之通话。

3. FAS 网络结构

FAS 网络应按四级结构构成，分别是中国铁路总公司、铁路局、铁路分局和站段级（若无铁路分局则为三级结构），如图 1-3-11 所示。

中国铁路总公司 FAS 至各铁路局 FAS 之间以及铁路局 FAS 至各铁路分局 FAS 之间的连接宜为星状结构，并应有保护通路，相邻铁路局、铁路分局之间 FAS 应设直达路由。

铁路分局或铁路局 FAS 至站段级 FAS 之间的网络宜为分段环形结构（单环和多环）或星形结构。

铁路分局 FAS、铁路局 FAS、中国铁路总公司 FAS 就近接入 GSM-R 系统的 MSC，站段级 FAS 不直接与 MSC 相连接。

铁路分局有多个 FAS 系统时，宜采用其中 1 个作为汇接 FAS 接入 GSM-R 系统的 MSC，其余 FAS 通过汇接 FAS 转接。

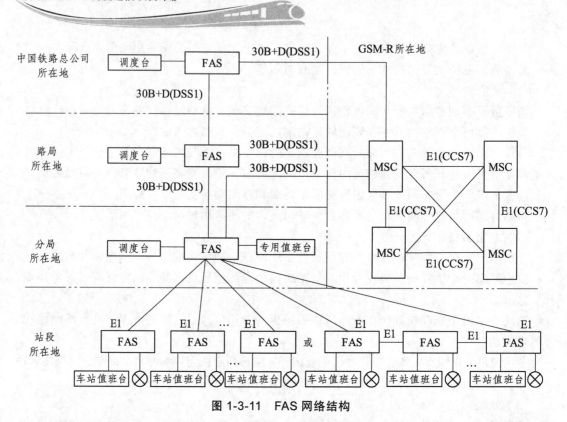

图 1-3-11　FAS 网络结构

铁路分局或铁路局 FAS 应按大容量交换设备组网，可接入多个站段级 FAS 环系统或星形组网汇聚系统，扩大系统覆盖范围。主机设备应采用双机热备份，关键接口采用 $N+1$ 热备份，公共资源需冗余配置。

4. FAS 组网方式

在同一个硬件平台上，通过网管终端的设置，可以方便地组成环形、星形、树形等多种组网方式。

（1）环形网。环形结构具有自愈能力，能够保证 2M 环内任意一处故障均不会中断调度业务，数字共线调度方式使若干个车站共用一个 2M 中继，节约了中继通道，特别适用于站间距离较小的铁路区段采用，如图 1-3-12 所示。

（2）星形网。星形结构在铁路上很少采用，但在轨道交通项目中有些应用，FAS 系统交换机采用 ISDN 调度交换机，其调度软件采用容错技术，核心硬件采用冗余热备份，能满足调度系统的高可靠性，在客运专用线等间距较大的区段也可采用，如图 1-3-13 所示。

（3）树形网。树形调度网是多级星形网的叠加，每级系统均可通过星形组网方式与上一级或下一级系统进行通信，从而构成多级数字调度指挥网，如图 1-3-14 所示。

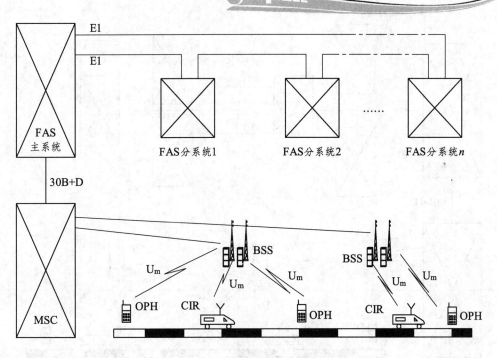

图 1-3-12　环形组网方式

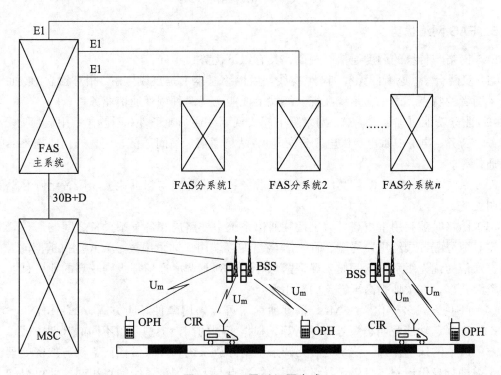

图 1-3-13　星形组网方式

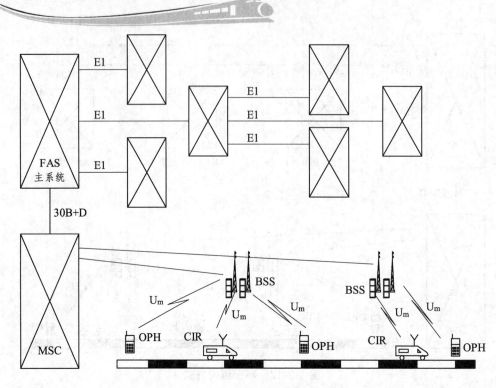

图 1-3-14　树形组网方式

5. FAS 网络优势

FAS 网络与传统的调度通信网相比，具有以下优势：

（1）双网合一。原有的无线列调、有线调度网络基本上是自成体系、相对独立的，而 FAS 融合了两者的特点，由一套系统在统一终端上便能实现两种调度通信业务。

（2）业务功能更加强大。FAS 网络除了能实现调度通信业务外，还包含专用通信业务（包括车务、公务、电务、水电、供电、公安等）、站场通信、站间通信、应急通信、施工养护和道口通信等。

FAS 系统支持 GSM-R 的高级语音呼叫业务：多优先级与强拆业务、语音组呼和语音广播呼叫业务。

（3）链路时隙利用率更高。数字调度通信系统中铁路局和各车站设备之间的通道资源采用固定时隙分配方式给用户终端，而 FAS 网络的终端用户则采用拨号方式抢占链路时隙，并且根据通信的优先级别排队等候来保证紧急呼叫、列车调度通信等级别较高的业务，实现了通道资源共享，有效地提高了链路的利用率。

（4）呼叫方式多样化。GSM-R 调度通信中可以采用多种呼叫方式，如 ISDN 呼叫、MSISDN 呼叫、功能呼叫、短号码呼叫等，根据不同的用户类型采用不同的呼叫方式。

（5）通信的保密性好。传统无线列调系统是开放系统，并未做任何鉴权与加密处理，对用户无需进行身份识别，只要无线终端用户的频点与无线列调系统频点相同，便可以加入无线列调系统内的通道。GSM-R 调度通信系统通过 FAS 网络和 GSM-R 无线网络融合，引入移动用户 SIM 卡和固定用户号码的办法，保证了通信的私密性。

（6）使用便利、界面直观。系统除了支持传统的键控式操作台外，还提供触摸屏操作台，触摸屏操作台能够以图形的方式动态显示处于调度区域内的列车及所处的位置（里程标），充分发挥了 GSM-R 调度通信系统的优点，为调度员、值班员工作提供了方便。

（7）兼容现有调度系统功能。系统可兼容现有数字调度系统功能及原有的模拟系统功能，同时系统还提供各种模拟接口直接接入模拟调度总机、模拟调度分机、模拟调度回线等模拟设备。

课后思考

1. 铁路调度系统按机构可分为哪两级？

2. 什么是干调？什么是局调？什么是区段调度？什么是站调？

3. 铁路调度通信业务是如何分类的？

4. 叙述干线调度通信网的网络结构、编号、同步、接口及信令。

5. 铁路局调度有哪两种类型？

6. 区段调度通信网络的特点是什么？

7. 区段调度通信组网时，必须根据数字传输通道和铁路运输区段的实际情况，综合考虑如何组成 2M 自愈环，对于下列几种特殊情况应该如何处理？请根据其地理位置分布示意图画出其组网方式。

（1）枢纽列车调度台的组网。

（2）具有分支铁路线的区段调度通信网络。

（3）具有分流线路的区段调度通信线路。

（4）中间站没有光纤网络单元（ONU）设备或 2M 通道的处理。

8. GSM-R 区段固定用户交换系统业务有哪些？

9. FAS 系统的组网方式有哪几种？

10. FAS 系统网络应按哪几级构成？

11. FAS 网络与传统的调度通信网相比，有哪些优势？

任务 1.4　铁路数字移动通信系统（GSM-R）

1.4.1　GSM-R 系统概述

1.4.1.1　GSM-R 系统的主要特点

GSM-R（Globle System of Mobile for Railway）是专门针对铁路移动通信的需求而推出的专用系统，它在 GSM 基础平台上增加了功能寻址、基于位置的寻址等铁路专用调度通信业务功能；增加了增强型多优先级和强拆（eMLPP）、语音组呼（VGCS）和语音广播呼（VBS）

等铁路集群调度通信业务功能，适应高速移动应用环境。其铁路特有的应用有无线列调、无线车次号传递等。

GSM-R 以 GSM 技术为基础，具有全部 GSM 业务和功能，与公众移动通信网共同发展。GSM-R = GSM + 集群 + 铁路特色功能，铁路员工在车上与沿线铁路进行语音和数据通信，可提供新的业务和操作员特殊功能；GSM-R = 移动通信 + 轨道电路，具有列车自动控制及信号和安全系统；GSM-R 具有完善的网络互联接口，可以连接 GSM、PSTN、PDN、IP、TETRA 等其他系统；灵活的数据传输方式（GPRS），可按需分配带宽；可以向第三代移动通信（3G）平稳过渡；可以提供综合、数字、移动、多媒体功能；将无线通信与 CTC 结合在一起，是 GSM-R 突出的优点；能为车速高达 500 km/h 的列车提供高可靠性、高接通率和高传输容量的通信服务；在发生事故或特殊情况时，直接模式可以为铁路工作人员提供短距离通信。

GSM-R 以一个单一平台可替代目前所有与铁路有关的无线通信与控制系统，首先 GSM-R 是一个列车无线调度系统；其次，所有其他独立的和并行的无线系统都可集成于 GSM-R 之中，形成一个功能完备的单一系统；另外，通过 GSM-R 传输可以实现自动化铁路控制应用；系统还带有旅客信息服务、旅客通信、货物跟踪等许多新的特性和服务。

1.4.1.2 GSM-R 系统基本组成

1. 基本组成

GSM-R 系统主要由基站子系统（BSS）、交换子系统（SSS）、运行与维护子系统（OSS）、移动台（MS），以及计费中心、确认中心（AC）等组成，如图 1-4-1 所示。为了支持移动分组业务，GSM-R 可设置 GPRS 子系统；为支持铁路特定的文本消息应用，GSM-R 可设置短消息服务中心和小区广播短消息中心。通过运行与维护子系统（OSS），GSM-R 可以管理所有网络成员，与列车有关的应用将基于组呼寄存器（GCR）。

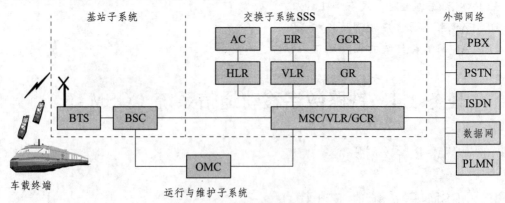

图 1-4-1　GSM-R 系统基本组成

2. 主要接口

GSM-R 系统是由多个功能单元通过接口互联构成的。接口就是各组成单元之间物理上和逻辑上遵守一定协议的连接。GSM-R 系统中的主要接口包括无线（Um）接口、Abis 接口、Ater 接口、A 接口、PSTN/ISDN/PSDN 接口。GSM-R 系统的主要接口类型和位置如图 1-4-2 所示。

图 1-4-2   接口位置图

A 接口采用标准 2M PCM 数字传输链路来实现，传递的信息包括移动台管理、基站管理、移动性管理、接续管理等。

Abis 接口采用 2M 或 64K PCM 数字传输链路来实现，它支持所有向用户提供的服务，支持对 BTS 无线设备的控制和无线频率的分配。

Um 接口为移动台与基站之间的通信接口，称为空中接口。Um 接口是 GSM-R 系统中最主要的一个接口，也是最复杂、最难控制的一个接口。Um 接口通过无线链路实现，传递的信息包括无线资源管理、移动性管理、接续管理等。

1.4.1.3   GSM-R 系统网络构成

1. GSM-R 核心网络构成

GSM-R 核心网采用二级网络结构，设立移动业务一级汇接中心（TMSC）和本地网端局（MSC）。

在建设我国现行铁路 GSM-R 系统核心网之前，全路曾拟在沈阳、北京、上海、武汉、成都、兰州设置 6 个大区汇接中心（TMSC），负责汇接所在区域的电路交换信息和转接长途的来去话务量。根据话务量的大小，TMSC 可以单独设置，也可是既作移动端局，又作汇接中心的移动业务交换中心。MSC 则结合具体线路、业务模型和用户容量等，合理选择设置地点，一般设在各路局、业务量大的分局。各移动业务本地网的每个 MSC、GMSC 至少与 2 个 TMSC 相连，TMSC 之间为网状网。任意 2 个移动端局间若有较大业务量时，可建立直达中继，覆盖区相邻的 2 个 MSC 间设置直达中继。

我国现行铁路 GSM-R 核心网络包括移动交换、智能网和 GPRS 网络 3 个部分，如图 1-4-3 所示。

（1）移动交换网。

GSM-R 核心网络采用二级网络结构，包括移动汇接网和移动本地网，设立 TMSC 和 MSC。

① TMSC（一级汇接中心）：北京、武汉和西安共设置 3 个 TMSC，同时兼作 MSC 和 GMSC。

② MSC（本地网端局）：在 18 个铁路局所在地及拉萨共设置 18 个 MSC。

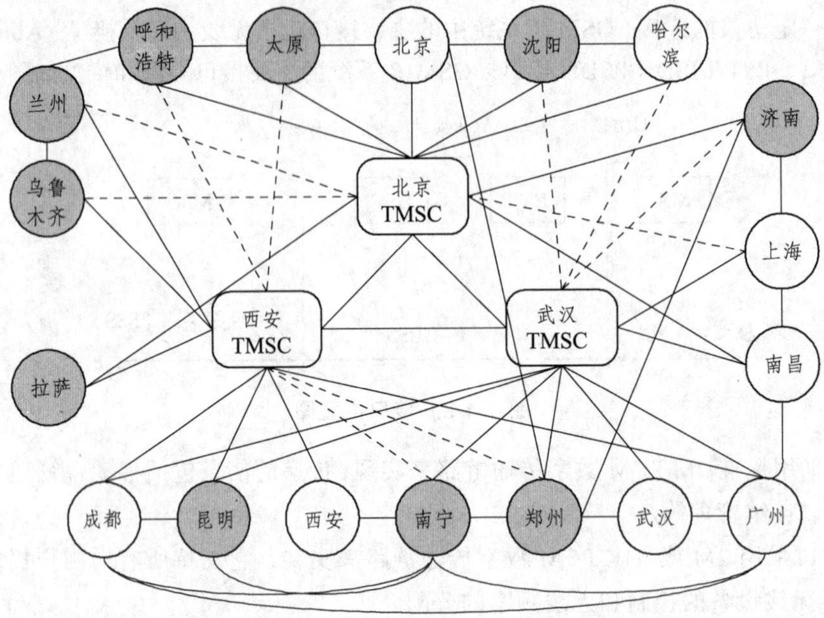

图 1-4-3　我国现行铁路 GSM-R 核心网结构

TMSC、MSC 设置及汇接如表 1-4-1 所示。

表 1-4-1　TMSC、MSC 设置及汇接

大区汇接中心 TMSC（3 个）	汇接的移动业务本地网端局 MSC（18 个）
北京	北京、沈阳、太原、呼和浩特、哈尔滨、济南
武汉	武汉、上海、南昌、广州、郑州、南宁
西安	西安、昆明、成都、拉萨、兰州、乌鲁木齐

③ GMSC（网关局）：与 MSC 同址设置，作为与其他网间的互联互通点。网络建设初期由移动端局 MSC 兼任，当网络规模和业务量达到一定程度时，可考虑独立设置。

④ HLR 的设置：全路在北京和武汉设置 2 个 HLR，采用地理冗余成对配置，北京主用，武汉备用，成对的 2 个 HLR 间实时数据复制。容量按照全网 MSC 用户容量的 120% ~ 150% 进行配置，确定 HLR 容量为 800 000 个用户，远期可进行扩容。

⑤ 短消息服务中心（SMSC）：在北京、武汉分别设置 1 套 SMSC，并互为备用。根据全路 18 个 MSC 的用户容量，按每用户每天发送 3 条短信的话务模型，确定 SMSC 容量为 40 万 BHSM，远期可根据全路 GSM-R 系统建设的情况进行扩容。

⑥ 紧急呼叫确认中心（AC）：在 MSC 所在地各设置 1 套 AC 记录存储设备，对紧急呼叫的相关信息进行记录、存储。

（2）智能网。

在北京、武汉各设置 1 套智能网设备，主备工作方式。其他核心网节点与 MSC 合设 1 套 SSP。

（3）GPRS 网络。

GPRS 网络建设包括 GPRS 数据网和 GPRS 节点两部分。

GPRS 数据网络分为骨干网和本地网 2 个层次。骨干层由北京、武汉、西安 3 个大区节点的骨干路由器组成，为网状连接；本地层由 18 个 GPRS 业务节点所在地的路由器组成。本地层路由器与骨干层路由器互联。为保证网络的可靠性，每个本地网节点的本地路由器成对设置，分别接入不同的骨干网节点。

GPRS 节点的设置：北京、武汉各设置 1 套全网 DNS 和 RADIUS 服务器，全路共享。北京、武汉、西安设骨干层路由器，在铁路局所在地及拉萨等地新设 18 个 GPRS 节点（GGSN、SGSN）。

2. GSM-R 无线网络构成

GSM-R 无线网络是由铁路沿线、车站内的一些小区（1 个基站或基站的某个扇区覆盖的区域）组成，每个小区有 1 个或几个基站收发信机，数目的多少由通信密度决定。一个基站控制器负责管理一定数目的小区。基站与移动交换机/访问位置登记器（MSC/VLR）相连，MSC 与所有的链路相连，并提供与其他网络的接口。归属位置寄存器（HLR）与网络相连，它能用 No.7 信令系统进行国内及国际寻址。现存的 RABX/ISDN 电话网络将直接与 MSC 相连，对于未来应用智能网（IN）的接入也很容易。

一般在各车站设置 BTS，在区间则根据场强覆盖预测及沿线地形地貌合理设置；在山区、隧道、路堑等弱场区一般采用光纤直放、射频直放站或漏泄同轴电缆等技术措施。

我国 GSM-R 工作组结合铁路现有操作方式，提出了两种组网方式：车站台采用无线电台和车站台采用有线台。

组网方式一：车站台采用无线电台的方式，如图 1-4-4 所示。

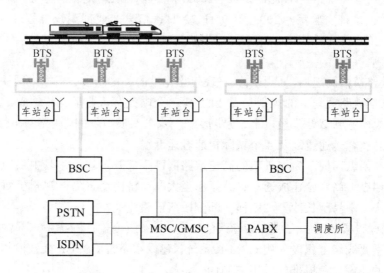

图 1-4-4　车站台采用无线电台的逻辑框图

组网方式二：车站台采用有线台的方式，如图 1-4-5 所示。

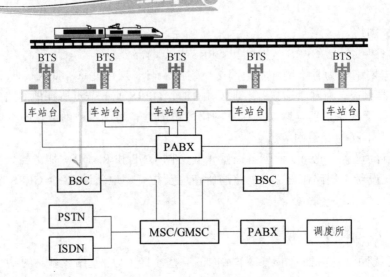

图 1-4-5　车站台采用有线台的逻辑框图

1.4.1.4　GSM-R 在中国的发展

　　欧洲 GSM-R/ETCS 的成功运用,为我国铁路通信信号技术发展提供了良好的技术借鉴。我国从 1994 年就开始对专用移动通信技术跟踪研究,中国铁路总公司(原铁道部)对铁路数字移动通信技术体制开展广泛论证,当时重点是对 GSM-R 和 TETRA 系统进行比较,由于 GSM-R 具有更适应铁路运输特点的优势、更成熟的技术优势以及更符合通信信号一体化技术发展的需要,更重要的是 GSM-R 支持铁路移动通信的可持续发展,因此最后确定采用 GSM-R 体制,并写入铁路技术装备政策。2003 年 2 月,中国铁路总公司(原铁道部)建立 GSM-R 应用模拟系统实验室。2003 年 9 月 22 日,信息产业部无线电管理局批准 GSM-R 使用频段。自 2003 年 6 月开始,青藏、大秦、胶济三条线的建设,标志着 GSM-R 在我国铁路的全面实施。

　　"十二五铁路通信网规划"是中国铁路现代化建设的关键阶段,根据中国铁路总公司(原铁道部)《中长期铁路规划》的规划,到 2020 年,全国铁路营业里程将达到 12 万公里以上,高速客运网总规模达到 2 万公里以上,逐步形成"八纵八横"的中国铁路网主骨架通道和"四纵四横"铁路高速客运通道以及 4 个城际快速客运专线。

　　目前,以"四纵四横"为主骨架的高速铁路网已全部开工建设,其中京沪、京广深、哈大、沪杭深"四纵"高铁已建成通车;石家庄至太原、济南至青岛、郑州至西安至宝鸡、南京至武汉至重庆、南昌至长沙等"四横"部分段落已建成通车。

　　GSM-R 的建设规划为:完成客运专线的 GSM-R 无线覆盖;围绕中东部铁路网的完善,在主要干线及重要线路上积极采用 GSM-R 系统,建设和完善 GSM-R 无线网络覆盖;围绕西部铁路骨架网的建设,积极推广采用 GSM-R 系统。

　　已经采用 GSM-R 系统的线路举例如下:

　　(1)大秦重载铁路。大秦铁路是中国新建的第一条双线电气化重载运煤专线,山区多、隧道多、曲线多，全长 653 km，1992 年底全线通车。中国铁路总公司（原铁道部）针对大秦线的技术难点，组织多方力量集中攻关，在 GSM-R 网络电路交换业务基础上，自主研发了机车同步操控地面应用节点、车载通信单元和管理维护设备，为实现多种编程方式 2 万吨重载组合列车同步操控提供了可靠的网络条件；同时采用同站址双基站和基站交织两种无线覆盖方式混合组网，满足了不同地理环境的网络可靠需求；在机车同步操控系统通信平台的基础上进行系统功能升级，自主研发了可控列尾主机和控制盒，从而节约了机车使用数量，提高了经济效益。

（2）胶济客运专线。胶济线全线总长 362.5 km，地处我国经济发达地区，是客货混用线路，运输非常繁忙，电磁环境复杂。围绕 200 km/h 干线铁路建设和发展的需要，中国铁路总公司（原铁道部）组织多家单位积极开展 GSM-R 应用创新，协调移动运营商进行 GSM 电磁环境清理，克服了外界干扰，优化了无线基站分布，创造了在繁忙干线运营 GSM-R 的新经验。

（3）青藏铁路。青藏铁路东起青海西宁，南至西藏拉萨，全长 1 956 km，被誉为"天路"，是实施西部大开发战略的标志性工程，是中国新世纪四大工程之一。2006 年 7 月 1 日，青藏铁路正式通车运营。我国在青藏铁路通信中采用了 GSM-R 系统，解决了冻土地带信号的传输问题，减少了维护工作量；创造性地采用双交换机、同站址双基站无线覆盖方式，使 GSM-R 网络的可靠性、有效性、可维护性、安全性等技术指标达到了标准要求。

（4）京津城际铁路。京津城际轨道交通工程为双线电气化铁路，线路起自北京南站，终至天津站，全长 120 km，2008 年 8 月通车。列车最高运行速度为 300 km/h，列车最小追踪间隔时间为 3 min。GSM-R 是京津城际轨道交通工程的核心技术之一，在沿线提供无线网络覆盖，以便为调度命令传送、无线车次号校核提供无线数据传输通道，为列车调度、维修人员等提供无线语音与短信息通信。

（5）合宁客运专线。合宁客运专线 2008 年建设完工并投入运营，全长 166 km。其中，客车运行区间为合肥站至南京站，同时组织部分跨线客车；货车运行区间为合肥东站至南京东站。因此，合宁线 GSM-R 网络覆盖合肥、合肥东至南京、南京东站。合宁线 GSM-R 系统根据场强覆盖的需要在铁路沿线设置基站设备和弱区覆盖设备，动车组和机车配备机车综合无线通信设备，相关工作人员配置手持终端。

（6）合武客运专线。合武客运专线为国铁 I 级双线铁路，东起安徽合肥，西至湖北武汉，由中国铁路总公司（原铁道部）和地方政府合资建设，设计车速为 200 km/h，预留车速为 250 km/h。合武客运专线 GSM-R 系统和合宁客运专线共用 1 套基站子系统，合宁、合武线的核心网子系统暂时接入到既有济南核心节点。合武客运专线地形复杂，隧道较多，为保证通信质量，GSM-R 网络沿线采用基站、光纤直放站和漏泄同轴电缆等多种设备进行弱场强区覆盖，采用高增益天线、合理天线挂高等技术手段满足系统功能需求。

（7）武广客运专线。武广客运专线全长 995 km，2009 年 12 月 26 日正式运营，最高运营速度达到 350 km/h，2011 年 7 月 1 日起降速至 300 km/h 运行。武广线在全球首次使用了 CTCS-3 列控系统。武广线是全球最复杂的、满足 CTCS-3 要求的高速铁路 GGSM-R 覆盖系统，为快速安全的列车运行提供了强有力的保证。

（8）郑西客运专线。郑西客运专线是我国中长期铁路网规划中"四纵四横"客运专线的重要组成部分，全长 457 km，2005 年 9 月 25 日正式开工，2009 年 6 月 28 日全线铺通，2010

年 2 月 6 日正式投入商业运营。郑西客运专线设计车速 350 km/h,采用基于 GSM-R 的 CTCS-3 级列控系统指挥行车。GSM-R 网络能够在铁路沿线的开阔地、山丘、隧道和丘陵地带等各种地形地貌条件下提供无缝网络覆盖服务。CTCS-3 车载 ATP 和地面无线闭塞中心（RBC）之间利用 GSM-R 网络进行双向命令与状态信息的交互,完成列车位置跟踪、移动授权、紧急停车、临时限速等关键信息的传送。

（9）沪宁城际高铁。沪宁城际高速铁路是中国最繁忙的高铁之一,于 2010 年 7 月正式开通运营,全长 301 km。沪宁城际高铁列车运输通信、信号及调度指挥采用基于 GSM-R 系统的 CTCS-3 列控系统,最高运行速度为 300 km/h。

（10）沪杭城际高铁。沪杭城际高速铁路正线全长 160 km,其中 87% 为桥梁工程,全线设车站 9 座。全线设计车速为 350 km/h。工程自 2009 年 2 月 26 日动工,2010 年 10 月 26 日正式通车运营。沪杭城际高铁的 GSM-R 无线网络覆盖方案,成功解决了枢纽地区多条铁路线路交叉、并行、接近等相互干扰,保证枢纽地区 CTCS-3 列控系统车地间的数据传输。

（11）京沪高速铁路。京沪高速铁路是新中国成立以来一次建设里程长、投资大、标准高的高速铁路。2008 年 4 月 18 日正式开工,2011 年 6 月 30 日通车。全线纵贯北京、天津、上海三大直辖市和冀鲁皖苏四省,连接环渤海和长江三角洲两大经济区。全长 1 318 km,设 23 个车站,设计速度为 380 km/h,目前运营速度降低为 300 km/h。京沪高速铁路应用 GSM-R 系统,主要用于保证行车安全和各种业务信息的传输。

目前,已建成的 GSM-R 铁路线还有石太、甬温、温福、福夏、昌九、西宝、大西等线路。2015 年正在建设、2015 年底具备开通条件的 GSM-R 客运专线及高速铁路线如表 1-4-2 所示。

表 1-4-2 2015 年正在建设、2015 年底具备开通条件的 GSM-R 客运专线及高速铁路线

序号	线路名称	备 注	序号	线路名称	备 注
1	郑焦城际铁路	2015 年正在建设	12	吉图珲铁路	2015 年正在建设
2	青荣城际 青岛北至即墨段	2015 年正在建设	13	津保铁路	2015 年正在建设
3	赣龙高铁	2015 年正在建设	14	武汉至孝感城际	2015 年正在建设
4	哈齐客专	2015 年正在建设	15	东莞至惠州城际	2015 年正在建设
5	大西高铁 太原至原平段	2015 年正在建设	16	佛肇城际	2015 年正在建设
6	宁安城际	2015 年正在建设	17	兰渝铁路 重庆至广元段	2015 年正在建设
7	合福高铁	2015 年正在建设	18	新金温铁路	2015 年底具备开通条件
8	成渝客专	2015 年正在建设	19	长株潭城际	2015 年底具备开通条件
9	郑徐高铁	2015 年正在建设	20	丹大高铁	2015 年底具备开通条件
10	长昆高铁 贵阳至新晃段	2015 年正在建设	21	沪昆高铁 贵阳至昆明段	2015 年底具备开通条件
11	沈丹客专	2015 年正在建设	22	海南西环高铁	2015 年底具备开通条件

我国发展 GSM-R 的目标：是在全路建设一张移动通信网络,利用通信的手段实现铁路移动设备和固定设备的无缝连接,确保列车安全、高速运行。GSM-R 技术顺应时代的发展,是铁路信息化和自动化发展的基础。

1.4.2　GSM-R 区域覆盖

在铁路、公路、狭长的水面上呈带状的地区，往往采用线状覆盖的方式。我国现行高铁 GSM-R 系统网络，通常采用线状覆盖的方式，如图 1-4-6 所示。线状覆盖使用的蜂窝基本原理与面状覆盖类似，只是在小区频率组的分配和重叠区的问题上要单独考虑。

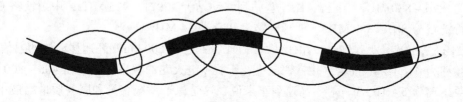

图 1-4-6　铁路沿线的覆盖

1.4.2.1　小区形状

在移动通信中，如果使用全向天线，人们很容易联想到应该采用圆形的小区。但是从电磁波传播的角度考虑，圆形并不是最理想的形状。如图 1-4-7 所示，使用圆形的面状覆盖存在许多重叠区域和无覆盖区域。为确保无盲区的完全覆盖，通常使用多边形的小区。

在面状覆盖的服务区中，通常采用正六边形的小区形状。六边形比正方形和正三角形在半径相同的情况下，覆盖面积要多 30% ~ 100%，如图 1-4-8 所示。因此采用六边形的设计需要较少的小区、较少的发射基

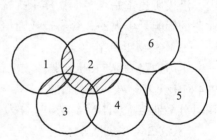

图 1-4-7　圆形小区的覆盖

站。同样，六边形覆盖的系统费用也要低于正方形和正三角形。需要指出的是，正六边形的小区形状只具有理论分析和设计上的意义，在实际工程中，小区的形状取决于电波传播的条件和天线的方向。

图 1-4-8　多边形小区

GSM-R 网络是沿铁路线方向布放基站铁塔，铁塔顶端安装定向天线，以形成沿铁路线椭圆形的全向小区。在话务量较大但对于速度要求较低的编组站，则采用扇形小区覆盖；人口密度不高的低速路段和轨道交织处一般是农村地区，采用全向小区覆盖。

1.4.2.2　频率分配

1.　频率资源

（1）GSM-R 频率资源。

GSM-R 系统可以在 876 ~ 960 MHz 整个频率范围内工作，欧洲铁路上行链路（移动站到基站）为 876 ~ 880 MHz，下行链路（基站到移动站）为 921 ~ 925 MHz；中国铁路 GSM-R 系统上行链路为 885 ~ 889 MHz，下行链路为 930 ~ 934 MHz。

GSM-R 系统选择工作在 900 MHz 频带的理由：适合 500 km/h 高速移动体的通信（最大多普勒频移为 415 Hz）；抗电气化铁道电火花干扰（电火花的频率多集中在 400 ~ 800 MHz）；典型覆盖距离为 5 ~ 10 km，对于高速列车来说，这是保证系统容量和服务质量的最小范围；更适于隧道内通信（相对 450 MHz 和 1 800 MHz 频带）。

GSM-R 系统的频率资源很紧张，既然这一段频段资源少，为什么不考虑使用更高的频段，如 1 800 MHz 左右的频率（3G 所使用的频率）？

无线电波频率越高，在传播过程中造成的衰落就越快，这样一个基站的覆盖范围就越小，则小区半径越小，所以频率是和小区的半径成反比的，频率高，半径小，那么在一定的范围内，沿线所建基站就多，这样干扰就大。此外，高速列车要频繁地进行越区切换，其对铁路业务的影响是极大的，容易造成通信延时以及掉话。

（2）GSM-R 工作频段。

中国铁路 GSM-R 工作频段：上行为 885 ~ 889 MHz（移动台发，基站收），下行为 930 ~ 934 MHz（基站发，移动台收），共 4 MHz 频率带宽。相邻频道间隔为 200 kHz，每个频道采用时分多址接入（TDMA）方式，分为 8 个时隙，即为 8 个信道。双工收发频率间隔为 45 MHz。

（3）GSM-R 多址方式。

GSM-R 系统使用对称无线信道，采用频分多址（FDMA）+ 时分多址（TDMA）的多址方式，如图 1-4-9 所示。

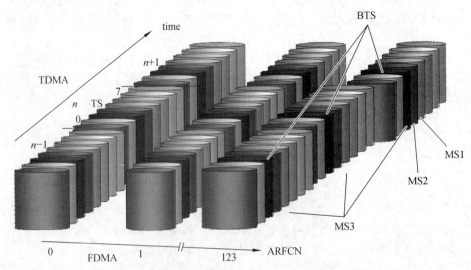

图 1-4-9　频分多址（FDMA）+ 时分多址（TDMA）

先将 4M 频谱划分为 21 个载频，每 1 个载频分成 8 个时隙，8 个时隙组成 1 个 TDMA 帧，即 1 个载频可以提供 8 个物理信道（时隙），提供给 8 个用户同时使用，用来传输语音或数据业务。也就是说，1 个频点可以同时提供 8 个用户进行语音或数据的通信。

常规的多址方式有 3 种：频分多址（FDMA）、时分多址（TDMA）、码分多址（CDMA）。

FDMA 是将规定的频谱划分为若干个规定带宽的信道，每个用户在通信的时候占用 1 个信道。它是最早广泛应用也是最成熟的多址技术，主要用于第一代模拟移动通信系统中。

TDMA 是将规定的带宽的信道在时间轴上分成一个个时隙，若干个时隙组成一帧。每一帧中的若干时隙构成一个物理信道。其在第二代蜂窝移动通信系统中使用，铁路 GSM-R 系统也是采用这种多址方式。

CDMA 的物理信道在时间和频谱上是重叠的，利用码字的正交性来区分不同的物理信道。即在 TDMA 基础上，在每个时隙上承载多个正交码型，属于第三代移动通信技术（3G）。

2. 频道配置

小区频率配置的基本原则：同一个基站的载频间隔不小于 400 kHz，相邻基站的载频间隔不小于 400 kHz。

频道配置方法：采用等间隔频道配置的方法。频道序号为 999～1 019，共 21 个频道。扣除低端 999 和高端 1 019 作为隔离保护，实际可用频道 19 个，频道序号为 1 000～1 018。

频道序号与标称频率对照表参见表 1-4-3，标称频率最后三位的有效数字分别为 000、200、400、600、800（kHz）。

表 1-4-3　GSM-R 网络频道号与频点对照表

频道号	基站发射频率/MHz	基站接收频率/MHz	频道号	基站发射频率/MHz	基站接收频率/MHz
999	885.000	930.000	1 010	887.200	932.200
1 000	885.200	930.200	1 011	887.400	932.400
1 001	885.400	930.400	1 012	887.600	932.600
1 002	885.600	930.600	1 013	887.800	932.800
1 003	885.800	930.800	1 014	888.000	933.000
1 004	886.000	931.000	1 015	888.200	933.200
1 005	886.200	931.200	1 016	888.400	933.400
1 006	886.400	931.400	1 017	888.600	933.600
1 007	886.600	931.600	1 018	888.800	933.800
1 008	886.800	931.800	1 019	889.000	934.000
1 009	887.000	932.000			

频道序号和频道标称中心频率的关系为

$f_l(n) = 890.000 \text{ MHz} + (n - 1\ 024) \times 0.200 \text{ MHz}$　　　（移动台发，基站收）

$f_h(n) = f_l(n) + 45 \text{ MHz}$　　　（基站发，移动台收）

$n = 999 \sim 1\ 019$

3. 频率复用

（1）复用方式。

枢纽地区采用面状复用方式，即 4×3 复用方式（频道配置见表 1-4-4），$N = 4$，每基站有 3 个 120° 扇形小区或 60° 三叶草形小区。对于业务量较大的地区，可从剩余的频率组中借用频道，同频复用距离 $D = 6R$。

表 1-4-4 4×3 复用方式频道配置表

频道组号	1	2	3	4	5	6	7	8	9	10	11	12
各频道组的频道号	1 000	1 001	1 002	1 003	1 004	1 005	1 006	1 007	1 008	1 009	1 010	1 011
	1 012	1 013	1 014	1 015	1 016	1 017	1 018	1 019				

铁路沿线宜采用全向天线，带状复用模式，三频组复用方式，同频复用距离 $D = 6R$。

（2）复用距离。

铁路 GSM-R 系统线状覆盖的频率复用如图 1-4-10 所示。

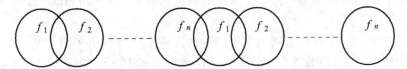

图 1-4-10 频率复用示意图

在系统中会给每一个小区的基站分配一组信道，只要相隔距离足够远，相同的信道可以在另一个小区重复使用。把若干个使用全部频率的小区组成的集合称为一个簇，把不同簇中使用相同频率的小区称为同频小区，任意两个同频小区之间的距离称为同频复用距离。为了避免同频小区之间的干扰，必须选定合适的同频复用距离，如图 1-4-11 所示。

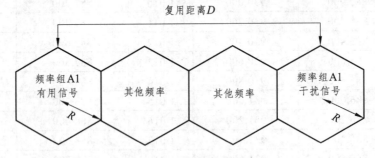

图 1-4-11 同频复用距离

$$Q = \frac{D}{R} = \sqrt{3N}$$

式中，R 为小区半径；N 为群内的小区数目；D 为同频复用距离；Q 为同频复用比。

4. 干扰保护比

有线通信可以基本不考虑干扰问题，而无线通信首先要考虑的就是干扰问题，这是有线通信与无线通信最大的不同之处。

（1）同频干扰。

同频干扰是由于采取频率复用，在同频小区之间产生的干扰。通常我们用同频干扰信噪比 C/I 来衡量接收机的接收质量。小区簇的 N 值决定了移动台的接收信噪比，同时也决定了系统的容量。所以只要指定一个能够保证话音质量的接收门限电平，就能够确定簇的大小和频率复用的方案，如图 1-4-12 所示。

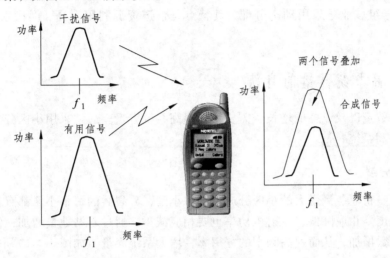

图 1-4-12　同频干扰

第一代移动通信要求信噪比 > 20 dB，即有用信号为干扰信号的 100 倍以上；第二代移动通信要求信噪比 > 9 dB，即有用信号为干扰信号的 10 倍左右，而这是对公网 GSM 系统而言。对于铁路通信，由于其中包括了很重要的列车控制、调度命令等业务，所以对于 GSM-R 来说，为了保证其更高的安全性，要求信噪比 > 12 dB。现有的 GSM 公网采用的小区复用模型，其信噪比 > 9 dB，不适合与铁路专网使用。

同频道干扰保护比：控制信道及列控业务信道 $C/I \geqslant 12$ dB，其他业务信道所在频率的 $C/I \geqslant 9$ dB。

（2）邻道干扰。

邻道干扰是由与所用频率相邻的频率产生的信号干扰。可以通过避免在相邻小区之间分配连续的频率，同时使相邻小区之间的频率间隔最大来减小邻道干扰。

邻频道干扰保护比：$C/I \geqslant -6$ dB。

偏离载波 400 kHz 时的干扰保护比：$C/I \geqslant -38$ dB。

注：工程设计中需对以上 C/I 另加 3 dB 的余量。

载波间隔：同小区载波最小间隔至少 600 kHz，相邻小区频率间隔至少 400 kHz。

1.4.2.3　信道分配方法

（1）固定信道分配。

每个小区分给一组信道，该小区的用户只能使用这一组信道，如果出现信道全部被占用的情况，新的呼叫就会被拒绝，只有存在空闲信道时，才能再发起呼叫。GSM-R 电路域业务采用固定分配，其特点是信道资源利用率低，但接入所用时间短，业务质量高。

（2）动态信道分配。

每个小区不是固定使用一定的信道，而是多个小区可以使用相同的信道，每个小区的信道数是不固定的。当业务量大时，分配给该小区的信道数就多；当业务量减小时，还可以再把这些信道分配给其他小区使用。小区的信道分配由移动交换中心来管理和执行分配。GSM-R 分组域业务采用动态分配，其特点是信道资源利用率高，但接入所用时间长，业务质量低。

1.4.2.4 提高系统容量的方法

随着用户数量以及业务的增长，需要不断提高系统容量。通常采用小区分裂和划分扇区两种方法来提高系统容量。

1. 小区分裂

小区分裂是将业务量增大的小区分成更小的小区，分裂后的每个小区都有自己的基站，基站的天线高度要相应降低，发射机功率也要相应减小。通过基站数量增加，使得单位覆盖面积内的信道数增加，从而提高频率的复用率，增大系统容量，如图 1-4-13 所示。

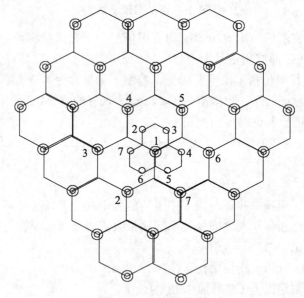

图 1-4-13 小区分裂

2. 划分扇区

划分扇区是保持小区半径不变，通过使用定向天线来减小同频小区数。使用定向天线，天线的辐射范围只限于特定扇区，这样原来的同频小区中只有一部分小区能对其产生干扰，如图 1-4-14 所示。

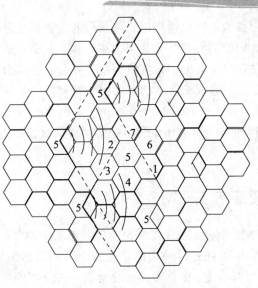

图 1-4-14　划分扇区

1.4.2.5　系统位置划分

在 GSM-R 网络中，有几类与区域有关的概念：

小区：1 个 BTS（基站收发机）所覆盖的全部或部分区域（扇区），是最小的可寻址无线区域。

位置区：移动台可以任意移动但不需要进行位置更新的区域，1 个位置区由 1 个或多个小区组成。当 MSC（移动业务交换中心）寻找移动台时，只需在移动台所属的位置区进行呼叫，而不需要在整个 MSC 区内呼叫移动台。

MSC 区：1 个 MSC 管辖下的所有覆盖区域，1 个 MSC 区由 1 个或若干个位置区组成。

服务区：移动用户可以获得服务的所有区域。

GSM-R 系统位置划分如图 1-4-15 所示。

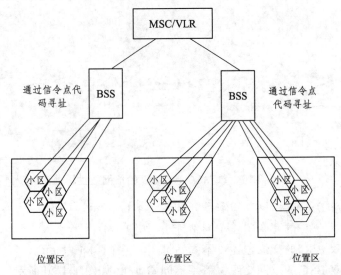

图 1-4-15　GSM-R 系统位置

移动用户在位置区中必须进行位置登记，移动台的位置信息存储在位置寄存器功能单元（HLR 归属位置寄存器和 VLR 拜访位置寄存器）中。移动台要不断地向 MSC 的 VLR 提供自己的位置信息，这一个过程叫位置更新，位置更新主要是在移动台闲时进行。

将一个正处于呼叫建立状态或忙状态的移动台转换到新的业务信道上的过程叫切换，切换主要是在同网络中进行。

在归属 GSM-R 网络外的其他 GSM-R 网络中使用移动业务称为漫游，漫游主要是在不同网络之间进行。

1.4.2.6 系统网络覆盖方式

GSM-R 系统可以构成既含有面状覆盖又含有链状覆盖的网络，既可用于地区性的覆盖，也可用于全国性的覆盖。如沿铁路线采用链状覆盖，车站及枢纽地区采用面状覆盖。由于 GSM-R 系统将完成无线列调功能，更重要的是要承载一些重要的控制列车的数据，这就要求铁路沿线和车站进行双网重叠覆盖，保证可靠的数据无线传输通道。

因此，GSM-R 系统有一个非常独特的地方，它的信号采取了双重覆盖，即类似于双备份，两套信号控制系统交错、重叠。一旦一套系统出现问题和故障，另一套系统仍然可以保持正常的通信。

1. 网络覆盖方式

GSM-R 系统常见的网络覆盖方式有 6 种：单 MSC 单 BSC 的单网线性覆盖、单 MSC 单 BSC 的单网交织覆盖、单 MSC 双 BSC 的冗余覆盖（同站址）、单 MSC 双 BSC 的交织覆盖（不同站址）、双 MSC 双 BSC 的双网交织覆盖（不同站址）、双 MSC 双 BSC 的双网冗余覆盖（同站址）。

（1）单 MSC 单 BSC 的单网线性覆盖，如图 1-4-16 所示。

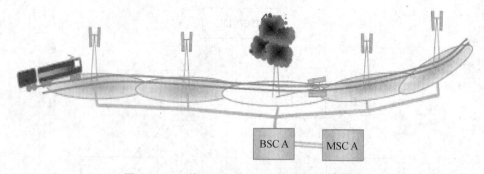

图 1-4-16　单 MSC 单 BSC 的单网线性覆盖

（2）单 MSC 单 BSC 的单网交织覆盖，如图 1-4-17 所示。

（3）单 MSC 双 BSC 的冗余覆盖（同站址），如图 1-4-18 所示。

（4）单 MSC 双 BSC 的交织覆盖（不同站址），如图 1-4-19 所示。

（5）双 MSC 双 BSC 的双网交织覆盖（不同站址），如图 1-4-20 所示。

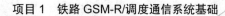

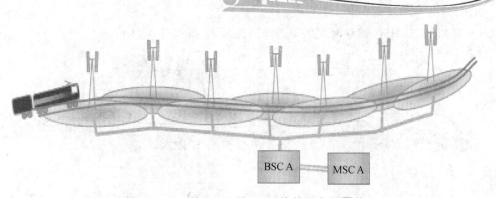

图 1-4-17　单 MSC 单 BSC 的单网交织覆盖

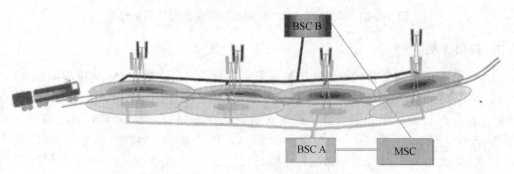

图 1-4-18　单 MSC 双 BSC 的冗余覆盖（同站址）

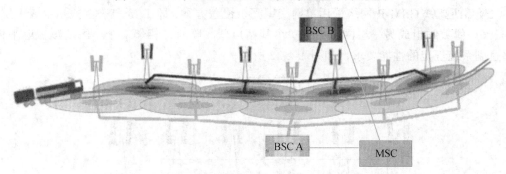

图 1-4-19　单 MSC 双 BSC 的交织覆盖（不同站址）

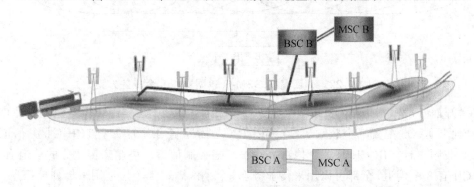

图 1-4-20　双 MSC 双 BSC 的双网交织覆盖（不同站址）

（6）双 MSC 双 BSC 的双网冗余覆盖（同站址），如图 1-4-21 所示。

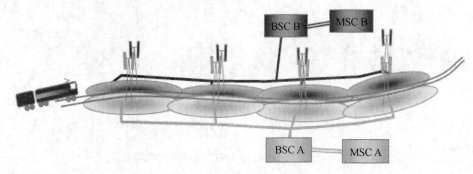

图 1-4-21　双 MSC 双 BSC 的双网冗余覆盖（同站址）

2. 应用实例

（1）根据中国铁路总公司（原铁道部）统一安排，郑西高铁 GSM-R 核心网设在西安。核心网包括交换子系统（SSS）、通用分组无线业务子系统（GPRS）、运行与维护子系统（OSS）。核心网设备采用北电设备，在西安设置 2 套基站控制器 BSC 设备、编译码和速率适配单元（TRAU）设备，分别负责管辖 A、B 层基站（BTS）设备。BSC 与基站间按每 3～5 个基站共用 1 个 2M/E1 环路设计。全线共设基站 190 个，郑州局管内设 121 个。

（2）郑西高铁 GSM-R 网络采用单网交织冗余覆盖方案，即 1、3、5…奇数站组成一层网，2、4、6…偶数站组成另一层网。当某一个基站出现故障时，相邻 2 个小区的覆盖电平仍然能够达到系统规定的性能要求，如图 1-4-22 所示。

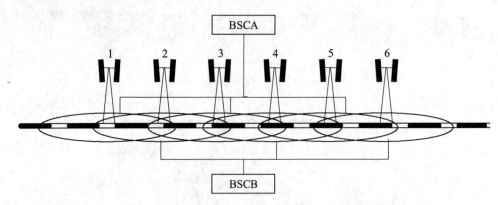

图 1-4-22　郑西高铁 GSM-R 单网交织冗余覆盖方案

（3）郑西一般车站采用 O3 站型（业务量较大的站区考虑扩容），沿线基站采用 O2 站型（O 为全向型）。O3 配置 3 个载频、1 个 BCCH（广播控制信道）、2 个 TCH（业务信道）；O2 配置 2 个载频，1 个 BCCH 有 8 个信道，除去广播控制信道，可用来传业务的信道有 7 个，一个 TCH 有 8 个信道，全部可以用来传业务。每个小区固定 4 个信道用来传列控信息，GPRS 信息（如调度命令、进路预告信息、无线车次号信息等）采用 1＋3 的方式。

1.4.3　GSM-R 系统结构

　　GSM-R 系统一般由 7 个子系统组成：交换子系统（SSS）、基站子系统（BSS）、通用分组无线业务子系统（GPRS）、移动智能网子系统（IN）、固定用户接入交换机子系统（FAS）、运行与维护子系统（OSS）及终端子系统，有的资料将 FAS 纳入 SSS 子系统。GSM-R 系统的结构如图 1-4-23 所示。

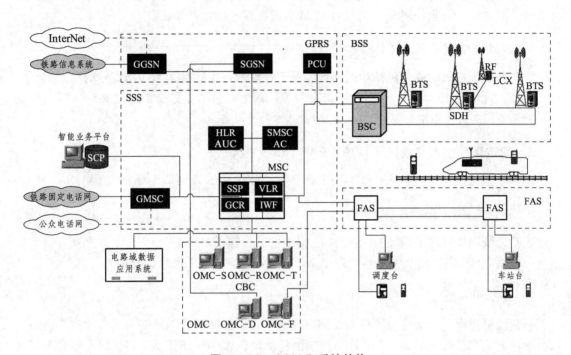

图 1-4-23　GSM-R 系统结构

1. 交换子系统（SSS）

　　交换子系统（SSS）主要完成 GSM-R 系统的基本交换功能、呼叫接续功能以及用户数据管理和移动性管理功能。

　　提供的业务有基本话音呼叫业务、电路域数据传输。

　　话音呼叫包括点对点话音呼叫（MS 之间、MS 与有线 FT 之间）、组呼、广播呼叫、多方通信、公众紧急呼叫。

　　交换子系统为电路域数据传输提供透明传输通道，如与列控无线闭塞中心 RBC 节点、机车同步操控地面节点之间进行互联，实现车—地、车—车之间数据信息传送。

　　交换子系统包括网关移动业务交换中心（GMSC）、移动业务交换中心（MSC）、拜访位置寄存器（VLR）、归属位置寄存器（HLR）、鉴权中心（AUC）、组呼寄存器（GCR）、网络互联功能模块（IWF）、短消息中心（SMSC）、确认中心（AC）、固定用户接入交换机（FAS）等设备。

2. 基站子系统（BSS）

包括基站收发信机（BTS）、基站控制器（BSC）以及编译码和速率失配单元（TRAU）、小区广播短消息中心（CBC）等设备。

3. 通用分组无线业务子系统（GPRS）

实现 GSM-R 系统的分组无线数据传输业务，主要包括网关支持节点（GGSN）、业务支持节点（SGSN）、分组控制单元（PCU）、域名服务器（DNS）等设备。

4. 移动智能网子系统（IN）

智能网系统提供的业务包括功能寻址、基于位置的寻址、基于车次功能号的动态组呼、自动获取调度中心 IP 地址、灵活的呼叫限制等。其主要包括业务交换点（SSP）、智能外设（IP）、业务控制点（SCP）、业务管理系统（SMS）等设备。

5. 固定用户接入交换机子系统（FAS）

包括中国铁路总公司 FAS、铁路局 FAS、铁路分局 FAS 及站段 FAS。

6. 运行与维护子系统（OSS）

包括无线网络管理子系统（OMC-R）、交换网络管理子系统（OMC-S）、数字业务管理子系统（OMC-D）、直放站及中继器管理子系统（OMC-T）、FAS 网管系统等。

7. 终端子系统

包括固定终端、移动终端等设备。固定终端包括调度终端、车站终端及其他用户电话，以及呼叫记录和录音系统等设备；移动终端由移动设备和 SIM 卡组成，包括机车综合通信设备、列控数据传输设备、便携台等。

1.4.3.1 交换子系统（SSS）

1. 移动业务交换中心（MSC）

移动业务交换中心（MSC）主要负责呼叫的建立（包括鉴权程序）、呼叫控制和计费等功能。除了完成固定网中交换中心所要完成的呼叫控制等功能外，还要完成无线资源的管理、移动性管理等功能。MSC 内部结构如图 1-4-24 所示。

2. 拜访位置寄存器（VLR）

拜访位置寄存器（VLR）通常与 MSC 合设，其中存储 MSC 所管辖区域中的移动台（称为拜访客户）的相关用户数据，包括用户号码、移动台的位置区信息、用户状态和用户可获得的服务等参数，如图 1-4-25 所示。

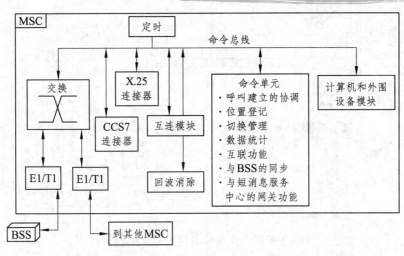

图 1-4-24　MSC 内部结构

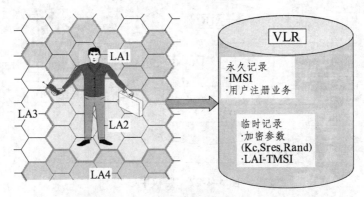

图 1-4-25　拜访位置寄存器（VLR）

VLR 是一个动态用户数据库。VLR 从移动用户的归属位置寄存器（HLR）处获取并存储必要的数据。一旦移动用户离开该 VLR 的控制区域，则重新在另一个 VLR 登记，原 VLR 将取消该移动用户的数据记录。

3. 归属位置寄存器（HLR）

归属位置寄存器（HLR）存储管理部门用于移动用户管理的数据，如图 1-4-26 所示。每个移动用户都应在其归属位置寄存器（HLR）注册登记，它主要存储两类信息：一是有关移动用户的参数，包括移动用户识别号码、访问能力、用户类别和补充业务等数据；二是有关移动用户目前所处位置的信息，以便建立至移动台的呼叫路由，如 MSC、VLR 地址等。

4. 鉴权中心（AUC）

鉴权中心（AUC）（见图 1-4-27）属于 HLR 的一个功能单元部分，专门用于 GSM 系统的安全性管理。鉴权中心产生鉴权三参数组（随机数 RAND、符号响应 SRES、加密键 Kc），用来鉴权用户身份的合法性以及对无线接口上的话音、数据、信令信号进行加密，防止无权用户接入和保证移动用户通信的安全。

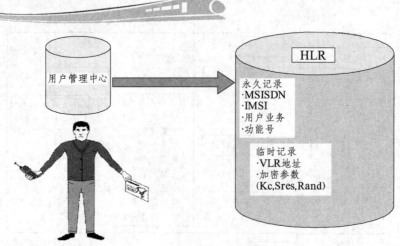

图 1-4-26 归属位置寄存器（HLR）

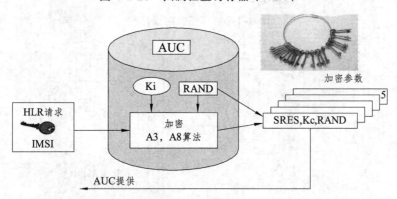

图 1-4-27 鉴权中心

HLR、AUC 一般合设于一个物理实体中，VLR、MSC 合设于一个物理实体中，MSC、VLR、HLR、AUC 也可都设置于一个物理实体中。

5. 组呼寄存器（GCR）

组呼寄存器（GCR）用于存储移动用户的组 ID、移动台利用语音组呼（VGCS）参考和语音广播（VBS）参考发起呼叫的小区信息以及发起呼叫的 MSC 是否负责处理呼叫的指示。如果发起呼叫的 MSC 不负责处理呼叫，那么 GCR 将利用存储的路由信息寻找处理呼叫的MSC。1 个 GCR 管理 1 个或多个 MSC，当 MSC 处理语音组呼和语音广播时，要利用语音组呼和语音广播呼叫参考从 GCR 中获取相应的属性。

6. 互联功能单元（IWF）

互联功能单元（IWF）提供 GSM-R 网络与其他固定网络的互联，负责在 GSM-R 网与固定网络的数据终端之间的协议转换和速率适配，具体功能决定于互联的业务和网络类型，如图 1-4-28 所示。IWF 通常与 MSC在同一物理设备中实现。

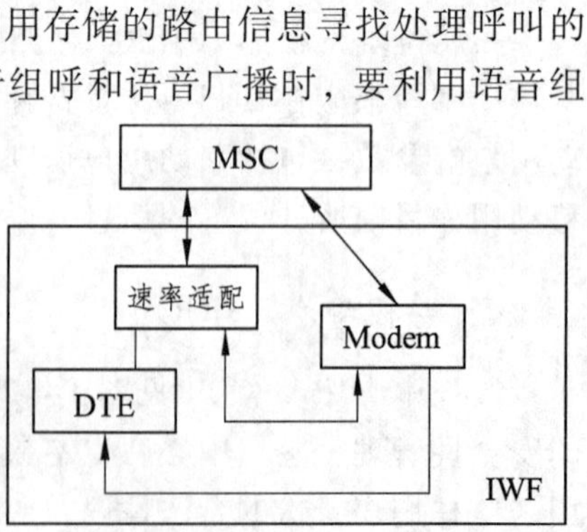

图 1-4-28 IWF 的功能

7. 短消息服务中心（SMSC）

短消息服务中心（SMSC）作为一个独立的实体存在于 NSS 中，它提供短消息的存储与转发功能，负责向 MSC 传送短消息信息。SMSC 不包含在 MSC 设备中。SMSC 与移动用户进行通信时，通过 SMS-GMSC 接入。

8. 确认中心（AC）

MSC 将终端用户发起或接收高优先级呼叫或紧急呼叫的相关呼叫信息，传送到确认中心（AC）进行记录。确认中心（AC）对接收到的相关信息进行记录、存储，为事后分析提供数据依据。

9. 固定用户接入交换机（FAS）

固定用户接入交换机（FAS）负责将固定用户接入 MSC，具备调度通信的各种相关功能以及 PABX 基本功能，支持用户—用户信令（UUS），具有多优先级强插/强拆功能（应支持至少 5 级优先级）、呼叫等待、呼叫保持、呼叫前转、呼叫转移功能，并支持主叫线识别(CLIP)。

1.4.3.2　基站子系统（BSS）

BSS 是在一定的无线覆盖区中，由移动业务交换中心（MSC）控制，与 MS 进行通信的系统设备。1 个 BSS 的无线设备可包含 1 个或多个小区的无线设备。根据其功能，BSS 可分为基站控制器（BSC）、基站收发信机（BTS）以及编译码和速率适配单元（TRAU）两类功能实体。BSS 的总体结构如图 1-4-29 所示。

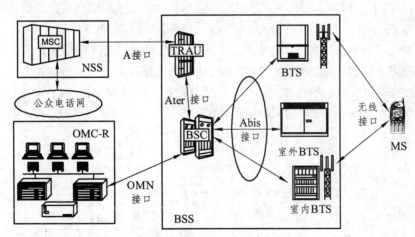

图 1-4-29　BSS 的总体结构

BSS 通过无线接口直接与移动台相连，负责无线发送/接收和无线资源管理，通过 A 接口与 NSS 相连，实现移动用户之间或移动用户与固定用户之间的通信连接，并且传送系统信令和用户信息。在 BSS 中，BTS 主要负责无线传输，BSC 主要负责控制和管理，如果加入 TRUA（速率适配单元），主要为了减少 PCM 链路数量。

1. BSC 结构和功能

BSC 主要提供在其覆盖区域内的无线电资源管理与移动性管理的功能，以及提供无线网络的运营与维护功能。1 台 BSC 可以管理 1 个或多达几十个 BTS。BSS 通过无线接口（Um）与移动台（MS）、机车台等移动终端相连，负责无线发送/接收和无线资源管理；通过 A 接口与 SSS 相连，实现移动用户之间与固定网用户之间的通信连接，并且传送系统信令和用户信息。BSC 的结构如图 1-4-30 所示。

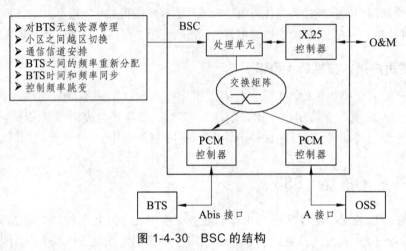

图 1-4-30　BSC 的结构

2. BTS 结构和功能

BTS 是网络固定部分与无线部分之间进行通信的中继，移动用户通过空中接口与 BTS 连接。BTS 由天线、耦合系统、收发信机（TRX）及基站公共功能（BCF）组成，可以把它看成一个复杂的无线调制解调器。BTS 能够进行语音、数据和短消息的传输，并完成信号处理、无线测量预处理、切换、功率控制等基于无线接口的功能。

TRX 是 BTS 中最主要的设备，1 台 TRX 管理着 1 个 TDMA 帧（8 个时隙、8 个物理信道）。TRX 内部 TDMA 时帧划分结构如图 1-4-31 所示。

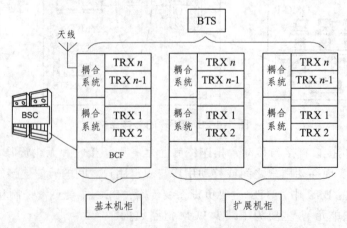

图 1-4-31　TRX 内部 TDMA 时帧划分结构

3. TRAU 结构及功能

TRAU 由编译码器、控制器和外部 PCM 接口组成，如图 1-4-32 所示。它通过 Ater 接口与 BSC 相连，通过 A 接口与 MSC 相连。TRAU 能够将 13 kb/s 的话音（或数据）转换成标准的 64 kb/s 的数据，实现编码速率转换，减少 BSC 中 PCM 链路的数量。

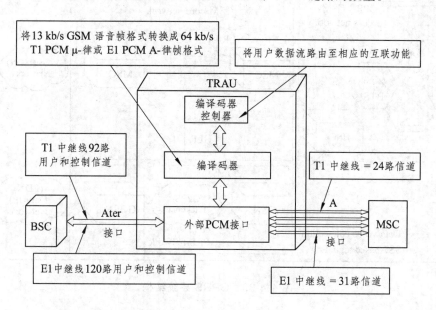

图 1-4-32 TRAU 的结构

4. GSM-R 无线终端

GSM-R 无线终端主要包括手持台终端设备、机车综合通信设备（CIR）、列控数据传输设备和列尾装置主机等。为了灵活地使用 GSM-R 网络的业务，有些地方还可能使用 GSM 模块，进行网络搭建和业务承载。

（1）手持台终端设备（OPH/GPH）。

手持台终端设备是指在 GSM-R 数字移动通信网络中能实现 GSM-R 网络基本功能和扩展功能的移动终端设备。根据使用环境和硬件结构的不同，GSM-R 终端设备大体上可分为通用手持台（GPH）和作业手持台（OPH）两大类。

通用手持台主要用于铁路各类管理人员与铁路业务相关人员的话音和数据通信。

作业手持台主要用于列车、车站、编组站、沿线区间及其他铁路业务作业区的各种工作人员话音和数据通信。

OPH 和 GPH 均为铁路 GSM-R 数字移动通信系统下使用的无线终端，两种终端在发射功率、接收灵敏度、适应工作环境、电池容量等方面存在差异。

（2）机车综合无线通信设备（CIR）。

机车综合无线通信设备为调度行车指挥提供话音、数据等业务。

1.4.3.3 通用无线分组数据业务（GPRS）子系统

GPRS 系统结构如图 1-4-33 所示。

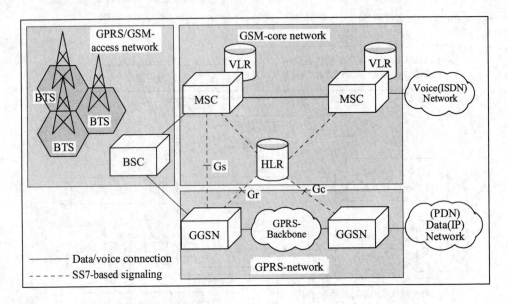

图 1-4-33 GPRS 系统结构

（1）服务 GPRS 支持节点（SGSN）。

服务 GPRS 支持节点（SGSN）通过数据网与 BTS 相连，是 GSM-R 网络结构与移动台之间的接口，主要负责网络接入控制、路由选择和转发、移动性管理、用户数据管理、逻辑链路管理、路径管理、支持 MS 挂起和恢复等。

（2）网管 GPRS 支持节点（GGSN）。

网管 GPRS 支持节点（GGSN）是 GSM-R 网络与外部数据网络的网关，负责存储属于本节点的用户路由信息，并能根据该信息将数据分组单元利用隧道技术发送到 MS 的当前的业务接入点，即 SGSN。

（3）边界网关（BG）。

边界网关（BG）用于 PLMN 间 GPRS 骨干网的互联，它应具有基本的安全功能，此外还可根据运营商之间的漫游协定增加相关功能。边界网关可以是独立的物理实体，也可以与 GGSN 合设。

（4）计费网关（CG）。

计费网关（CG）通过 Ga 接口与 GPRS 网络中的计费实体（如 GSN 等）通信，用于收集各 GSN 发送的计费数据记录并进行计费。

（5）域名服务器（DNS）。

域名服务器（DNS）负责提供 GPRS 网内部 SGSN、GGSN 等网络节点的域名解析等。

1.4.3.4　智能网（IN）平台

GSM-R 智能网用来提供部分铁路特定业务。GSM-R 智能网由 SSP、SCP、IP（智能外设）、SMP、SMAP 和 SCEP 以及连接这些节点的链路组成。智能网网络结构如图 1-4-34 所示。

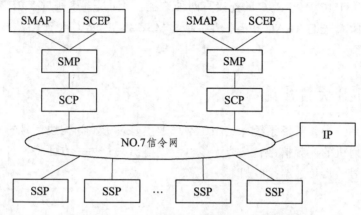

图 1-4-34　GSM-R 移动智能网网络结构图

（1）业务交换点（SSP）：具有业务交换功能，作为 MSC 与 SCP 之间的接口，可检测出 GSM-R 智能业务的请求，并与 SCP 进行通信，对 SCP 的请求做出响应，允许 SCP 中的业务逻辑影响呼叫处理。

（2）业务控制点（SCP）：具有业务控制功能，包含 GSM-R 智能网的业务逻辑，通过对 SSP 发出的指令，完成对智能网业务接续和计费的控制，以实现铁路特定的业务功能；同时还具有业务数据功能，包含用户数据和网络数据，以供业务控制功能在执行 GSM-R 智能网业务时实时提取。

（3）智能外设（IP）：在 SCP 的控制下，提供业务逻辑程序所指定的各种专用资源，包括 DTMF 接收器、信号音发生器、录音通知等。

（4）业务管理点（SMP）：管理 SCP 中的业务逻辑、用户数据，能配置和提供 GSM-R 智能网业务，它包括对 SCP 中业务逻辑的管理，用户业务数据的增删、修改等，也可以管理和修改在 SSP（IP）中的有关业务信息。

（5）业务管理接入点（SMAP）：具有业务管理接入功能，为业务管理员提供接入到 SMP 的能力，并通过 SMP 来修改、增删用户数据和业务性能等。

（6）业务生成环境（SCEP）：用于开发、生成 GSM-R 智能网业务并对这些业务进行测试和验证，同时将验证后的智能网业务的业务逻辑、管理逻辑和业务数据等信息输入到 SMP 中。

1.4.3.5　操作维护中心（OMC）

OMC 是操作人员与系统设备之间的中介，它实现了系统的集中操作与维护，完成了包括移动用户管理、移动设备管理及网络操作维护等功能。它的一侧与设备相连（不包括 BTS，对 BTS 的操作维护通过 BSC 进行管理），另一侧是作为人机接口的计算机工作站。这些专门用于操作维护的设备被称为操作维护中心（OMC）。系统的每个组成部分都可以通过特有的网络连接至 OMC，从而实现集中维护。

OMC 可以分为两部分：对应 BSS 的操作与维护中心（OMC-R）和对应 NSS 的操作与维护中心（OMC-S）。OMC-R 与 BSC 的连接有两种途径：一种是直接通过 X.25 数据网络与 BSC 相连；另一种是 BSC 先与 TRAU 相连，然后通过 MSC 再与 OMC-R 连接。OMC-S 通过 OMN 接口与 MSC 相连。

1.4.3.6　GSM-R 天馈系统

在移动通信系统中，天馈系统（见图 1-4-35）主要负责空间无线信号的发射和接收。它一方面将来自发射机的射频信号转换成无线电波发射出去；另一方面将来自移动台的无线电波转换为射频信号，再传送给接收机。

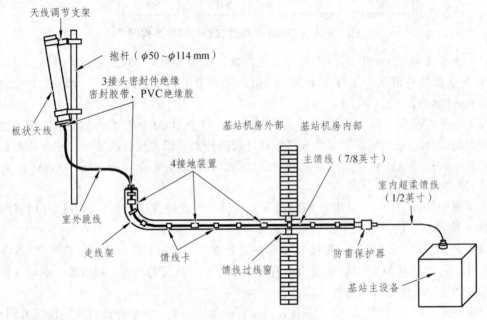

图 1-4-35　天馈系统示意图

1. GSM-R 天线

天线对于移动通信网络来说，有着举足轻重的作用。不同的地理环境、不同的服务要求需要选用不同类型和规格的天线。天线选择及参数设置是否合适，对移动通信网络的服务质量都有很大影响。

（1）天线的分类。

① 按照辐射方向性划分为定向天线和全向天线。

② 按照外形划分为板状天线、帽形天线、鞭状天线、抛物面天线。

③ 按照极化方式划分为垂直极化天线（也叫单极化天线）、交叉极化天线（也叫双极化天线）。垂直极化天线，其振子单元的极化方向为垂直方向，而交叉极化天线多为 45° 斜极化天线，其振子单元为左斜 45° 与右斜 45° 极化相交叉的振子。双极化天线相当于两副单极化天线合并在一副天线中，可以减少塔上天线数量和工程安装的工作量，降低系统成本，因此目前在 GSM-R 系统中得到了广泛的使用。

（2）天线的主要机械指标。

① 风负荷：基站天线通常安装在高楼及铁塔上，尤其在沿海地区，常年风速较大，要求天线在风速 36 m/s 时正常工作，在 55 m/s 时不被破坏。

② 工作温度和湿度：基站天线应该在环境温度 – 40 ~ + 65 ℃、相对湿度 0 ~ 100% 的范围内正常工作。

③ 三防能力：基站天线必须具备三防能力，即防潮、防盐雾、防霉菌。

2. GSM-R 馈线

GSM-R 馈线的任务是有效地传输信号能量，主要负责将发射机发出的信号功率以最小的损耗传送到发射天线的输入端，将天线接收到的信号以最小的损耗传送到接收机输入端，同时它本身必须屏蔽。

GSM-R 馈线通常按线径分为 1/2、7/8、5/4、13/8 英寸馈线，馈线的直径越大，信号衰减越小。

3. GSM-R 天馈功分器

由于铁路沿线多数为全向 O 型基站，需要覆盖 2 个及 2 个以上方向（2 副及 2 副以上天线），此时就需要使用功分器实现多个方向的天线同时接收或发射信号，如图 1-4-36 所示。

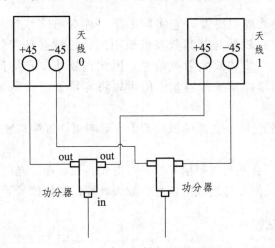

图 1-4-36 天馈功分器示意图

4. 漏泄同轴电缆

漏泄同轴电缆简称漏缆，通常又被称为泄漏电缆或漏泄电缆，其结构与普通的同轴电缆基本一致，由内导体、绝缘介质和开有周期性槽孔的外导体3部分组成。电磁波在漏缆中纵向传输的同时通过槽孔向外界辐射电磁波，外界的电磁场也可通过槽孔感应到漏缆内部并传送到接收端。漏缆主要应用于隧道、地下通道等无线传输较为困难的地段。

（1）漏缆的工作原理。

横向电磁波通过同轴电缆从发射端传至电缆的另一端。当电缆外导体完全封闭时，电缆传输的信号与外界是完全屏蔽的，电缆外没有电磁场，或者说测量不到有电磁辐射。同样，外界的电磁场也不会对电缆内的信号造成影响。

然而，通过同轴电缆外导体上所开的槽孔，电缆内传输的一部分电磁能量发送至外界环境。同样，外界能量也能传入电缆内部。外导体上的槽孔使电缆内部电磁场和外界电波之间产生耦合。

（2）漏缆电性能的主要指标。

漏缆电性能的主要指标有纵向衰减常数和耦合损耗。

① 纵向衰减常数是考核电磁波在电缆内部传输能量损失的重要指标。漏缆内部的信号在一定频率下，随着传输距离的增加而减弱。衰减性能主要取决于绝缘层的类型、电缆的大小及外导体槽孔的排列方式。

② 耦合损耗是指在一定距离下，被外界天线接收的能量与漏缆中传输的能量之比。耦合损耗受电缆槽孔形式及外界环境对信号的干扰或反射影响。宽频范围内，辐射越强则耦合损耗越低。

1.4.3.7 光纤直放站

1. 直放站基本概念

直放站，也称转发器或中继器，它实际上是一种双向信号放大器，起着延伸基站覆盖范围和补盲的作用。直放站与基站收发信机不同，它没有基带处理电路，不解调无线射频信号，仅仅是双向中继和放大射频信号，因此直放站主要是扩大无线覆盖范围和补充盲区的覆盖。它不能增加系统的容量，但可以将容量资源均衡地分散或集中到需要覆盖的区域。

1套直放站系统通常包括1台近端机和若干台远端机。近端机和远端机之间通过光纤进行信号传输。

近端机的作用：从耦合基站射频信号，经过电光转换处理，光信号导入光纤媒介。

远端机的作用：将光信号转换成电信号，放大处理，射频信号导入天馈系统。

2. 直放站分类方法

直放站分类方法有多种，常用的分类方法如下：

① 按通信体制分类：专网直放站、GSM 直放站、CDMA 直放站、3G 直放站。

② 按安装环境分类：室内直放站和室外直放站。

③ 按传输带宽分类：宽带直放站和选频直放站。

④ 按载频数目分类：单载频直放站和多载频直放站。

⑤ 按传输方式分类：无线直放站和有线直放站（光纤直放站）。

⑥ 按接入方式分类：直接耦合接入方式直放站和空间耦合接入方式直放站。

GSM-R 是基于公共无线通信系统 GSM 平台实现移动话音和数据传输的铁路专用数字式无线通信系统，典型的 GSM-R 系统采用基站对铁路沿线进行覆盖，较好地解决了区间通信问题。但是我国铁路线总里程长，通车地形复杂，山区、丘陵地带存在弱信号场区，隧道、涵洞为信号盲区。为保证 GSM-R 信号的全程覆盖，利用铁路沿线光纤资源丰富的有利条件，采用了大量的光纤直放站，主要应用于隧道内 GSM-R 的信号覆盖，同时兼顾外部空间场强GSM-R 信号收发。光纤直放站是扩大网络覆盖、提高网络质量和设备利用率的有效手段，保障了列车高速运行的安全。

3. 光纤直放站工作原理

光纤直放站主要由光近端机、光纤、光远端机（覆盖单元）组成，如图 1-4-37 所示。无线信号从基站中耦合出来后，进入光近端机，通过电/光转换，将电信号转变为光信号，从光近端机输入至光纤，经过光纤传输到光远端机，光远端机把光信号转为电信号，进入射频单元进行放大后，送入发射天线，覆盖目标区域。上行链路的工作原理同理，移动终端发射号通过接收天线至光远端机，再到近端机，回到基站。

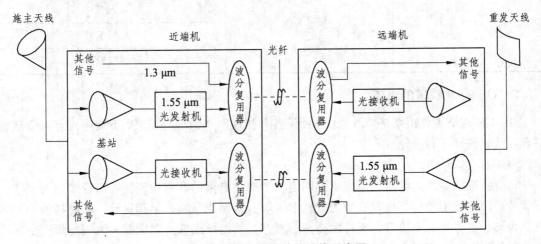

图 1-4-37　光纤直放站结构示意图

1.4.3.8　GSM-R 铁塔

GSM-R 铁塔是 GSM-R 移动通信基站的重要组成部分，主要用于悬挂 GSM-R 天线，以保证 GSM-R 无线场强的良好覆盖。

1. GSM-R 铁塔的分类

GSM-R 铁塔的分类如表 1-4-5 所示。

表 1-4-5　GSM-R 铁塔分类

按制式分	自立式铁塔	楼顶自立塔
		楼顶增高塔
		地面自立塔
	拉线式铁塔	楼顶拉线桅杆杆
		地面拉线铁塔
		楼顶拉线增高架
按材料分	角钢塔	地面角钢塔
		楼顶角钢塔
	钢管塔	楼顶钢管塔
		地面钢管塔
按形式分	角钢塔	三柱角钢塔
		四柱角钢塔
	钢管塔	单柱钢管塔
		三柱钢管塔
		四柱钢管塔
		六柱钢管塔

2. GSM-R 铁塔的组成

GSM-R 铁塔主要由塔基、塔身、辅助设备和接地网 4 大部分组成，下面重点就自立式铁塔和拉线式铁塔进行介绍。

（1）自立式铁塔。

自立式铁塔为塔式结构，塔身下端固定，上端为自由的高耸构筑物。塔身多数为上小、下大的变倾角锥形结构，少数铁塔为直柱形。塔身常做成空间桁架和钢架，塔身横断面形状有三角形、正方形、六边形，腹杆由横撑、斜撑、辅助撑组成。除横断面为三角形的金属塔外，需每隔一定高度以及在塔柱变倾角界面处设置水平横隔，每段横隔应加装十字撑。

（2）拉线式铁塔。

拉线式铁塔是沿塔身高度等距或不等距设置若干层拉线，拉线下端锚于地面，用拉线保持塔身直立和稳定。塔身越高，拉线层数越多，一般每层布置 3 根拉线，双桅杆时可用 5 根拉线（中间两根为两杆间水平拉线）。拉线与地面的倾角为 $30° \sim 60°$，以 $45°$ 较好。拉线材料为高强度镀锌钢绞线，用开式索具螺旋扣预加压力，以增强杆身强度和整体稳定性。拉线地锚基础有重力式、挡土墙式、板式和锚杆式等。塔身断面形状一般采用钢管、圆钢、角钢材料做成三角形状，塔身主杆每段连接方式为内外刨钢、法兰盘或拼接连接，塔身基础一般为钢筋混凝土阶梯形独立基础。

1.4.4　GSM-R 网络编号方案

1.4.4.1　国际 GSM-R 网络号码编号方案

国际 GSM-R 网络号码用于跨国 GSM-R 网络之间的呼叫，国际 GSM-R 网络号码由两部分组成：国际代码（IC）、国内 GSM-R 网络号码。其号码结构如下：

国际代码（IC）即铁路 GSM-R 接入码（RAC），用于将呼叫路由到其他国家 GSM-R 网络，最多由 3 位数字组成，基于国家码 XCC/CCC，并符合 ITU-T E.164 的规定。中国铁路 GSM-R 网络国际代码（IC）= 086（需向 UIC 申请确认）。

1.4.4.2　国内 GSM-R 网络号码

国内 GSM-R 网络号码用于在同一 GSM-R 网络内注册的用户之间的呼叫。其号码结构如下：

1. 呼叫类型（CT）

呼叫类型（CT）用来区分 GSM-R 网络内不同类型的呼叫，提示网络如何解释用户所拨打的号码。呼叫类型由 1 ~ 3 个数字组成，其定义如表 1-4-6 所示。

表 1-4-6　呼叫类型形式

呼叫类型（CT）	用　途	呼叫类型（CT）	用　途
1	短号码	6	维修、调车组成员
2	车次功能号	7	FAS 网络用户号码（ISDN）
3	机车功能号	8	移动用户号码（MSISDN）
4	车号功能号	90	铁路专网引示号
50	语音组呼	91	调度用户功能号码
51	语音广播	92 ~ 98	预留
52 ~ 55	保留国际使用	99	保留公众紧急呼叫
56 ~ 59	保留国内使用	0、00	公网引示号

2. 用户号码（UN）

用户号码（UN）由用户识别号码（UIN）和功能码（FC）组成，UN 的长度依据它所包含的信息多少而变化。用户识别号码（UIN）必须是以下号码之一：车次号（TN）、机车号（EN）、车号（CN）、调车组位置号码（STLN）、维修组位置号码（MTLN）、调度员和值班员位置号码（TCLN）、组位置号码（GLN）、移动用户号码（MSISDN）和移动用户的 ISDN 号码。

车次、机车及车号功能号（CT = 2、3、4）介绍如下：

用户号码（UN）= 用户识别码（UIN）+ 功能码（FC），UN 的长度依据它所包含的信息多少而变化，定义如下：

① 车次功能号（TFN），TFN = TN + FC，如表 1-4-7 所示。

表 1-4-7　CT = 2 车次功能号格式

车次功能号（TFN）	备 注
2 CCCC XXXXX FF	共 8~12 位数字。 CCCC：车次号 0~2 位字母转换的 4 位数字，符合 ASCII 码转换规则，无字母时 CCCC = 0000，1 位字母时 CCCC = 00CC XXXXX：车次号中的数字位 1~5 位，可变长，分别为 X、XX、…、XXXXX FF：2 位数字功能码（FC）

② 机车功能号（EFN），EFN = EN + FC，如表 1-4-8 所示。

表 1-4-8　CT = 3 机车功能号格式

机车功能号（EFN）	备 注
3 TTT XXXXX FF	共 7~11 位数字。 TTT：3 位数字机车类型代码。 XXXXX：机车编号 1~5 位数字，可变长，分别为 X、XX、XXX、XXXX 个别机车需区分 A、B 端，可用末位数字 X 表示，X = 0：A 端；X = 1：B 端 FF：2 位数字功能码（FC）

③ 车号功能号（CFN），CFN = CN + FC，如表 1-4-9 所示。

表 1-4-9　CT = 4 车号功能号格式

车号功能号（CFN）	备 注
4 CC XXXXXXX FF	共 6~12 位数字。 CC：车种标识字母转换的 2 位数字，符合 ASCII 码转换规则 XXXXXXX：车号长度为 1~7 位，可变长，分别为 X、XX、…、XXXXXXX FF：2 位数字功能码（FC）

3. 功能码（FC）

功能码（FC）是一种识别号，用来识别列车上或站场内的人员、设备，或者某给定区域内的特定编组。功能码（FC）描述移动台的实际功能。

（1）车次功能号（CT = 2）、机车功能号（CT = 3）以及车号功能号（CT = 4）的功能码（FC）应符合表 1-4-10 的规定。

表 1-4-10　CT = 2、3、4 的功能码（FC）

功能码（FC）	功能描述	功能码（FC）	功能描述
00	为告警保留	41 ~ 49	保留国际使用（ETCS/CTCS）
01	本务机司机	50	车载记录器
02 ~ 05	补机司机	51	故障诊断
06	保留传真使用	52	列车数据总线
07	车上内部通信	53	列车位置系统
08	车内广播	54 ~ 59	保留国际使用（车载设备应用）
09	保留国际使用	60	预先录制的旅客信息
10	列车长 1	61	旅客信息显示单元
11	列车长 2	62	旅客服务广播室
12 ~ 19	保留国际使用（列车员）	63 ~ 69	保留国际使用（旅客服务）
20	餐车主任	70 ~ 79	保留国际使用
21 ~ 27	保留国际使用（餐车人员、列车员）	80	保留国内使用
28	乘检人员	81	本务机司机手持台
29	列检人员	82 ~ 85	补机司机手持台
30	铁路安全服务领导	86	运转车长
31	乘警长	87 ~ 89	保留国内使用
32 ~ 39	保留国际使用（乘警）	9X	保留国内使用
40	ETCS/CTCS 使用		

（2）语音组呼和语音广播（CT = 50、51）。

用于在预定义区域、预定义用户之间的组呼和广播呼叫。组呼包括呼叫类型（CT）、业务区号（SA）和组标识（GID）。

① 业务区号（SA）。

业务区号（SA）为 $S_1S_2S_3S_4S_5$，共 5 位数字，用以确定组呼和广播呼叫的有效区域。目前共有调度辖区、车站（场）基站区、相邻三车站及区间、相邻三基站小区、编组场（分场）基站区等类型的 SA。调度区 SA 在全路按路局统一分配，其他类型 SA 在 MSC 管辖范围内统一分配。在 MSC 管辖范围边界地区，以及不同 GSM-R 网络边界地区，SA 应在双边协调的基础上进行分配。SA 分配如表 1-4-11 所示。

表 1-4-11　CT＝50、51 语音组呼和语音广播业务区号（SA）

S_1		S_2S_3	S_4S_5
0	预留		
1	调度辖区	参照表 1-4-21 ISDN 号码 H_1H_2 分配	管内调度区段序号
2	预留（调度辖区）		
3	车站（场）基站区	MSC 内部统一分配 其中：$S_2＝0$ 预留 $S_2＝9$ 用于边界协调	
4	相邻三车站及区间		
5～7	相邻三基站小区		
8	编组场（分场）基站区		
9	预留		

② 组标识（GID）。

组标识（GID）为 3 位数字，其定义如表 1-4-12 所示。

表 1-4-12　CT＝50、51 语音组呼和语音广播组标识（GID）

组标识（GID）	功能说明	组标识（GID）	功能说明
1XX	保留国内使用	605	铁路局调度组呼
200	保留国际使用（同一区域内所有司机组呼，2 级优先级）	606～609	预留
201	列车调度辖区组呼（3 级优先级）	610	预留
202	列车调度辖区组呼（3 级优先级）	611～619	预留
203	列车调度辖区组呼（2 级优先级）	620	车务调度组呼
20X	保留国内使用	621～629	预留
210	车站基站区组呼（3 级优先级）	630	工务调度组呼
211	车站基站区组呼（3 级优先级）	631～639	预留
21X	保留国内使用	640	电务调度组呼
220	相邻三车站及站间区间组呼（2 级优先级）	641～649	预留
221	相邻三车站及站间区间组呼（3 级优先级）	650	供电调度组呼
22X	保留国内使用	651～659	预留
230～239	保留国内使用	660	水电调度组呼
240	相邻三小区组呼（2 级优先级）	661～669	预留
241～249	保留国内使用	670	机务调度组呼
251～298	保留国内使用	671～679	预留
299	相邻三小区组呼（铁路紧急呼叫组呼，0 级优先级）	680	车辆调度组呼
300	货运调度辖区组呼（4 级优先级）	681～689	预留
3XX	保留国内使用	690	公安调度组呼

组标识（GID）	功能说明	组标识（GID）	功能说明
400	牵引供电调度辖区组呼（4 级优先级）	691～699	预留
4XX	保留国内使用	700	车站（场）集中电话组呼
500	调车组：缺省组	701～709	预留
501～529	调车组：专用于调车组	710	车站（场）货运电话组呼
530	车站和安全人员组：缺省组	711～719	预留
53X	车站和安全人员组：保留国际使用	720	车站（场）列检电话组呼
539	车站和安全人员组：2 级组呼	721～729	预留
54X	保留国际使用	730	车站（场）商检电话组呼
55X	保留国际使用	731～739	预留
560	现场维修组：缺省组	740	车站（场）车号电话组呼
56X	现场维修组：保留国际使用	741～749	预留
569	现场维修组：2 级组呼	750	施工养护通信组呼
570	调度员组：缺省组	751～759	预留
571	列车调度辖区组呼（3 级优先级）	760	道口通信组呼
57X	调度员组：保留国际使用	761～769	预留
579	调度员组：2 级组呼	770～789	保留国内使用
58X	保留国际使用	790	应急通信组呼
59X	保留国际使用	791～799	预留
599	调车组：0 级紧急呼叫	8XX	保留国内使用
600	中国铁路总公司调度组呼	9XX	保留国内使用
601～604	预留	0XX	保留国内使用

（3）与位置有关的功能号码。

① 维修及调车组成员号码（CT = 6）。

维修及调车组成员呼叫类型为 CT = 6，维修及调车组成员用户号码（UN）由位置号（LN）和功能码（FC）组成。位置号（LN）如表 1-4-13 所示。功能码（FC）由 4 位数字组成，FC = T Y XX，T 为组类型，Y 为组成员功能，XX 为组编号，如表 1-4-14 所示。

表 1-4-13　CT=6 的功能码（FC）

T 组类型	Y XX 组成员功能和组编号		功能描述
T=1~4	保留国际使用		
T=5	调车组		
	Y=	0	调车长
		1~3	调车员
		4	调车司机
		5	连接员（连接确认员）
		6~9	保留国内使用
	XX=	00	保留
		01~29	专用于调车组编号*
		30~99	保留
T=6~9	保留国内使用		
T=0	保留国际使用		

注：*与表 1-4-12 定义的调车组呼 FC"501~529"对应。

② 调度身份用户功能号码（CT=91）。

调度身份用户包括各类调度通信业务的调度员和值班员人员。调度身份用户功能号码由位置号（LN）和功能码（FC）组成。功能码（FC）描述终端（含有线终端和无线终端）的实际功能，应符合表 1-4-14 的规定。

表 1-4-14　CT=91 调度员和值班员功能码（FC）

功能码（FC）	功能说明	功能码（FC）	功能说明
00	预留	机务调度通信	
列车调度通信		30	机车调度员
01	列车调度员	31	机务段调度员
02~04	预留	32	机务折返段调度员
05	车站（场）、编组场（分场）值班员（主信号楼）	33	机务段运转值班员
06~09	车站（场）、编组场（分场）值班员（其他信号楼）	34	机务折返段运转值班员
10	车站（场）调度值班员	35	列车段（车务段）值班员
11	车站（场）内勤助理值班员	36	列车段（客运段）值班员
12	车站（场）计划调度值班员	37	救援列车主任
13	车站（场）电力值班员	38~39	预留
14~19	车站（场）内其他值班员		
20	预留		
21~29	车站（场）1~9 站台外勤助理值班员		

功能码（FC）	功能说明	功能码（FC）	功能说明
	货运调度通信		站场通信
40	货运调度员	70	预留
41	中间站（区段站）货运室值班员	71	货运计划员
42	中间站（区段站）货运员	72	列检值班员
43	中间站（编组站）货运室值班员	73	红外线值班员
44	中间站（编组站）货运员	74	红外线调度员
45	中间站（货运站）货运室值班员	75	内勤车号员
46	中间站（货运站）货运员	76	商检组长
47~49	预留	77	商检员
	牵引供电调度通信	78~79	预留
50	牵引供电调度员		铁路总公司、局、站段各工种调度员及值班员（不含列调、货调、电调）
51	牵引变电所值班员	80	电务调度员、值班员
52	电力机务段值班员	81	车务调度员、值班员
53	电力折返段值班员	82	工务调度员、值班员
54	接触网工区值班员	83	供电调度员、值班员
55	开闭所值班员	84	水电调度员、值班员
56	分区所值班员	85	机务调度员、值班员
57	自耦变电所值班员	86	车辆调度员、值班员
58	供电段调度室值班员	87	公安调度员、值班员
59	"V 亭"控制站值班员	88~89	预留
6X	预留		应急通信
		90	救援中心指挥员
		91	应急指挥现场指挥员
		92~99	预留

③ 位置号。

位置号（LN）用以确定被叫方的注册位置，包括调度辖区、车站（场）、编组场（分场）位置号，由 5 位数字组成，在全国范围内统一分配。

位置号（LN）= $L_1L_2L_3L_4L_5$，其中 $L_1L_2 = H_1H_2$，与 MSISDN 号码的 H_1H_2 相同，全路按照中国铁路总公司、铁路局、地区统一分配。$L_3L_4L_5$ 表示位置区编号，其中 L_3 表示位置区类别，L_4L_5 表示位置区编号。位置号分配如表 1-4-15 所示。

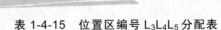

表 1-4-15 位置区编号 $L_3L_4L_5$ 分配表

L_1L_2	L_3	位置区类别	L_4L_5	位置区编号
H_1H_2	0	预留	00	预留
			01～99	预留
	1	调度区	00	预留
			01～99	调度辖区编号
	2～8	车站（场）及其管辖区域	00	预留
			01～99	车站（场）编号
	9	编组场（分场）及其管辖区域	00	预留
			01～99	编组场（分场）编号

1.4.4.3 短号码

短号码用于 GSM-R 网络内快速拨号。对某些功能，终端应使用标准短号码发起呼叫。短号码应由 4 位数字组成，第 1 位数字应为 CT = 1。短号码应在全国范围内统一定义，但某些号码必须作为国际通用号，以实现互联互通。如短号码 1200 表示连接最适当的列车调度员，如表 1-4-16 所示。

表 1-4-16 CT = 1 的短号码

短号码	功能说明	短号码	功能说明
1000	试验号	1900	连接最适当的机车调度员
1001	障碍申告台	1901	连接最适当的机务段运转值班员
10XX	保留国内使用	1902	连接最适当的机务折返段运转值班员
11XX	保留特服号使用（详见特服号）	190X	保留国内使用（机务）
1200	连接最适当的列车调度员	1910	货运调度员
12XX	保留国内使用（连接最适当的列车调度员）	1911	车站（场）货运室值班员
1300	连接最适当的车站值班员	1912	车站（场）货运员
13XX	保留国内使用（连接最适当的车站值班员）	191X	保留国内使用（货运）
1400	连接最适当的牵引供电调度员	1920	牵引变电所值班员
14XX	保留国内使用（连接最适当的牵引供电调度员）	1921	接触网工区值班员
1500	连接最适当的 CTCS RBC	1926	电力调度值班员（水电）
15XX	保留国内使用（连接最适当的 CTCS RBC）	192X	保留国内使用（牵引供电）
1612	高优先级呼叫确认中心，包括铁路紧急呼叫确认中心	1930	列车段（客运段）值班员

短号码	功能说明	短号码	功能说明
16XX	保留国际使用	1933	客运调度员
1700	司机安全设备	193X	保留国内使用（客运）
17XX	保留国际使用	194X	保留国内使用
1800	调车无线机车信号无线传输业务节点	1950	工务工区值班员
180X	保留国内使用	1955	工务调度员
1810	机车同步操作无线传输业务节点	195X	保留国内使用（工务）
181X	保留国内使用	1960	电务工区值班员
1820	连接最适当的 DMIS/TDCS/CTC 中心（电路交换传输方式）	1966	电务调度员
182X	保留国内使用	196X	保留国内使用（电务）
184X～189X	保留国内使用	197X～199X	保留国内使用

注：12XX、13XX、14XX、15XX 中的 XX 用于提供补充精确位置信息，缺省值为 00。

1.4.4.4　引示号

引示员是用于 GSM-R 网络用户呼叫其他网络用户的分隔码。如接入到铁路专用固定电话网，需要使用引示号"901"，然后是被叫方完整的电话号码。当 GSM-R 网络允许授权用户接入国内公众电信网，应使用引示号"0"，然后是被叫方完整的电话号码，如表 1-4-17 所示。

表 1-4-17　引示号

分隔码	目标网络
900	国际 GSM-R 网络
901	铁路专用自动电话网
902～909	预留铁路固定网络和系统
91	预留调度用户功能号码
92～99	预留铁路固定网络和系统
0	国内公众电信网
00	国际公众电信网，国际 GSM-R 网络

1.4.4.5　移动用户号码

与移动用户有关的号码包括 MSISDN 号码、国际移动用户识别码（IMSI）、临时移动用户识别码（TMSI）、移动用户漫游号码（MSRN）。

1. MSISDN 号码

MSISDN 号码采用 E.164 编码方式，其号码结构如下：

国家代码 CC	国内有效移动用户电话号码 NDC + SN

国家代码（CC）：中国国家代码 CC 为 86。

国内目的代码（NDC）：NDC（$N_1N_2N_3$）为 GSM-R 国内目的代码，暂定为 149。

（1）SN 号码结构。

SN 号码长度暂定为 8 位，其结构如下：

HLR 识别号 $H_0H_1H_2$	移动用户号码 ABCDE

（2）HLR 识别号的分配。

$H_0H_1H_2$ 为 HLR 的识别号，其中 $H_0 = CT = 8$，H_1H_2 如表 1-4-18 所示。

表 1-4-18　MSISDN 号码 H_1H_2 分配表

H_1	H_2									
	0	1	2	3	4	5	6	7	8	9
0										
1				南宁		襄樊			南昌	
2	中国铁路总公司	北京		天津		石家庄		太原	临汾	大同
3	白城	沈阳	长春	哈尔滨	大连	齐齐哈尔	通辽	吉林	通化	锦州
4	青岛	上海		济南	福州	徐州		杭州	蚌埠	南京
5	羊城	武汉		郑州	安康	西安	怀化	广州	长沙	洛阳
6		成都		重庆		贵阳		昆明	北疆	
7		兰州	银川	乌鲁木齐	青藏（拉萨）	青藏（西宁）		哈密	南疆	武威
8		呼和浩特			佳木斯	海拉尔	牡丹江	图们		
9										

注：空格处的 H_1H_2 为备用。

（3）移动用户号码的分配。

移动用户号码 ABCDE，首位 A 表示用户类型，A 的分配如表 1-4-19 所示。

表 1-4-19　移动用户号码首位 A 分配表

A	用户类型
0~1	预留
2~4	调度通信用户
5~6	预留（调度通信用户）
7~9	其他用户

移动用户号码个位（E）分配详见表 1-4-20，其他位和表中未列明的用户号码分配参照（82）电通字 70 号文件，结合工程进行分配。

表 1-4-20　CT＝8 移动用户号码个位（E）分配原则

E	铁路局	基层单位	E	铁路局	基层单位
1	预留（运输）	预留（运输）	6	电务、信息	电务、信息
2	运输	运输	7	数据	数据
3	机务、水电、电力	机务、水电、电力	8	公安、军运	公安、军运
4	车辆、调度	车辆	9	预留	预留
5	工务	工务	0	安监	安监

2. 移动用户识别码

（1）国际移动用户识别码（IMSI）。

IMSI 号码采用 E.212 编码方式，号码总长度为 15 位，其号码结构如下：

移动国家代码 MCC	移动网络代码 MNC	移动用户识别号码 MSIN

其中，MCC＝460，MNC 暂定为 20。MSIN 为 $H_0H_1H_2$ S XXXXXX，$H_0H_1H_2$ 与 MSISDN 号码中的 $H_0H_1H_2$ 相同，S 为 MSISDN 号码中的 NDC 的末位。

（2）临时移动用户识别码（TMSI）。

为了对 IMSI 保密，VLR 可给来访移动用户在位置登记（包括位置更新）后或激活补充业务时，分配 1 个唯一的 TMSI 号码，它仅在本地使用，为 1 个 4 字节的 16 进制编码。

3. 移动用户漫游号码（MSRN）

MSRN 号码的结构为：NDC＋0＋$M_0M_1M_2$＋ABCD。其中，NDC＋0 为漫游号码标记；$M_0M_1M_2$ 为漫游地 MSC 端局号码，与 MSISDN 号码中的 $H_0H_1H_2$ 相同，即 $M_0M_1M_2$＝8 H_1H_2；ABCD 为漫游地 MSC 临时分配给用户的漫游号码，范围为 0000～4999。

切换号码（HON）结构同 MSRN 号码，其中 ABCD 的范围为 5000～8999。

组呼号码（GCN）结构同 MSRN 号码，其中 ABCD 的范围为 9000～9999。

1.4.6.6　固定用户号码

1. 号码结构

FAS 网络用户 ISDN 号码，采用 E.164 编码方式，其号码结构如下：

国家代码 CC	FAS 用户电话号码 NDC＋SN

其中，CC、NDC 同 MSISDN 规定。

2. 用户号码（SN）编号方案

（1）用户号码（SN）结构。

SN 号码长度暂定为 8 位，其结构如下：

FAS 识别号 $H_0H_1H_2$	FAS 用户号码 ABCDE

（2）FAS 识别号的分配。

$H_0H_1H_2$ 为 FAS 的识别号，其中 $H_0 = CT = 7$，H_1H_2 如表 1-4-21 所示。

表 1-4-21　ISDN 号码 H_1H_2 分配表

H_1	H_2									
	0	1	2	3	4	5	6	7	8	9
0										
1				南宁					南昌	
2	中国铁路总公司	北京						太原		
3		沈阳		哈尔滨						
4		上海		济南						
5		武汉		郑州		西安		广州		
6		成都						昆明		
7		兰州		乌鲁木齐		青藏				
8		呼和浩特								
9										

注：空格处的 H_1H_2 为备用。

（3）FAS 用户号码的分配。

FAS 用户号码 ABCDE，首位 A 可表示路局内的 FAS 局向，个位（E）按照表 1-4-22 分配。其他位和表中未列明的用户号码参照（82）电通字 70 号文件，结合工程进行分配。BCDE = 0000 预留为 FAS 虚拟用户号。

表 1-4-22　CT = 7 FAS 用户号码个位（E）分配原则

E	铁路局	基层单位	E	铁路局	基层单位
1	预留（运输）	预留（运输）	6	电务、信息	电务、信息
2	运输	运输	7	数据	数据
3	机务、水电、电力	机务、水电、电力	8	公安、军运	公安、军运
4	车辆、调度	车辆	9	预留	预留
5	工务	工务	0	安监	安监

1.4.4.7　虚拟用户及特服号码

1. 虚拟用户号

由 MSC 发起的组呼，预定义用户中调度身份用户超过 5 个，且 FAS 用户为 2 个以上时，在 GCR 中采用虚拟用户号标识全部 FAS 用户，由 FAS 组织该部分用户的组呼。

虚拟用户号：7 H_1H_2A0000，分配给局内不同的 FAS。

2. 特服号码

特服号码用于特服业务呼叫。在 GSM-R 网络中占用短号码部分资源，开通如下特服号码：① 障碍申告 112；② 电话查号业务 114；③ 事故救援 117；④ 面向社会的公众紧急呼叫，包括 110、119 和 999，如表 1-4-23 所示。

表 1-4-23　GSM-R 网络特服号码表

号码	业务名称
114	接入最合适的电话查号台
117	接入最合适的事故救援台
110	公众紧急呼叫，接入最适合的匪警报警台
112	公众紧急呼叫提示
119	公众紧急呼叫，接入最适合的火警报警台
999	公众紧急呼叫，接入最适合的急救报警台

1.4.4.8　GSM-R 网络设备编号

GSM-R 网络设备编号用于标识 GSM-R 网络设备。网络设备编号包括 MSC/VLR/GCR/SSP、HLR/AUC、SCP、SMSC 识别码、位置区识别码（LAI）、全球小区识别码（CGI）、基站识别码（BSIC）、漫游区域识别码（RSZI）、国际移动设备识别码（IMEI）。

1. MSC/VLR/GCR/SSP、SCP、SMSC 识别码

MSC/VLR/GCR/SSP、SCP、SMSC 识别码是用来在 No.7 信令信息中标识 MSC/VLR/GCR/SSP、SCP、SMSC 的号码，采用 E.164 编码方式，其结构如下：

CC	NDC	LSP

其中，CC 和 NDC 同 MSISDN 规定，LSP 暂定为 00 H_1H_2A，H_1H_2 同 MSISDN 规定，A 由 MSC 在本地网内规划。

2. HLR/AUC 识别码

HLR/AUC 识别码是用来在 No.7 信令信息中标识 HLR/AUC 的号码，采用 E.164 编码方式，其结构如下：

CC	NDC	$H_0H_1H_2$	00000

其中，CC、NDC 和 $H_0H_1H_2$ 同 MSISDN 的规定。

3. 位置区识别码（LAI）

LAI 用于标示移动台所处的位置，其结构如下：

移动国家号码 MCC	移动通信网号 MNC	位置区码 LAC

其中，MCC 和 MNC 同 IMSI 号码规定。LAC 为位置区码，由 1 个 2 字节 16 进制码（$X_1X_2X_3X_4$）组成，X_1X_2 全路在各局之间统一分配，如表 1-4-24 所示，X_3X_4 由各局按行车调度区段分配，LAC 不使用全 0 的编码。

表 1-4-24 位置区识别码 X_1X_2 分配表

X_1 \ X_2	0	1	2	3	4	5	6	7	8	9	A	B	C	D	E	F
0																
1				南宁		襄樊			南昌							
2		北京		天津		石家庄		太原	临汾	大同						
3	白城	沈阳	长春	哈尔滨	大连	齐齐哈尔	通辽	吉林	通化	锦州						
4	青岛	上海		济南	福州	徐州		杭州	蚌埠	南京						
5	羊城	武汉		郑州	安康	西安	怀化	广州	长沙	洛阳						
6		成都		重庆		贵阳		昆明	北疆							
7	兰州		银川	乌鲁木齐	青藏（拉萨）	青藏（西宁）		哈密	南疆	武威						
8		呼和浩特			佳木斯	海拉尔	牡丹江	图们								
9																
A																
B																
C																
D																
E																
F																

4. 全球小区识别码（CGI）

CGI 是用来识别一个基站（小区）所覆盖的区域，在 LAI 的基础上再加小区识别码（CI）构成，其结构如下：

移动国家号码 MCC	数字移动通信网号 MNC	位置区码 LAC	小区识别码 CI

其中，MCC、MNC 和 LAC 同 LAI 号码的规定，CI 为小区识别码，由 1 个 2 字节 16 进制码组成，由各 MSC 自定。

5. 基站识别码（BSIC）

BSIC 主要用于识别不同的基站或扇区,特别用于识别在不同国家和国内不同网络边界地区的基站。通常,对于采用相同载频的不同相邻基站或扇区分配不同的 BSIC 码。BSIC 是一个 6 bit 的编码,其结构如下:

网络色码 NCC（3 bit）	基站色码 BCC（3 bit）

其中,NCC 为网络色码,由 XY_1Y_2 组成,用来唯一识别相邻国家不同的 GSM-R 网络。X 需向国家申请,Y_1Y_2 由全国网络在各路局、公司之间统一分配,如表 1-4-25 所示;BCC 为基站色码,由 $Z_1Z_2Z_3$ 组成,用来唯一识别采用相同载频的相邻 BTS,$Z_1Z_2Z_3$ 由运营者设定。

表 1-4-25　基站识别码 Y_1Y_2 分配表

Y_1	Y_2	
	0	1
0	哈尔滨、济南、昆明、呼和浩特	沈阳、上海、乌鲁木齐、成都
1	北京、广铁、兰州、西安、武汉	太原、郑州、南宁、南昌、青藏

6. 漫游区域识别码（RSZI）

RSZI 主要用于识别移动用户的漫游区,它在某一 GSM-R 网内唯一地识别允许漫游的区域,在 VLR 内存储,其结构如下:

CC	NDC	ZC

其中,CC 和 NDC 同 MSISDN 的规定,ZC 为漫游区域码,由 2 字节构成,由网络运营主管部门设定。

7. 国际移动设备识别码（IMEI）

IMEI 用于唯一地识别 GSM-R 网络内一个移动设备,可监控盗用或失效的移动设备。该码是移动设备制造商在产品出厂时,以电子序号的方式存储于移动台物理设备中。IMEI 由 16 位数字组成,其结构如下:

TAC（6 位）	FAC（2 位）	SNR（6 位）	SP（2 位）

其中,TAC 为型号批准码,由欧洲型号批准中心分配;FAC 为最后装配码,表示生产厂商或最后装配所在地;SNR 为流水序列号;SP 为备用码。

1.4.4.9　IP 地址及信令点编码

1. IP 地址

IP 地址用于 GPRS 网络设备、终端设备以及网管设备的 TCP/IP 寻址。GSM-R 网络中 IP

地址主要包括 GPRS 网络中网络设备和用户的 IP 地址两部分。

用于 SGSN、GGSN、域名服务器 DNS、网管系统等 GPRS 骨干网络设备的 IP 地址，此部分 IP 地址需求量和 GPRS 网络结构、网络规模、骨干网络设备数量有关；用于各个移动终端（MS）的 IP 地址，此部分 IP 地址需求量和网络终端设备数量相关。

GPRS 网络的应用以车对地通信为主，IP 地址需求量和机车数量以及每部机车上的终端数量相关。每部机车按 4 个 IP 地址需求进行预测（机车综合通信设备 1 个、列尾主机 1 个、预留 2 个）。

2. 信令点编码

信令点编码用于采用 No.7 信令方式的信令点寻址。No.7 信令网由信令转接点（STP）、信令点（SP）及信令链路构成，节点均需要分配信令点编码，以作为传送信令点寻址用，要做统一规划及分配，不宜修改。

1.4.5 GSM-R 系统业务

1.4.5.1 GSM-R 业务模型

GSM-R 是专门为铁路通信设计的综合专用数字移动通信系统，它基于 GSM 的基础设施及其提供的 ASCI（高级语音呼叫业务），其中包含 eMLPP（增强型多优先级与强拆）、VGCS（语音组呼）和 VBS（语音广播），并提供铁路特有的调度业务，如功能寻址、功能号表示、接入矩阵和基于位置的寻址，并以此作为信息化平台，使铁路部门用户可以在此信息平台上开发各种铁路应用。图 1-4-38 为 GSM-R 系统的业务模型层次结构图，因此，GSM-R 的业务模型可以概括为：GSM-R 业务 = GSM 业务 + 语音调度业务 + 铁路基本业务 + 铁路应用。

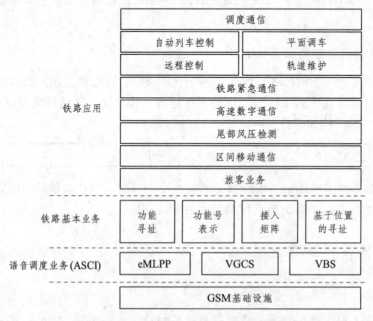

图 1-4-38　GSM-R 系统业务模型示意图

GSM-R 业务分为两大类：语音业务和数据业务。

语音业务包括点对点呼叫、点对点的紧急呼叫、广播呼叫、组呼叫、铁路紧急呼叫和多方通话（会议）业务。以铁路调度通信为例，包括列车、货运、牵引变电等调度通信，也包括站场、应急、施工养护和道口等专用通信。GSM-R 网络的引入，使铁路调度通信业务实现了传统的有线调度和无线调度"两网合一"，如图 1-4-39 所示。

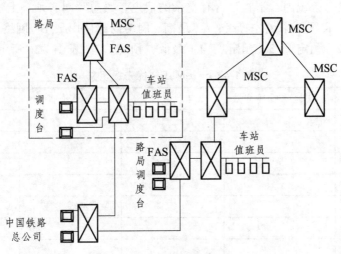

图 1-4-39　铁路调度通信

数据业务包括短消息、电路型数据业务和分组型数据业务。

电路交换数据传输：用于铁路安全型数据传输，如列控信息、调车监控信息、机车同步操作控制信息等。电路型数据传输的特点：独占信道，始终连接，网络传输安全协议启动。

分组交换数据传输：用于通用型数据传输，如调度命令、车次号、列尾信息传送、进站停稳信息及接车进路信息的传送，根据需要用于旅客列车服务信息、车站/编组场综合移动信息、机车工况信息传输、牵引工况信息传输、线路监测状态传输和 GSM-R 场强监视等数据通信业务。分组型数据传输的特点：信道利用率高。

为了满足铁路指挥调度的需求，GSM-R 系统增加了集群通信功能，在 GSM 标准中定义为高级语音呼叫业务，即 ASCI（Advanced Speech Call Item）功能。它包括增强优先级与强拆业务 eMLPP （Enhanced Multi-Level Precedence and Pre-emption）、语音组呼业务 VGCS（Voice Group Call Service）和语音广播业务 VBS（Voice Broadcast Service）3 种业务。此外，为了实现铁路运营应用，GSM-R 还包含另外一些铁路所特有的功能，即功能寻址、基于位置的寻址等。

1.4.5.2　铁路集群调度通信功能

1. 增强优先级与强拆业务（eMLPP）

eMLPP 业务分为优先级与强拆两部分。优先级是指结合快速呼叫的建立为一个呼叫提供某个较高的级别；强拆是指抢夺资源，在缺乏空闲资源的情况下，一个优先级较低的呼叫会被一个优先级较高的呼叫强拆。强拆还可用于当一个优先级较低的呼叫正在进行时，如果有一个优先级较高的呼叫进入，优先级较高的呼叫可以切断优先级较低的呼叫。

铁路对于有些类型的通信有很高的性能要求，特别是无线信道和通话的快速建立。如列车控制系统（CTCS）需要一个连续的数据信道，在越区切换时，如果邻近小区的无线信道堵塞，就必须将那些低优先级的通信切断，释放无线信道，以便切换时能马上提供无线信道。又如在铁路紧急呼叫区域内，不管是否有空余的信道，紧急呼叫必须马上建立。

eMLPP 业务定义了 7 个优先等级：A（最高，网络内部使用）、B（网络内部使用）、0（预定）、1（预定）、2（预定）、3（预定）、4（最低，预定），如表 1-4-26 所示。

表 1-4-26　eMLPP 优先级定义

eMLPP 优先级	快速呼叫建立	自动应答	资源抢占	备　注
A				网络内部使用
B				网络内部使用
0	是	是	是	对应 ISDN MLPP 0～4 级
1		是	是	
2		是	是	
3				
4				

最高的两个优先级 A 和 B 保留给本地网络内部（同一个 MSC 的控制范围内）的呼叫使用，用于紧急呼叫的网络、特殊语音广播呼叫或语音组呼设定的网络。其他 5 个优先级 0、1、2、3、4 可以提供给用户在整个网络覆盖范围内使用，如可以应用于集群呼叫的网络间切换，前提是这些网络都支持 eMLPP 业务。另外也可以应用于能提供 eMLPP 业务的 ISDN 网络之间的互联互通。当等级 A 和 B 的呼叫应用到 MSC 区域之外时，这两个优先级都要映射为等级 0。在呼叫建立时，用户可以选择预先签约的任何一个优先级。

eMLPP 的资源抢占有两种情况：网络资源抢占和用户接口资源抢占。

网络资源抢占指呼叫建立或切换时，没有空闲网络资源，则终止低优先级呼叫，将资源给高优先级呼叫使用的过程。

用户接口资源抢占指具有较高优先级的呼叫请求与正在进行较低优先级通话的用户建立通信时，网络终止被叫用户的当前呼叫，并将其接入高优先级呼叫的过程。用户接口资源抢占由被叫移动台设置和决定。对于点对点呼叫，用户接口资源抢占这一过程表现为移动台自动接入处于等待状态的高优先级呼叫。

2. 语音组呼业务（VGCS）

VGCS 是指一种由多方参加（GSM-R 移动台或固网电话）的语音通信方式，其中一人讲话，多方聆听，讲话者角色可以转换，工作于半双工模式下。

这项业务中包含两种身份的成员，即调度员和移动业务用户。调度员可以是固网用户或者移动用户，最多只能有 5 个，还可以没有；移动业务用户是指预订了 VGCS 业务的移动用户，数量不限。

一个特定的 VGCS 通信由组功能码（简称组 ID）和组呼区域唯一确定。组 ID 与组呼区域的结合称作组呼参考，即组呼参考唯一地确定 1 个 VGCS 通信。组 ID 标识该组的功能，即由哪些身份的成员参加；1 个用户可以同时签约多个组 ID，并给它们设置不同的优先级。组呼区域是指 VGCS 通信所覆盖的地理范围，以无线蜂窝小区为基本单位，可以由 1 个或几个蜂窝小区组成。

组成员拨打组 ID 号，在组呼区域内呼叫签约了该组 ID 的所有组成员。组成员接收到通知消息即可加入，非本组成员忽略此消息。组呼区域外的本组成员在呼叫进行时，进入组呼区域也会收到通知消息并可以加入。

系统给主叫用户和调度员提供标准的双向信道，给所有的被叫业务用户分配同一业务信道的下行链路进行接听。在整个呼叫过程中，调度员一直占用一对业务信道，其他业务用户要通过抢占上行链路来实现讲者和听者身份之间的转变。一个 VGCS 通信过程中，某一时刻只能有一个"非调度身份"的移动用户讲话，调度员可以随时讲话。

VGCS 业务突破了 GSM 网络点对点通信的局限性，能够以简捷的方式建立组呼叫，实现调度指挥、紧急通知等特定功能，尤其适用于铁路的调度指挥通信。

3. 语音广播呼叫业务（VBS）

VBS 与 VGCS 具有相似的业务功能，只是业务用户没有讲话的权利。VBS 允许一个业务用户，将话音或者其他用话音编码传输的信号发送到某一个预先定义的地理区域内的所有用户或者用户组。显然，它工作于单工模式下。VBS 中的讲话者没有像 VGCS 中的角色转换，就是说，讲话者（发起者）只能讲，听话者（接收者）只能听，因而可以看作是 VGCS 的最简单形式。它也是用组功能码（组 ID）来呼叫所有该组成员。同 VGCS 一样，语音广播呼叫也提供了点对多点呼叫的能力，适用于铁路的行车调度。

1.4.5.3　铁路特有功能

为了实现铁路运营应用，GSM-R 系统还包含另外一些铁路所特有的功能，主要有功能寻址、功能号表示、接入矩阵、基于位置的寻址。下面重点介绍功能寻址和基于位置的寻址。

1. 功能寻址（FA）

功能寻址是指通过分配给用户的功能号，而不是它们所使用的终端设备的号码来寻址。在同一时刻，至少可以为 1 个用户分配若干功能号，但只能将 1 个功能号分配给 1 个用户。用户可以向网络注册和注销功能地址。

功能寻址需要完成两个处理过程：Follow Me 过程和处理过程。

（1）Follow Me 过程。

Follow Me 过程允许把用户的功能和激活该功能的移动台的 MSISDN 号码关联起来。Follow Me 包括下面 3 个过程：

① Follow Me 注册——在功能号和 MSISDN 号间建立关联。

② Follow Me 注销——删除之前建立的关联。

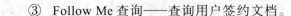

③ Follow Me 查询——查询用户签约文档。

那些发起过 Follow Me 注册的用户可以进行 Follow Me 注册操作，另外，其他的授权用户可以执行强制注销。在第二种情况下，应该给注册了该功能号的用户（MSISDN）发出通知，以便告知移动台其状态已经发生改变，同时也触发移动台的相关操作。

（2）处理过程。

如 T13 次列车司机的功能号为"2T1301"，当某位司机驾驶 T13 次列车从起点站出发时，他必须向网络注册该功能号，网络负责将该功能号与他当时所使用的机车电台的真实号码对应起来。当调度员或是车站值班员要呼叫 T13 次列车的司机时，可以不必知道该司机姓名，也不必知道该司机使用的机车台的号码，只需拨打 T13 次列车司机的功能号"2T1301"，网络查询其数据库，将"2T1301"对应到一个真实的电话号码，并建立该呼叫。这种功能简化了呼叫的操作，能够提高铁路工作人员的工作效率。这种功能主要用于固定用户呼叫特定的移动用户。

功能寻址过程如图 1-4-40 所示。

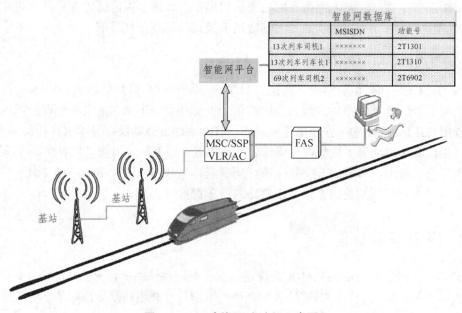

图 1-4-40　功能寻址过程示意图

① 调度员拨打 T13 次列车司机的功能号"2T1301"，而不必拨打该司机的 MSISDN 号。

② MSC 将呼叫挂起，将功能号码转至智能网平台。

③ 平台检查所拨功能号是否有效。智能网平台通过接入矩阵检查呼叫是否被授权。若该功能号未经授权，呼叫将被释放，并提供相应的释放原因；若该功能号已被授权，智能网平台查找所拨功能号对应的 MSISDN，并向 MSC 发送连接操作。

④ 按常规流程进行呼叫处理，进行路由选择，将呼叫接续至 T13 次列车司机的移动台。

2. 基于位置的寻址（LDA）

基于位置的寻址是指网络将移动用户发起的用于特定功能的呼叫，路由到一个与该用户当前所处位置相关的目的地址，调度员或车站值班员由主叫移动用户当时所处的位置来确定。

如列车调度中的"大三角"通信，移动台要呼叫的调度员取决于移动用户当前所处的位置。以北京调度所为例，当列车运行到北京调度所管辖车站范围内的时候，司机需要呼叫北京站调度员时，他并不需要知道调度员的完整的电话号码，只需要呼叫代表调度员身份的短号码（如1200）向网络发起呼叫请求即可。网络识别该短号码，并将其路由到北京调度所的调度员。这种功能用于移动用户呼叫特定的固定用户（调度员和车站值班员）。

基于位置寻址过程如图 1-4-41 所示。

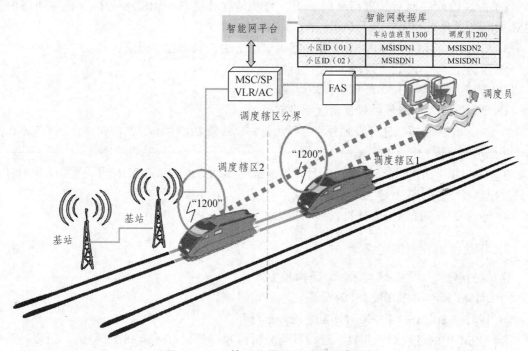

图 1-4-41　基于位置寻址过程示意图

① 机车司机拨打固定短号码，如 1200，表示要呼叫当前区段范围的调度员。

② MSC 将呼叫挂起，将该短号码和司机的位置信息转至智能网平台。

③ 智能网平台检查所拨号码是否有效。根据呼叫产生的位置信息和短号码，查找对应的有线用户的 MSISDN 号码，并向 MSC 发送连接操作。

④ MSC 根据智能网平台响应，将呼叫接续至相应的调度台，调度台终端显示主叫功能号码。

1.4.6　GSM-R 系统通信过程

1.4.6.1　点对点个别呼叫

1. 固定终端呼叫固定终端

固定终端以 ISDN 号码对固定终端发起呼叫，FAS 收到呼叫后，进行号码分析，判断是固定终端 ISDN 号码，根据 ISDN 号码呼叫被叫固定终端，双方建立通信。通话完毕，任意一方挂机，呼叫拆除。

2. 固定终端呼叫移动终端

固定终端呼叫移动终端可采用以下两种方式。

（1）固定终端按 MSISDN 号码呼叫 GSM-R 移动终端。

① 固定终端以 MSISDN 号码对移动终端发起呼叫。

② FAS 收到呼叫后，进行号码分析，判断是移动终端 MSISDN 号码，把呼叫路由到 GSM-R 网络，并把 MSISDN 号码发给 GSM-R 网络。

③ GSM-R 网络根据 MSISDN 号码呼叫移动终端，双方建立通信。

④ 通话完毕，任意一方挂机，呼叫拆除。

（2）固定终端按功能寻址呼叫移动终端。

① 固定终端以功能号码对移动终端发起呼叫。

② FAS 收到呼叫，进行号码分析，判断是移动终端功能号码，把呼叫路由到 GSM-R 网络，并把功能号码发给 GSM-R 网络。

③ GSM-R 网络将移动终端功能号转换为被叫移动终端的 MSISDN 号码，并以 MSISDN 号码呼叫移动终端，双方建立通信。

④ 通话完毕，任意一方挂机，呼叫拆除。

3. 移动终端呼叫固定终端

移动终端呼叫固定终端可采用以下两种方式。

（1）GSM-R 移动终端按 ISDN 号码呼叫固定终端。

① 移动终端以 ISDN 号码对固定终端发起呼叫。

② GSM-R 网络收到呼叫后，进行号码分析，判断是固定终端 ISDN 号码，把呼叫路由到 FAS 网络，并把固定终端 ISDN 号码发给 FAS 网络。

③ FAS 网络根据 ISDN 号码呼叫固定终端，双方建立通信。

④ 通话完毕，任意一方挂机，呼叫拆除。

（2）GSM-R 移动终端按短号码呼叫固定终端。

① 移动终端以短号码对固定终端发起呼叫，并将自己所在的位置地址发给 GSM-R 网络。

② GSM-R 网络收到呼叫后，根据移动终端所在的位置地址将短号码转换为被叫固定终端的 ISDN 号码，把呼叫路由到 FAS 网络，并把 ISDN 号码发给 FAS 网络。

③ FAS 网络根据 ISDN 号码呼叫固定终端，双方建立通话。

④ 通话完毕，任意一方挂机，呼叫拆除。

1.4.6.2 组呼（VGCS）与广播呼叫（VBS）

1. 固定终端发起组呼

（1）固定终端以组地址向 FAS 网络发起组呼。

（2）FAS 网络收到组地址，进行号码分析，组织有线组呼，呼叫预定义的各固定终端进入有线组呼状态。

（3）如果组呼成员中包含组呼虚拟用户号码，FAS 网络将呼叫路由到 GSM-R 网络，并把组呼虚拟用户号码发送给 GSM-R 网络。

（4）GSM-R 网络查找组呼虚拟用户号码所在组地址，根据组地址组织 GSM-R 组呼，使处于组呼区域内的移动终端进入 GSM-R 组呼状态。

（5）移动终端越出 GSM-R 组呼区域时，自动退出 GSM-R 组呼。

（6）通话完毕，发起呼叫的固定终端或具有调度身份的组成员可以拆除组呼，或者在规定时间内该组呼没有通话，组呼自动拆除。

2. GSM-R 移动终端发起组呼

（1）移动终端以 GSM-R 组地址向 GSM-R 网络发起组呼。

（2）GSM-R 网络根据主叫移动终端所在小区，选择相应的 GSM-R 组呼区域，按 GSM-R 组地址向属于该组的移动终端发起 GSM-R 组呼，使处于组呼区域内的移动终端进入 GSM-R 组呼状态。

（3）如果在 GCR 中预定义了组呼虚拟用户号码作为组成员，GSM-R 网络同时把呼叫路由到 FAS，并把组呼虚拟用户号码发送到 FAS。

（4）FAS 查找组呼虚拟用户号码所在组地址，根据组地址组织有线组呼，呼叫预定义的各固定终端进入有线组呼状态。

（5）移动终端越出 GSM-R 组呼区域时，自动退出组呼。

（6）通话完毕，发起呼叫的移动终端或具有调度身份的组成员可以拆除组呼，或者在规定时间内该组呼没有通话，组呼自动拆除。

GSM-R 广播呼叫（VBS）与 VGCS 雷同，只是呼叫类型 CT 不同，GSM-R 组呼 CT = 50，GSM-R 广播 CT = 51，另外所不同的只是组呼成员中只能听，不能讲话。

会议呼（临时组呼）是由一方发起多方参加的会议型的通信方式，在 GSM-R 网络内提供多方通信（MPTY）的补充业务，实现会议呼。

1.4.6.3　紧急呼叫

1. 固定终端发起紧急呼叫

（1）固定终端以组地址向 FAS 网络发起紧急呼叫。

（2）FAS 网络收到组地址，进行号码分析，组织有线紧急呼叫，呼叫预定义的各固定终端进入有线紧急呼叫状态。

（3）如果紧急呼叫成员中包含组呼虚拟用户号码，FAS 网络将呼叫路由到 GSM-R 网络，并把组呼虚拟用户号码发送给 GSM-R 网络。

（4）GSM-R 网络查找组呼虚拟用户号码所在组地址，根据组地址组织 GSM-R 紧急呼叫，使处于紧急呼叫区域内的移动终端进入 GSM-R 紧急呼叫状态。

（5）移动终端越出 GSM-R 紧急呼叫区域时，自动退出 GSM-R 紧急呼叫。

（6）通话完毕，发起呼叫的固定终端或具有调度身份的组成员可以拆除紧急呼叫，或者在规定时间内该紧急呼叫没有通话，组呼自动拆除。

2. GSM-R 移动终端发起紧急呼叫

（1）移动终端以 GSM-R 组地址向 GSM-R 网络发起紧急呼叫。

（2）GSM-R 网络根据主叫移动终端所在小区选择相应的 GSM-R 组呼区域，按 GSM-R 组地址向属于该组的移动终端发起 GSM-R 紧急呼叫，使处于紧急呼叫区域内的移动终端进入 GSM-R 紧急呼叫状态。

（3）如果在 GCR 中预定义了组呼虚拟用户号码作为组成员，GSM-R 网络同时把呼叫路由到 FAS，并把组呼虚拟用户号码发送到 FAS。

（4）FAS 查找组呼虚拟用户号码所在组地址，根据组地址组织有线紧急呼叫，呼叫预定义的各固定终端进入有线紧急呼叫状态。

（5）移动终端越出 GSM-R 紧急呼叫区域时，自动退出紧急呼叫。

（6）通话完毕，发起呼叫的移动终端或具有调度身份的组成员可以拆除紧急呼叫，或者在规定时间内该紧急呼叫没有通话，组呼自动拆除。

1.4.7　GSM-R 系统管理

1.4.7.1　用户数据管理

1. 用户数据类型

用户数据是指与用户有关的所有信息，包括业务提供、身份识别、鉴权、呼叫处理、路由、统计、操作和维护的所有信息。用户数据按照用途可以分为两类：永久数据（主要用于管理）和临时数据（主要用于操作）。

在 GSM-R 网络中，用户数据的主要载体是 HLR、VLR、AUC 和 EIR 4 大数据库。HLR 主要存储永久用户信息和与用户登记的永久信息相关的临时信息。VLR 主要存储呼叫处理和与位置相关的临时信息。在鉴权中心（AUC）中存储的用户鉴权参数 Ki、鉴权算法 A3、加密参数 Kc、加密算法 A8 也是一类用户信息，这些用户信息同时还存储在移动台的 SIM 卡中。EIR 中存储移动设备信息。组呼寄存器（GCR）也可以作为用户数据的存储单元，它主要存储语音组呼、语音广播配置和呼叫建立的信息。

以下对主要的几类用户数据进行简要描述：

（1）与移动台有关的数据。

国际移动用户身份识别号（IMSI）：IMSI 号唯一地标识 1 个移动用户，它同时存储在 HLR、VLR 和用户的 SIM 卡中。IMSI 号是所有用户数据中最根本的数据信息，用于位置登记、位置更新、呼叫建立和 GSM-R 网络的所有信令中。

用户的 ISDN 号（MSISDN）：MSISDN 号是呼叫移动用户时拨打的号码，存储在 HLR 和 VLR 中。当使用多号码方案时，MSISDN 号的 2 个参数即 MSISDN-indicator 和 MSISDNalert 作为 MSISDN 的标志，也存储在 HLR 中。

临时移动用户身份识别号（TMSI）：当用户在 VMSC 区内漫游时，用 TMSI 号来识别用户，作为临时数据，TMSI 存储在 VLR 中。

本地移动台识别号（LMSI）：LMSI 是临时数据，既可以存储在 VLR 中，也可以存储在 HLR 中。

国际移动设备识别号（IMEI）：IMEI 唯一地标识 1 个移动终端设备，存储在 EIR 中。

（2）加密和鉴权数据。

随机号码（RAND）、符号响应（SRES）和加密密钥（Kc）：这 3 个参数组构成一个向量，用于鉴权和加密。这一向量在 AUC 中进行计算，再提供给 HLR。HLR 向 VLR 提供时，5 个这样的向量为一组。

加密密钥序列号（CKSN）：CKSN 用来确保加密密钥（Kc）在移动台和 VLR 之间的一致性。

（3）与漫游有关的数据。

移动台的漫游号（MSRN）：移动台在漫游时使用的短期临时数据，每个 IMSI 号可以对应多个 MSRN 号，MSRN 存储在 VLR 中。

位置区识别码（LAI）：LAI 用来标识一个位置区，是临时数据，存储在 VLR 中。

VLR 号：用户漫游时的 VLR 的号码作为临时数据存储在 HLR 中。

MSC 号：在缺少 VLR 号时，MSC 号可以替代 VLR 号存储在 HLR 中。

HLR 号：HLR 号在位置更新时，作为一个可选参数存储在 VLR 中。当 HLR 进行复位后，需要重新获得这一号码。

（4）全球小区识别码（CGID）和业务域识别码（SAID）。

作为小区和业务域的标识，这类数据与移动台当前的状态有关，存储在 VLR 中。

（5）与补充业务相关的数据。

由于补充业务种类繁多，所以具体的数据视网络支持的具体补充业务而定。

（6）移动台状态数据。

IMSI 分离标识符：当移动用户不可到达时，会将 MS 与 IMSI 号进行分离；可以到达时，再进行连接。IMSI 分离标识符是标识分离状态的参数，是临时数据，存储在 VLR 中。

复位标识符：当 VLR 或 HLR 发生错误导致运行失败时，要进行复位，重新装载用户数据。复位标识符用来指示复位状态。

（7）与切换有关的数据。

主要是切换号码，存储在 VLR 中。

（8）与短消息有关的数据。

包括消息等待数据、存储器溢出标识符，这两类数据都存储在 VLR 中。

（9）语音组呼和语音广播数据。

这类数据主要有 VGCS 成员列表和 VBS 成员列表，存储在 HLR 和 VLR 中。

2. 用户数据管理

用户数据管理主要是指在几个数据库之间的数据操作。一般来说，用户数据的创建是在用户第一次接入网络时完成的。有些数据是事先就已经存在于网络中的，用户入网时需要激活这些数据，如 MSISDN。最初创建的数据只要满足网络提供服务的最小属性集合就可以了，其他的数据可以在用户使用某种服务时再创建或激活。VLR 中存储的数据是 HLR 中的一个子集，在进行数据更新时，要保证数据的可用性及与 HLR 的一致性。

用户在 AUC 中存储的数据用于鉴权和加密。AUC 中创建的用户数据必须与 SIM 卡中的对应数据保持一致。用户每次进行位置登记、呼叫建立或执行某些补充业务前需要鉴权。AUC 产生的三参数组存储在 HLR 中，鉴权时，VLR 首先向 HLR 请求获取鉴权信息，获取后，VLR 向 MS 发送 RAND，MS 使用该 RAND 和 SIM 卡中存储的与 AUC 内相同的鉴权参数 Ki 和鉴权算法 A3 计算出 SRES，SIM 卡计算出的 SRES 与 AUC 三参数组中的 SRES 比较，以验证用户的合法性。

对 EIR 中存储的移动设备识别号（IMEI）的管理相对简单。IMEI 号由网络运营方存储在 EIR 中，当用户接入网络时将 IMEI 发给 VLR，VLR 向 EIR 查询 IMEI 号的合法性。EIR 中只能有三类名单（白名单、灰名单和黑名单），不能增加和删除名单，只能改变名单的内容。

1.4.7.2 移动性管理

移动性管理（MM）的主要功能是支持用户终端的移动性，如向网络通知它当前的位置和为用户提供身份验证。下面将分别介绍 MM 的 3 个主要方面：位置更新、切换和漫游。

1. 位置更新

MS 从一个位置区移到另一位置区时，必须进行登记，也就是说一旦 MS 发现其存储器中的位置区识别码（LAI）与接收到的 LAI 发生了变化，便执行登记，这个过程就叫"位置更新"。位置更新过程总是由 MS 开始，它有 3 种主要目的：常规位置更新、周期性位置更新和 IMSI 附着。

常规位置更新过程是用来对 MS 在网络中实际位置区域注册的更新。使用常规位置更新过程的条件是 MS 处于 MM 空闲模式。如果网络在作为 MM 连接建立请求的响应中指示 MS 在未知的 VLR 中，这时也可以开始常规位置更新过程。

周期性位置更新可以用作移动台向网络实时的周期性通知，它是通过位置更新过程执行的。使用周期性位置更新过程的条件也是 MS 处于 MM 空闲模式。

IMSI 附着过程用来补充 IMSI 分离过程。它指示出 IMSI 在网络中已经激活。如果网络需要分离/附着过程并且 MS 已经将 IMSI 激活时，就要调用 IMSI 附着过程。

2. 切 换

将一个正处于呼叫建立状态或忙状态的 MS 转换到新的业务信道上的过程称为切换。切换是由网络决定的，一般在下述两种情况下要进行切换：一种是正在通话的客户从 1 个小区移向另一个小区；另一种是 MS 在 2 个小区覆盖的重叠区进行通话时，当前小区的 TCH 处于满负荷状态，这时 BSC 通知 MS 测试它邻近小区的信号强度、信道质量，决定将它切换到另一个小区，这是由业务平衡的需求导致的切换。

切换的产生是 BTS 首先要通知 MS 将其周围小区 BTS 的有关信息及 BCCH 载频、信号强度进行测量，同时还要测量它所占用的 TCH 的信号强度和传输质量，再将测量结果发送给 BSC，BSC 根据这些信息对周围小区进行比较排队，最后由 BSC 做出是否需要切换的决定。另外，BSC 还需判断在什么时候进行切换，切换到哪个 BTS。

有如下 3 种不同的切换：

第一种，在同一个 BSS 的物理信道之间的切换。这种切换用于以下情况：当用于呼叫的物理信道受到干扰或者其他影响的情况；当用于呼叫的物理信道、信道设备由于需要维护或者其他原因而退出服务的情况。

第二种，在同一个 MSC 的 BSS 之间的切换。

第三种，在同一个 GSM-R 网络内，不同 MSC 的 BSS 之间的切换。

第二种和第三种情况是在 MS 从一个 BSS 区域移动到另一个 BSS 区域时，用来确保连接的连续性。

在第三种情况中定义了两个过程，即基本切换过程、中继切换过程。

基本切换过程：呼叫从呼叫最初建立时的主控 MSC（MSC-A）切换到 MS 使用基本切换所到达的另一个 MSC（MSC-B）；中继切换过程：呼叫从 MSC-B 又切换到 MSC-A 或者切换到 MS 使用中继切换所到达的第 3 个 MSC（MSC-B′）。

3．漫 游

漫游就是指在归属 GSM-R 网络外的其他 GSM-R 网络（拜访 GSM-R 网络）中使用移动业务。漫游者就是指在拜访 GSM-R 网络中寻找服务或获得服务的 MS。在两个 GSM-R 网络间管理漫游的一系列标准称为漫游协议。

1.4.7.3   无线资源管理

无线资源管理过程具有一般传输资源管理的功能，如控制通道上物理信道和数据链路的连接。无线资源管理的目的是建立、维护和释放 RR 连接，所谓 RR 连接就是允许网络和 MS 之间点到点的通话。无线资源管理包括小区选择/重选和切换过程。

小区选择/重选过程是指处于空闲模式的移动台选择网络中合适的小区，以实现移动台记录网络发出的数据、做好接入网络的准备并把自己的移动情况报告给网络。一旦移动台选择了某个小区作为服务小区，就可以在该小区上与网络进行通信。小区选择是移动台在刚开机时进行的过程，而小区重选是在移动台已经选择了小区后进行的过程。

越区切换（Handover，简称切换）是指移动台在呼叫进行中，从一个服务小区移动到另一个服务小区时，维持呼叫继续进行的过程。当通信终端不通信时，就不需要切换。

在 GSM-R 系统中，由于 VGCS 听者和 VBS 听者角色的增加，无线资源管理还要包括分别接收语音组呼信道和语音广播信道的功能，并且包括组接收模式下 MS 的自动小区重选。而由于 VGCS 讲者角色的增加，无线资源管理要包括抢占和释放语音组呼信道的功能。

1.4.7.4　连接管理

连接管理功能（CM）是 GSM-R 协议模型中最高层的管理功能，主要提供对基本呼叫控制、补充业务的呼叫控制和短消息的连接管理功能，包括几个独立的协议实体，如呼叫控制（CC）、短消息（SMS）。基本呼叫分为移动用户发起呼叫（MO）和移动用户接收呼叫（MT）两种类型；补充业务的呼叫控制是建立在基本业务的呼叫控制上，相当于在网络基本呼叫控制的实体上又添加了独立的处理补充业务的实体，由这些实体在基本业务的呼叫控制消息中加入关于补充业务的信息。虽然补充业务种类繁多，但其呼叫控制的原理与基本呼叫类似；短消息业务提供了 MS 和短消息服务中心（SMS-SC）之间的短消息交换服务，类似于基本业务，短消息的呼叫也可以分为移动台发起（SM MO）和移动台接收（SM MT）两种类型。

1.4.7.5　安全性管理

与网络的业务和功能相关的安全性管理主要涉及 3 个方面：

（1）用户身份的加密。

用户身份加密的目的是为了防止网络的入侵者通过侦听无线路径上的信令交换获取用户使用无线资源（如业务信道和信令资源的占用）的情况。由于表明用户身份最基本的数据是用户的 IMSI 号，因此在无线路径上不能直接传输 IMSI 号，通常也不能用 IMSI 号作为寻址的信息。用户身份加密的基本思想是利用用户的临时身份识别号（TMSI）代替 IMSI 在无线路径上的直接传送。用户在每次进行位置更新时，都会分配到 1 个新的 TMSI 号，这个 TMSI 号采用与前 1 个 TMSI 号不同的加密密钥进行加密。在获得新的 TMSI 号后，前 1 个 TMSI 号就会被注销。只有当 TMSI 号与 IMSI 号无法完成对应，并且与当前的 VLR 无法建立联系时，才需要从 MS 获得 IMSI 号。

（2）用户身份的鉴权。

鉴权的过程发生在加密之前，网络必须事先知道所有用户的身份。鉴权的过程发生在网络与移动台之间，如图 1-4-42 所示。首先网络将参数 RAND 传送给 MS，MS 根据自己在 SIM 卡中存储的鉴权参数 Ki，利用鉴权算法 A3 计算出参数 SRES，再将 SRES 送至鉴权中心 AUC，与 AUC 中的 SRES 比较，二者一致表明用户合法，否则拒绝接入。鉴权参数 Ki 与 IMSI 在注册时，一起分配给用户。

（3）信令信息的加密和物理连接上数据的加密。

信令加密中对 TMSI 号的加密与用户身份加密方法一致，这里主要介绍物理连接上对用户信息的加密。数据采用对每比特进行加密的方法，加密算法是 A5，加密密钥是 Kc。

密钥设置的过程（见图 1-4-43）描述如下：首先网络向移动台发送 RAND 参数开始鉴权过程，这时密钥的设置过程被触发，密钥 Kc 就包含在 RAND 参数中。在 MS 一端，MS 通过 A8 算法和鉴权参数 Ki 从 RAND 参数中计算出 Kc。同时，SRES 参数也被计算出来。计算出来的 Kc 存储在 SIM 卡中，直到下一次鉴权过程开始才会被更新。与 Kc 一同存储在移动台和网络中的还有用来标识密钥的密钥序列号（CKSN）。

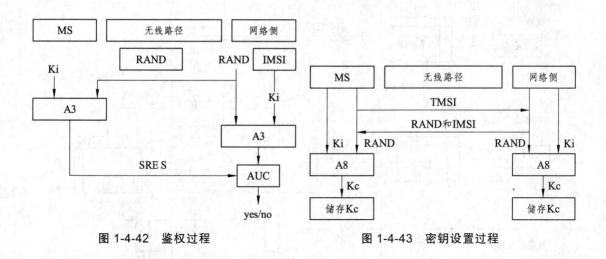

图 1-4-42　鉴权过程　　　　　　　　图 1-4-43　密钥设置过程

1.4.8　GSM-R 系统应用

GSM-R 系统业务应用包括语音通信和数据传输两个方面。语音通信主要是调度通信，数据传输包括调度命令、无线车次号、列车尾部风压、调车监控信息和机车同步操控信息传送等。GSM-R 系统业务应用还有列车运行控制系统。本节主要介绍调度通信、机车同步操控信息传输及列车运行控制系统等内容。

1.4.8.1　调度通信

调度通信系统业务包括列车调度通信、货运调度通信、牵引变电调度通信、其他调度及专用通信、站场通信、应急通信、施工养护通信和道口通信等。

利用 GSM-R 进行调度通信系统组网，既可以完全利用无线方式，也可以同有线方式结合起来，共同完成调度通信任务。事实上，在铁路上的有线通信已经比较完善，因此完全可以利用现有的有线资源，构成 GSM-R + FAS（即固定用户接入交换机）的无线/有线混合网络。这种混合网络的系统主要由 NSS（包括 MSC、HLR、AUC、VLR、GCR 等）、BSS（包括 BSC、BTS）、OSS、固定用户接入交换机 FAS（Fixed Access Switching）、调度台、车站台、机车综合通信设备、作业手持台 OPH（Operational Purpose Handset）及其他固定终端等构成，利用这种混合网络进行有线用户（固定终端）和无线用户（移动终端）的统一调度指挥。根据中国铁路总公司运输局公布的《GSM-R 调度通信系统主要技术条件（V3.0）》，其系统构成及组网方式如图 1-4-44 所示，其接口及信令在图中都已标明。

铁路沿线采用无线覆盖，机车上采用无线终端，即机车综合通信设备，而车站台和调度台都是有线终端，采用有线/无线组网方式。其中车站台和调度台通过 FAS 连接到 GSM-R MSC 上，从而实现有线和无线用户的通信。

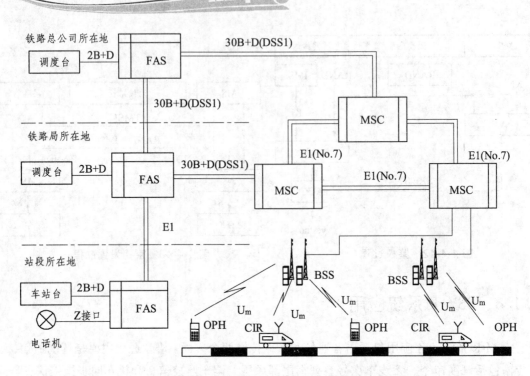

图 1-4-44　GSM-R 调度通信系统构成及组网方式示意图

1.4.8.2　机车同步控制传输

　　铁路运输对于需要采用多机车牵引模式的机车间的同步操作格外重要，如各机车的同时起动、加速、减速、制动等。如果牵引机车操作不同步，就会造成车厢间的挤压或者拉钩现象，影响运输安全，降低运输效率。为了保证操作的可靠性，可以利用 GSM-R 网络提供的可靠的数据传输通道，采用无线通信的方式来实现机车间的同步操控。

　　机车同步操作控制系统由地面设备和机车车载设备组成，如图 1-4-45 所示。其中，地面设备由 Locotrol 应用节点（以下简称应用节点）组成，与外部 GSM-R 网络采用标准的 PRI（30B＋D）接口相连；机车车载设备由 Locotrol 车载控制模块（简称 Locotrol）和 GSM-R 车载通信单元（简称通信单元）组成。Locotrol 与通信单元采用 RS-232 或 RS-422 接口方式。

　　Locotrol 的功能包括主控机车分别连接从控机车、主控机车分别和从控机车断开连接、排风和紧急制动操作、制动缓解指令发布、制动管路测试、状态检测和查询、从控机车确认收到操作指令等；通信单元的功能包括通信链路建立、通信链路保持、通信链路监视、数据传送等；地面应用节点的功能包括通信链路连接控制、通信链路保持、通信链路监视、数据转发、数据记录和查询等。

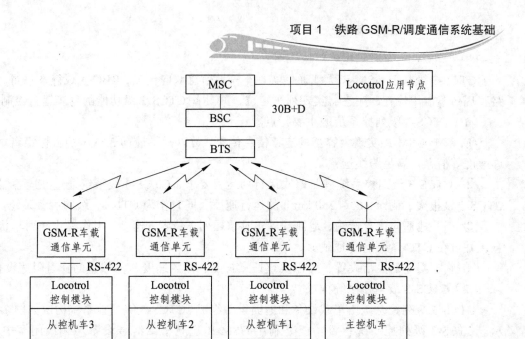

图 1-4-45　系统组成

1.4.8.3　列车运行控制系统

CTCS(Chinese Train Control System)是指中国列车运行控制系统。CTCS 是我国铁路提速线路和客运专线保证列车行车安全、提高列车运行效率的重要技术装备，以有效的技术手段对列车运行速度、运行间隔进行实时监控和超速防护；同时能够减轻司机劳动强度、改善工作条件，提高乘客舒适度。

1. CTCS 等级划分

借鉴欧洲列车运行控制系统（ETCS）建设经验，结合我国铁路运输特点和既有信号设备制式，考虑未来发展，制定了 CTCS 技术标准，分为 CTCS-0、1、2、3、4 级。

CTCS-0/1 级：由区间轨道电路+站内电码化+通用机车信号+列车运行监控装置组成，适用于列车最高运行速度为 160 km/h 及以下既有线控制模式。

CTCS-2 级：是基于轨道电路信息的列车超速防护（ATP）系统，面向既有线提速和 250 km/h 客运专线，适用于各种限速区段，地面可不设通过信号机。

CTCS-3 级：是基于轨道电路和无线通信（GSM-R）的列车超速防护（ATP）系统，面向 300 km/h 及以上客运专线。

CTCS-4 级：是面向未来的列车运行控制系统，完全基于无线通信（GSM-R）的列车超速防护（ATP）系统。

2. CTCS-3 级列控系统

CTCS-3 级是在 CTCS-2 级列控系统的基础上，地面增加无线闭塞中心（RBC）设备，车载设备增加 GSM-R 无线电台和信息接收模块，实现基于 GSM-R 无线网络的双向信息传输，构成 CTCS-3 级列控系统，用于 300～350 km/h 客运专线和高速铁路。

CTCS-3 级基于 GSM-R 无线通信实现车—地信息双向传输，RBC 生成行车许可，轨道电路实现列车占用检查，应答器实现列车定位，并具备 CTCS-2 级功能的列车运行控制系统。

（1）CTCS-3 级列控系统的主要特点。

① 基于 GSM-R 实现大容量的连续信息传输，可以提供最远 32 km 的目标距离、线路允许速度等信息，满足跨线运营。

② CTCS-3 级列控系统满足跨线运行的运营要求，CTCS-3 级系统通过在应答器里集成 CTCS-2 级报文，满足 200 ~ 250 km/h 的运行速度，同时作为 CTCS-3 级的后备系统。

③ 车—地双向信息传输，地面可以实时掌握列车位置、速度、工作模式和列车状态等信息，并可在 CTC 系统上实时显示。

④ 临时限速的灵活设置，可以实现任意长度、任意速度、多数量的临时限速设置。

（2）CTCS-3 级列控系统构成。

CTCS-3 级列控系统由车载设备和地面设备组成。CTCS-3 级列控系统构成如图 1-4-46 所示。CTCS-3 级列控系统主要功能是利用 GSM-R 建立车载信号设备与无线闭塞中心 RBC（Radio Blocking Center）之间的永久电路数据通道，GSM-R 网络提供不中断服务；RBC 向列车发送列车控制信息，车载信号设备报告列车状态、行车许可请求、列车位置等信息；车载信号设备和 RBC 双机热备保证数据传输的可靠性。

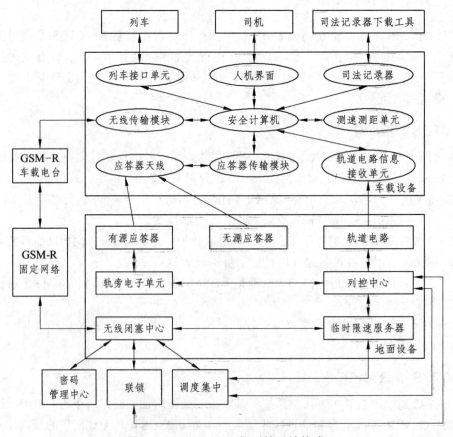

图 1-4-46　CTCS-3 级列控系统构成

①　车载设备：主要包括车载安全计算机（VC）、应答器信息传输模块（BTM）、轨道电路信息接收单元（TCR）、测速测距单元（SDU）、人机界面（DMI）、列车接口单元模块（TIU）、司法记录器（JRU）、GSM-R 无线通信单元（RTU）、动态监测接口等。

车载设备是对列车进行操纵和控制的主体，具有多种控制模式，并能够适应轨道电路、点式传输和无线传输方式；完成点式信息的接收与处理；实时检测列车运行速度并计算列车走行距离；对列车运行控制信息进行综合处理，生成目标距离模式曲线，控制列车按命令运行。

②　地面设备：主要由无线闭塞中心（RBC）、列控中心、轨旁电子单元（LEU）、轨道电路、临时限速服务器（TSR）等组成，与联锁、CTC、集中监测系统、GSM-R 等设备共同构成地面子系统。其中，RBC 是车地之间联系的纽带。一台 RBC 可以连接多台联锁，通过联锁连接多台列控中心，同时控制多列列车。

无线闭塞中心 RBC 是 CTCS-3 级列车控制系统的核心设备，满足 CTCS-3 级列控系统总体列车控制要求。根据车载子系统，地面子系统其他系统，地面外部系统提供的列车状态、轨道占用、临时限速命令、联锁进路状态、灾害防护等信息产生针对所控制列车的行车许可及线路描述临时限速等控制信息，通过 GSM-R 无线通信系统传输给 CTCS-3 级车载子系统。

RBC 的主要功能包括：通过列车的 CTCS 识别码获得列车的信息；通过轨道电路提供的列车占用信息跟踪区域内列车；根据微机联锁、轨道电路等系统提供的信息，生成管辖内每一列车的运行许可；接收调度集中系统（CTC）提供的临时限速信息；向管辖内列车传送列车当前运行许可、临时限速及线路参数。

（3）CTCS-3 级系统与 GSM-R 网络。

在 CTCS-3 级列控系统中，GSM-R 采用单网交织的冗余覆盖方案。GSM-R 网络由移动业务交换中心（MSC）、基站控制器（BSC）、基站收发信机（BTS）、光传输设备（OTE）、移动终端（MT）、码型转换和速率适配单元（TRAU）等组成。RBC 是车—地之间联系的纽带，RBC 通过 ISDN 的 PRI 接口与 GSM-R 网络移动业务交换中心（MSC）相连接。1个 RBC 与 MSC 的 PRI 接口必须冗余配置，MSC 为这些接口分配统一的 ISDN 呼入号码，并按照负荷分担的原则将车载台对某个 RBC 的呼叫路由到一个可用的 PRI 接口上，如图 1-4-47 所示。

3. CTCS-4 级列控系统

CTCS-4 级系统是一个完全基于无线通信（GSM-R）的列车运行控制系统。该系统具有移动自动闭塞的特征。区间占用靠 GPS 和 GSM-R 实时数据传输解决（站内仍需轨道电路）。列车完整性检查、定位校核分别靠车载设备和点式设备实现，使得室外设备减少到最低程度。

CTCS-4 级采用 GSM-R，实现车地间双向无线数据传输，代替目前的轨道电路来传输色灯信号，是铁路基于通信技术的列车控制系统的关键技术，它具有以下明显的优势：

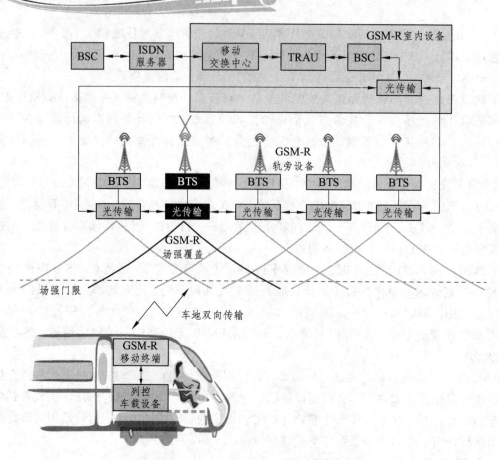

图 1-4-47　CTCS-3 级系统与 GSM-R 网络

（1）GSM-R 传输平台，提供车地之间双向安全数据传输通道。

（2）无盲区、设备冗余、加密。

（3）满足列车控制响应时间的要求。

4. ITCS（增强型列车控制系统）

ITCS（Incremental Train Control system，增强型列车控制系统）采用了一体化的设计思想，集自动闭塞、车站联锁控制和列车运行超速防护控制于一身。ITCS 是采用卫星定位、双向连续的车—地无线通信，以车载信号作为列车运行的主体信号控制列车运行。

基于 GSM-R 的 ITCS 已经成功地运用到我国的青藏铁路。它采用 GSM-R 传输用于列车控制的安全数据，区间不装设自动闭塞设备（如轨道电路和计轴设备），而是采用虚拟自动闭塞。该系统将与 GPS 差分定位系统相结合，从而实现列车的精确定位。列车装设 ATP 车载设备，保证行车安全及车地间的信息传输和公务通信。

在 ITCS 系统中，GSM-R 网络采用双重覆盖的解决方案增强了系统的可靠性，主要设备包括 MSC、BSC、BTS 等。

ITCS 的主要特点包括：① 基于 GPS 卫星定位和 GSM-R 网络完成无线通信；② 利用车头和车尾的 400 MHz 无线通信系统保证列车的完整性；③ 区间和站内可不设信号机和轨道

电路；④ 采用 RBC 技术，区间为虚拟闭塞，站内为虚拟联锁；⑤ 司机通过车载 MMI 控制列车，系统有超速保护；⑥ 适用于现有自动闭塞的扩容和提速，也适用于新建的无轨道电路的铁路；⑦ 列车运行控制安全且经济。

1.4.8.4　区间移动公（工）务通信

在区间作业的水电、工务、信号、通信、供电、桥梁守护等部门内部的通信，均可以使用 GSM-R 作业手持台，作业人员在需要时可与车站值班员、各部门调度员或自动电话用户联系。紧急情况下，作业人员还可以呼叫司机，与司机建立通话联络。其主要功能如下：

（1）能够呼叫当前车站的车站值班员和助理值班员。

（2）紧急情况下，能够呼叫当前调度员。

（3）能够在预定义的范围内，发起组呼和广播呼叫。

（4）能够发起铁路紧急呼叫和公众紧急呼叫。

（5）能够接收来自其他授权用户的呼叫。

（6）能够接收语音组呼和广播呼叫。

1.4.8.5　应急指挥通信话音和数据业务

应急通信系统是指当发生自然灾害或突发事件等影响铁路运输的紧急情况时，为确保实时救援指挥通信需要，在突发事件现场与救援中心之间以及现场内部建立的语音、图像、数据通信系统，它是铁路战备通信系统的重要组成部分，应做到迅速准确、可靠畅通、机动灵活。基于 GSM-R 移动通信的应急通信系统话音业务包括铁路紧急呼叫和 eMLPP 业务，铁路紧急呼叫是指具有"铁路紧急优先级"的呼叫，用于通知司机、调度员和其他处于危险级别的相关人员，要求停止在预先指定地区内的所有铁路活动。由于铁路运营存在的紧急情况，这些呼叫被连接到事先定义的用户或用户组，所有铁路紧急呼叫都应使用 GSM 语音组呼规范。eMLPP 业务规定了在呼叫建立时的不同优先级，以及资源不足时的资源抢占能力。对于应急指挥话音业务，可为其设置高优先级，以保障通信的快捷、畅通。

1.4.8.6　旅客列车移动信息服务通道

旅客列车移动信息服务包括移动售票和旅客列车移动互联网等服务。可靠的车—地数据传输系统（基于 GSM-R 电路交换）的出现，使在列车上完成的移动售票成为可能。在列车上，乘客可以通过售票终端完成客票查询、订票、购票或者补票业务，通过车—地数据传输系统将客票信息实时传送到地面上的票务中心，以及时更新客票信息。列车旅客信息服务系统是为列车上具有一定接入条件（如笔记本计算机、PDA、手机等）的旅客提供互联网的业务。然而当今互联网的业务日新月异，千变万化，而列车是一个高速的移动体，所以在此前提下，应该优先开展如下业务：电子邮件、基于 Web 的新闻浏览、铁路相关信息服务（如列车运行时刻表查询）、旅客移动位置业务、在线电影、网络游戏、网上聊天。

课后思考

1. 什么是 GSM-R？其主要特点有哪些？

2. GSM-R 系统的基本组成有哪几部分？主要接口有哪些？

3. GSM-R 核心网络采用几级网络结构？我国现行铁路 GSM-R 核心网络包括哪几部分？

4. 我国铁路 GSM-R 无线网络有哪两种组网方式？

5. 简述我国铁路 GSM-R 建设规划及发展目标。

6. 常用的多址技术有几种？GSM-R 系统多址方式主要有哪几种？

7. GSM-R 系统频道配置方法有哪些？

8. 简述 GSM-R 系统频率资源与频率复用情况。

9. GSM-R 系统中主要有哪些干扰？如何克服？

10. GSM-R 系统位置如何划分？小区、位置区、MSC 区、服务区的主要区别是什么？

11. GSM-R 系统网络覆盖方式有哪些？如何实现？

12. GSM-R 系统一般由哪几部分构成？各部分的主要功能是什么？

13. GSM-R 无线终端主要包括哪几部分？

14. GSM-R 天馈系统组成有哪几部分？GSM-R 天线、馈线的主要作用是什么？

15. 什么是漏泄同轴电缆？其主要作用是什么？

16. 什么是直放站？直放站分类方法有哪几种？

17. GSM-R 铁塔是如何分类的？GSM-R 铁塔由哪几部分组成？

18. 写出下面几种情况号码格式。

（1）车次、机车、车号功能号（CT=2、3、4）。

（2）语音组呼和语音广播（CT＝50、51）。

（3）维修及调车组成员号码（CT＝6）。

（4）调度身份用户功能号码（CT＝91）。

（5）短号码（CT＝1）。

（6）固定、移动用户号码（CT＝7、8）。

19. 什么是 eMLPP 业务？

20. 什么是 VGCS 业务？什么是 VBS 业务？VBS 与 VGCS 有何区别？

21. 什么是功能寻址？简述功能寻址的实现过程。

22. 什么是基于位置寻址？简述基于位置寻址的实现过程。

23. 简述固定终端按功能寻址呼叫移动终端过程。

24. 简述 GSM-R 移动终端按短号码呼叫固定终端过程。

25. 简述固定终端发起组呼过程。

26. 什么是移动性管理？其主要功能是什么？包括哪 3 个主要方面？

27. 什么是位置更新？什么是切换？什么是漫游？

28. 什么是安全性管理？包括哪几个主要方面？

29. 鉴权与加密的主要作用是什么？

30. 简述 CTCS-3 级列车运行控制系统。

任务 1.5　铁路无线列调系统

1.5.1　无线列调系统简介

列车无线调度电话（简称无线列调）是重要的铁路行车通信设备，号称列车行车"三大件"之一，在保证列车正点运行、降低机车能耗、提高通过能力、通告险情、防止事故、救援抢险等各方面都具有重要的作用。无线列调系统负责列车的位置和运行方向，其工作成员包括行车调度员、车站值班员、助理值班员、机车司机、运转车长等。机车司机和运转车长（一般是客运）均处于运行的列车上，共同负责列车的运行；在每个车站，有一名车站值班员和若干名助理值班员，负责本车站管辖范围内的列车运行。助理值班员一般工作在室外，而车站值班员在车站室内操作指挥；行车调度员位于调度所，一般 1 个调度所管理多个车站，因而行车调度员的管辖范围大于车站值班员的管辖范围。

无线列调系统的简单示意图如图 1-5-1 所示。

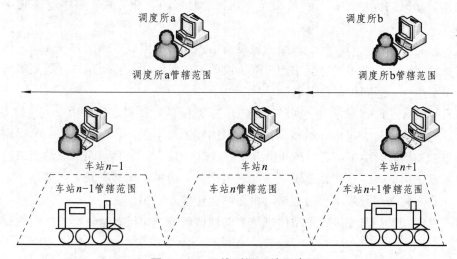

图 1-5-1　无线列调系统示意图

1.5.2　无线列调系统的功能和制式

无线列调系统主要解决"大三角"和"小三角"通信问题，"大三角"通信是指行车调度员、车站值班员和机车司机之间的通信；"小三角"通信是指车站值班员、机车司机和运转车长之间的通信。无线列调系统归纳起来有以下主要功能：

① 行车调度员按车次号个别呼叫司机并进行通话。

② 行车调度员能够对该调度区段内的所有机车进行全呼、通话，以及发出通告。

③ 行车调度员可呼叫某个车站的车站值班员和该车站管辖范围内的所有司机，紧急情况下，调度员可优先与司机通话。

④ 司机可呼叫当前所在调度区段的行车调度员，紧急情况下，司机可向行车调度员发紧急呼叫并进行通话。司机呼叫行车调度员时，调度所设备能够存储机车呼入。

⑤ 司机与临近机车司机之间可组呼通信。

⑥ 相邻车站值班员之间可进行通话。

⑦ 车站值班员、助理值班员、司机、运转车长之间可以通话。

⑧ 调度总机、车站台和机车台具有录音功能或录音接口功能。

⑨ 行车调度员向司机发送调度指令并在机车台显示，司机向行车调度员发送报告并在调度台显示，非话音信息由调度所设备和机车设备分别打印记录。

⑩ 调度所设备、车站台和机车台之间具有双向数据传输功能，可以传送实时数据、短数据或报文数据。

⑪ 调度所设备应具有人工转接铁路电话交换网的功能。

根据组网方式及设备功能的不同，铁路现有列车无线调度通信系统采用 A、B、C 3 种制式完成上述功能。3 种制式均采用有线、无线相结合的组网方式，车站台和机车台、便携台之间的通信采用无线方式，调度台至车站台之间采用有线方式（数字电路或 4 线制音频话路）。

A 制式的通信方式：调度员、车站值班员与司机之间采用双工通信方式；车站值班员、助理值班员、司机、运转车长之间采用半双工或单工通信方式；移动用户之间采用异频单工通话时，由车站台、区间中继设备转信。

B 制式的通信方式分 B1 和 B2 两种。B1 制式：调度员与司机之间采用双工通信方式；车站值班员、助理值班员、司机、运转车长之间采用双工、半双工、单工方式；移动用户之间采用异频单工通话时，由车站台、区间中继设备转信。B2 制式：调度员、车站值班员与司机之间采用半双工通信方式；车站值班员、助理值班员、司机、运转车长之间采用单工通信方式；移动用户之间采用异频单工通话时，由车站台转信。

C 制式通信方式：调度员、车站值班员、助理值班员、司机、运转车长之间的通话采用单工方式。

1.5.3 无线列调系统的现状

根据运输指挥作业方式和运输能力，无线列调系统可采用 A、B 或 C 制式。每种制式根据要求分别由单工、半双工、双工电台组成。其中应用最多的是同频单工电台组成的无线列调系统、半双工独立同步设备组成的无线列调系统和单双工兼容制无线列调系统。

1.5.3.1 同频单工电台组成的无线列调系统

该系统的无线列调主要采用同频单工电台，如图 1-5-2 所示。这是最早、最简单的无线列调方式，最适合铁路运输生产组织方式，也是现场使用最广泛、最基础、最经济的方式。同频单工方式的优点是设备简单、占用频道少、组网方便、耗电少、造价低；缺点是操作不便、不能连续传输数据。

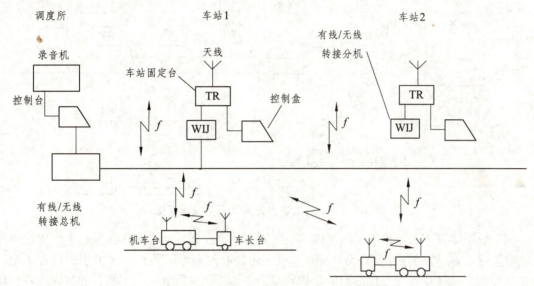

图 1-5-2 同频单工制无线列调系统示意图

1.5.3.2 半双工独立同步设备组成的无线列调系统

这种制式的主要特点如下：

（1）车站电台采用双工电台，为解决同频干扰，电台使用高稳定晶体。

（2）车站控制台（即有线/无线转接设备）采用 4 线制专线传输，设备增加幅度均衡器，此外还增加相移网络。

（3）采用双向直放式隧道中继器。

（4）解决了车长通信，利用车站台的转接功能和隧道中继器的中继功能沟通了车长与车站、车长与司机、司机与司机的通信。

（5）采用"八字"式漏泄同轴。

这种制式主要解决了山区的无线列调。

1.5.3.3 单双工兼容制无线列调系统

单双工兼容无线列调系统如图 1-5-3 所示。整个系统设备采用了 20 世纪 80 年代先进技术，把双工制的通话质量高、操作简便、有利于中继传输等优点和铁路上使用已久的同频单工制融为一体，既实现了行车调度员、车站值班员和机车司机之间的双工通信，又保留了原来同频单工制无线列调通信组网方便的优点，实现了单双工兼容。

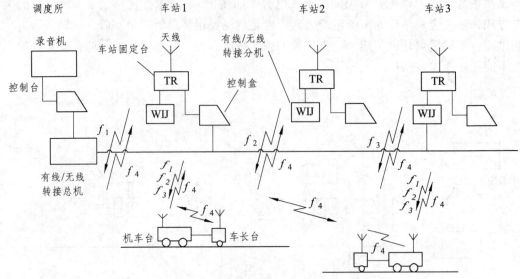

图 1-5-3　单双工兼容无线列调系统示意图

该系统中的双工通信采用了四频组频率配置方式。在同一调度区内各车站电台的双工发信频率按 f_1、f_2、f_3 的顺序交替循环配置，机车台接收频率可以是 f_1、f_2、f_3 中的任意 1 个，由微机控制自动转换。如果机车台的发信频率只有 1 个 f_4，那么所有车站台的接收频率也均为 f_4，这样 f_1、f_2、f_3、f_4 组成了 1 个四频组。

1.5.4　无线列调系统存在的问题

1. 技术基础特别是制式落后

无线列调系统功能扩展十分困难，不能适应现代运输不断出现的新业务，特别是综合业务、数据传输的需求；同频干扰严重，影响了通信质量和可靠性；信道体制已经成为投资效益低、功能简单、不适应高速和提速的主要障碍。

2. 设备型号、种类繁多

由于在无线列调的不同发展时期，根据不同路的不同需求以及当时的技术水平，无线列调系统所使用的设备种类、型号各有特色。尤其是我国铁路覆盖广，各地区的发展水平也不尽相同，因而沿用至今的设备更是参差不齐。现在，铁路部门每年都要投巨资来改善无线列调设备，以保障安全和提高效益。

3. 频率分散，制式不一

无线列调系统曾使用的频段有 150 MHz、160 MHz、413 MHz、450 MHz、460 MHz，运行列车为了完成无线列调通话，或者车站为了适应所通过列车的设备，需要配置不同频段、多种制式的设备,这不仅造成了设备利用率低,而且操作复杂。

4．不能组成大网,功能孤立,通话范围有限

现有无线列调系统的无线覆盖,取决于电台的发射功率,一般只覆盖车站大小的范围。此外,现有无线列调设备多采用调频方式,同一地区内的干扰严重。在现场考察中我们了解到,调度员、车站值班员处的话音通信背景噪声很大,甚至淹没了正常通话,给工作人员带来了很大的不便。

5．大三角通信的实现复杂

大三角通信是指行车调度员、机车司机和车站值班员之间的通话,但现在的无线列调系统需要行车调度员先经过选车站然后才能呼叫机车司机,这主要是受限于设备和组网方式的落后,造成操作复杂。

因此,现代铁路的发展需要建立更加先进的无线列调系统,以满足不断增加的行车指挥业务需求。

1.5.5　采用 GSM－R 网络实现无线列调功能

1.5.5.1　无线列调系统语音通信需求

无线列调的语音通信需求可以归结为 4 类:点对点通信、多方通信、语音组呼、语音广播呼叫。

点对点通信是指移动台与固定台或固定台与移动台之间的呼叫。无线列调点对点语音通信如表 1-5-1 所示。

表 1-5-1　无线列调点对点语音通信

主　叫	通信范围	被　叫
行车调度员	调度范围	某一列车司机
		某一运转车长
列车司机	调度范围	行车调度员
	本列车内	运转车长
运转车长	调度范围	行车调度员
	本列车内	列车司机
车站值班员	调度范围	行车调度员
	车站范围	某一列车司机
		某一运转车长
	相邻车站	相邻车站的车站值班员
助理值班员	车站范围	某一司机
		某一运转车长

多方通信是通过主叫定义多个被叫，使各被叫均可加入通话过程的话音通信方式，在通信过程中所有参与者均可同时讲话，如表 1-5-2 所示。

表 1-5-2　无线列调多方通信（MPTY）

主　叫	通信范围	被　叫
车站值班员	车站范围	某一助理值班员、某一车次的司机和运转车长

无线列调语音组呼和无线列调语音广播呼叫可以利用 GSM-R 特征业务来解决，如表 1-5-3 和 1-5-4 所示。

表 1-5-3　无线列调语音组呼通信

主　叫	通信范围	被　叫	主　叫	通信范围	被　叫
行车调度员	调度范围	所有司机和所有运转车长	运转车长	车站范围	车站值班员、助理值班员
		所有车站值班员、助理值班员、司机、运转车长	车站值班员	车站范围	所有司机
					所有运转车长
		所有运转车长			所有助理值班员
	车站范围	车站值班员、助理值班员、所有司机、所有运转车长			所有助理值班员、所有司机、所有运转车长
列车司机	车站范围	车站值班员、助理值班员	助理值班员	车站范围	所有司机、所有运转车长
	动态范围	区域内其他司机			车站值班员、其他助理值班员

表 1-5-4　无线列调语音广播通信

主　叫	通过范围	被　叫
行车调度员	调度范围	所有司机和运转车长（广播形式）

1.5.5.2　GSM-R 无线列调语音通信功能的实现

GSM-R 满足无线列调系统需求的功能和业务，表 1-5-5 总结了 GSM-R 实现无线列调语音通信功能的方式。

表 1-5-5　GSM-R 无线列调系统语音通信功能的实现

主　叫	通信范围	被　叫	实现方法
行车调度员	调度范围	某一司机	车次功能号
		某一运转车长	车次功能号
		司机和运转车长	VGCS
		司机和运转车长（广播形式）	VBS
		车站值班员、助理值班员、司机、运转车长	VGCS
		所有运转车长	VGCS
	车站范围	车站值班员、助理值班员、司机、运转车长	VGCS

续表

主　叫	通信范围	被　叫	实现方法
列车司机	调度范围	行车调度员	基于位置寻址
	车站范围	车站值班员、助理值班员、	语音组呼
	本列车内	运转车长	完整电话号码
	动态范围	区域内其他司机	语音组呼
运转车长	调度范围	行车调度员	基于位置寻址
	车站范围	车站值班员、助理值班员	语音组呼
	本列车内	列车司机	完整电话号码
车站值班员	调度范围	行车调度员	完整电话号码
	车站范围	某一司机	车次功能号
		所有司机	语音组呼
		某一运转车长	车次功能号
		所有运转车长	语音组呼
		所有助理值班员	语音组呼
		所有助理值班员、所有司机、所有运转车长	语音组呼
		某一助理值班员、某一车次的司机和运转车长	ISDN 多方通信/GSM-R 多方通信
	相邻车站	相邻车站值班员	完整电话号码
助理值班员	车站范围	某一司机	车次功能号
		某一运转车长	车次功能号
		所有司机、所有运转车长	语音组呼
		车站值班员、其他助理值班员	语音组呼

　　对于数据通信，采用 ISDN 的电路数据交换。ISDN 和 GSM-R 网络都具有数据传输的能力，ISDN 终端可以提供低于 128 kb/s 的传输能力，GSM-R 可以提供 2.4 kb/s、4.8 kb/s 和 9.6 kb/s 的传输能力，可以用在调度所、车站和机车三者之间传送数据；ISDN 的 UUS1 补充业务，也能够在呼叫建立之前提供一定能力的数据传输功能。另外，到机车的数据，如调度指令，也可通过 GSM-R 短消息传递，可以通过传真业务实现。

　　对于基于位置的寻址，涉及 1 个小区规划的问题。由于 GSM-R 网络的最小定位范围是小区，这就是说，当列车呼叫车站值班员的时候，如果 1 个小区覆盖多个车站，那么呼叫将被路由到多个车站值班员，因此，GSM-R 小区最大设置为覆盖 1 个车站。

而对于车次功能号，由于在 GSM-R 的标准中，只包含了 0 到 9 数字车次号，而中国的车次号中包含字母，所以，需要建立一个从字母到数字的映射表，使得移动台的 MMI 可以将用户输入的含有字母的车次号转换为只包含数字的车次功能号，反之也是如此。

1.5.6 GSM-R 无线列调系统的优势

相对于现有的模拟无线列调方式，GSM-R 无线列调系统有着无可比拟的优势。

（1）GSM-R 是数字系统，可以利用纠错、检错及话音编码等手段提高话音质量，抗干扰能力强，可以利用加密机制使系统保密性更好，可靠性更高。

（2）方案中无线和有线结合的方式，既充分体现了 GSM-R 的优势，又充分利用了现有的有线通信资源，节省了投资。

（3）采用蜂窝机制，可以有效地利用无线频点和通信电缆资源，扩大覆盖范围，提高系统容量；GSM-R 具有 ISDN 特性，可以支持多种应用，便于扩展无线列调功能；各种先进技术如功能寻址、基于位置的寻址、优先级的使用，使无线列调功能更加强大。

（4）因为只有一种系统，对于运营者来说维护成本更低，而且在不同的铁路网之间具有互操作性。

（5）可以采用灵活设置，完成双工和半双工通信，从而使大三角和小三角通信更容易。

（6）除了可以用于无线列调，GSM-R 还可以为铁路部门提供一个完善的移动通信平台，为通信信号一体化构造一个统一的通信网络，降低铁路部门在通信上的投资；同时，在这个平台上的各种应用还可以提高网络的利用率，提高投资回报率。

1.5.7 无线列调功能的演进和发展

GSM-R 技术来源于 GSM 技术，GSM 有完善的标准组织体系，而且在不断地演进，故 GSM-R 技术可以随着 GSM 的演进而演进，由 GSM、GPRS、WCDMA 逐步升级，而每一次升级，都会带来无线列调系统的升级。如当前的 GSM 主要业务是话音，数据传输能力限制在 9.6 kb/s，使无线列调的功能主要限制在话音和低速数据的传输。而 GPRS 乃至于 WCDMA 的使用，将提高通信平台的数据传输能力，可以提供更加丰富的电信业务功能，从而可以使视频应用到无线列调中。

中国国内对 GSM-R 的了解开始于 20 世纪 90 年代，主要是跟踪研究。经过与多种制式的比较研究，中国铁路最终选择 GSM-R 作为发展铁路综合数字调度移动通信网络的制式，并于 2002 年 2 月做出在京秦线进行 GSM-R 试验的决定，青藏线、京沪高速铁路也将采用 GSM-R 系统。

中国国内在 GSM-R 平台上的无线列调的应用也取得了重大成果。2003 年 3 月，建于北方交通大学（现北京交通大学）的中国铁路总公司 GSM-R 实验室建成了 GSM-R 演示系统，并且成功开发完成了无线列调功能，验证了基于 GSM-R 技术实现无线列调的可行性。

课后思考

1. 无线列调系统是如何组成的？简述其通信过程。
2. 无线列调系统主要解决什么问题？其功能是什么？主要制式有哪些？
3. 什么是大三角通信？什么是小三角通信？
4. 简述无线列调系统的现状。
5. 无线列调系统存在的主要问题有哪些？
7. 无线列调系统采用的组网方式是什么？
8. 无线列调的语音通信需求可以归结为哪四类？
9. GSM-R 无线列调系统有哪些优势？
10. 简述无线列调功能的演进和发展。

项目 2 铁路 FAS 调度通信设备维护

调度通信系统是直接为铁路调度指挥提供通信服务的设备,调度通信系统能否正常运行,直接关系到运输秩序是否正常。做好调度通信设备的日常维护和及时处理设备故障,对铁路运输安全、可靠具有重要意义。本项目主要介绍 FAS 系统构成、组网方式、系统设备组成、调度通信设备维护标准、调度主机单板及指示灯状态、调度台操作使用、调度网管数据配置及常见故障处理方法等内容。

任务 2.1 FAS 数字调度通信系统构成

FAS 和数字调度通信系统设备一样,只是在不同的使用场合,配置有所不同,称谓也就不同。在 GSM-R 网络中称为 FAS,所谓 FAS 即固定用户接入交换机的英文(Fixed users Access Switching)缩略语,在非 GSM-R 网络中称为数字调度通信系统。

2.1.1 FAS 系统构成

2.1.1.1 FAS 系统分层结构

FAS 系统由调度所 FAS、车站 FAS、调度台、值班台、其他各类固定终端及网管终端构成,如图 2-1-1 所示。调度所 FAS 设置在中国铁路总公司和铁路局(公司,以下同)等调度机械室;车站 FAS 设置在车站和用户相对集中的通信机械室;调度台设置在各类调度员所在地;值班台设置在车站值班员等所在地。

Fa 接口:ISDN 基群速率接口(30B + D),DSS1 信令。

Fb 接口:ISDN 基群速率接口(30B + D),DSS1 信令;基群速率 E1,内部信令。

Va 接口:RS232、RS-485、以太网接口等。

Ua 接口:ISDN 基本速率接口(2B + D),DSS1 信令;基群速率 E1,内部信令。

Ub 接口:选用 Z 接口、共总接口、共分接口、磁石接口、音频 2/4 线接口、模拟调度总机接口、选号分机接口、64 kb/s 同向接口、录音接口。

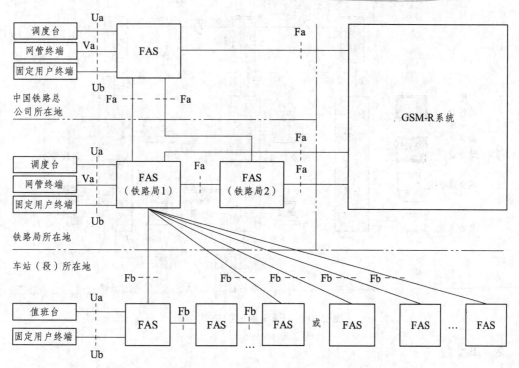

图 2-1-1　FAS 系统分层结构示意图

2.1.1.2　FAS 系 统 总 体 结 构

FAS 系统的总体结构如图 2-1-2 所示。主系统放置于铁路局调度所或大型调度指挥中心，主要用于接入各调度操作台和各种调度电路，是整个系统的核心。主系统由数字调度主机、调度操作台、集中维护管理系统、录音系统等组成；分系统放置于铁路局管辖范围内各车站，通过数字传输通道与主系统相连，主要用于接入车站操作台、远端调度分机、站间电话、区间电话、站场电话等。分系统由数字调度主机、车站操作台等组成。主系统与分系统配套使用，通过 2M 数字通道组成调度通信网络，构成整个数字调度通信系统。

FAS 数字调度系统一般由调度主机、调度台、集中维护管理系统及传输设备等组成。

1．调度主机

调度主机（俗称后台）是 FAS 的核心部件，相当于 1 台数字交换设备，为调度所和车站提供各种调度业务及调度相关业务，实现全系统的网络和通道管理功能、各系统的呼叫处理和交换功能、操作台的管理和调度功能、接口的处理及组网功能等。

设在局调度所、大型站场的 FAS 称为调度所 FAS，主要用于接入各种调度台、调度分机及站场电话。设在铁路沿线各车站、站场的 FAS 称为车站 FAS，主要用于接入各种值班台、调度分机及站场电话。设置于局调度所或大型调度指挥中心的调度主机，连同调度台、集中维护管理台、录音装置称为主系统。设置于各车站（站场）的调度主机，连同值班台、调度分机、录音装置称为分系统。

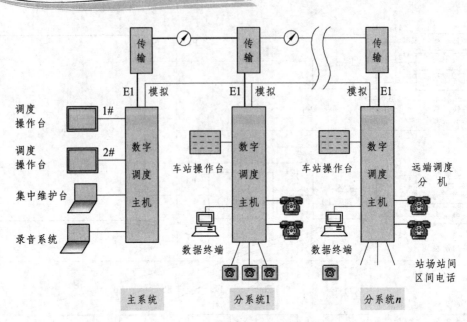

图 2-1-2　FAS 系统的总体结构

2. 调度台

调度台是调度指挥人员（或车站值班员）进行调度指挥的操作平台。调度员通过调度台上各种按键进行各种调度操作，如应答来话、单呼、组呼、全呼、转移或保持来话、召集会议等。

3. 集中维护管理系统

集中维护管理系统由 1 台或多台集中维护管理终端、打印机组成。当系统有多台集中维护管理终端时，放置于主系统所在地的终端称为主维护管理终端，其他终端称为分维护终端。集中维护管理系统可对主系统和分系统管辖范围内的所有分系统进行集中维护管理及监控，但主系统和分系统之间必须通过 2M 数字通道相连。

集中维护管理系统具有性能管理、配置管理、故障管理、安全管理等功能。

4. 传输设备

传输设备将各个独立系统连接起来，组成一个完整的专网系统。在实际应用过程中，传输设备通常是由铁路通信骨干网提供的 2M 传输通道或既有的模拟实回线。

2.1.2　FAS 系统组网方式

2.1.2.1　CTT2000L/M 组网方式

CTT2000L/M 组网方式比较灵活，有共线方式、星形方式、混合方式等。

1. 共线方式

共线方式：即沿线各站使用同 1 个 2M 串接起来，一般每项业务使用 1 个时隙，如图 2-1-3 所示。

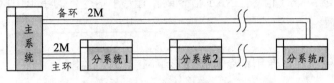

图 2-1-3　共线组网方式

2. 星形方式

星形方式：即每个车站单独占用 1 个 2M，如图 2-1-4 所示。

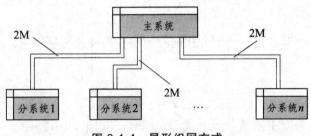

图 2-1-4　星形组网方式

3. 混合方式

混合方式：即星形接法与共线接法的混合模式，如图 2-1-5 所示。

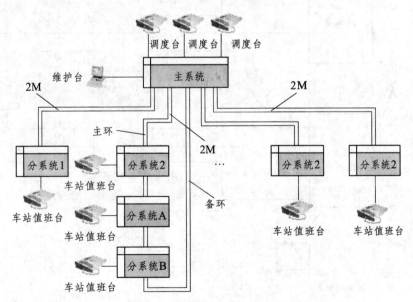

图 2-1-5　混合接入组网方式

2.1.2.2　CTT4000 组网方式

1.　星形组网

支持 DSS1 信令、No.7 信令、No.1 信令或私有专用信令下的星形组网方式。

2.　环形组网

支持 DSS1 信令或私有专用信令进行环形组网。

3.　树形组网

树形组网方案是多级星形组网方式的叠加，每级系统均可通过星形组网方式与上一级或下一级系统进行通信，从而构成多级的数字调度指挥网络。

4.　综合形组网

支持总线方式、星形方式、树形方式同时运用，形成综合形组网方式。

5.　双中心组网

支持双中心备份或互助组网方式，在双中心组网模式下，支持上述 4 种组网形态。其包括两种方式：方式一为双主系统与分系统分别组环，如图 2-1-6 所示；方式二为双主系统与分系统在一个数字环内，如图 2-1-7 所示。

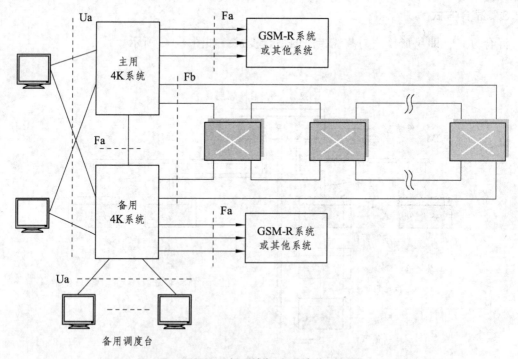

图 2-1-6　双主系统与分系统分别组环

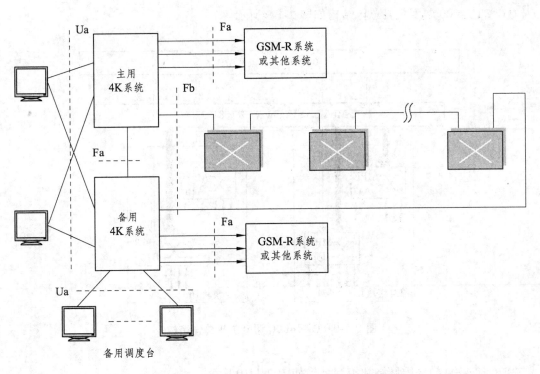

图 2-1-7　双主系统与分系统在一个数字环内

2.1.3　FAS 系统设备组成

2.1.3.1　调度主机

（1）CTT2000L/M 调度主机系统控制结构。

CTT2000L/M 调度主机系统控制示意图如图 2-1-8 所示。

MP 板是系统的控制处理中心，所有的呼叫、连接、通信等任务都要经过 MP 完成。

DTP 板控制 A 接口，通过 A 接口与其他分系统的 A 接口互联。

DSP 板控制 2B + D 接口，通过 2B + D 接口与调度台（前台）连接。

MP 板可通过专门的控制模拟接口处理器（ASP）控制模拟接口，也可以直接控制模拟接口。

（2）CTT4000 调度主机系统结构。

CTT4000 调度主机实现全系统的网络和通道管理功能、全系统的呼叫处理和交换功能、调度台的管理和调度功能、接口的处理及组网功能等。

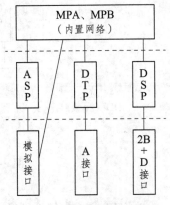

图 2-1-8　CTT2000L/M 调度主机系统控制示意图

① CTT4000 调度主机总体结构如图 2-1-9 所示。

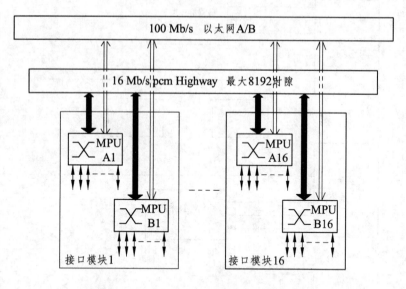

图 2-1-9　CTT4000 调度主机总体结构

② CTT4000 模块内网络和控制结构如图 2-1-10 所示。

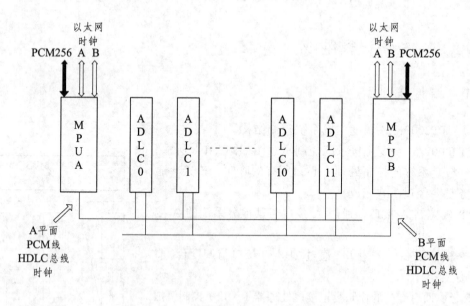

图 2-1-10　CTT4000 模块内网络和控制结构

③ CTT4000 模块处理机（MPU）框图如图 2-1-11 所示。

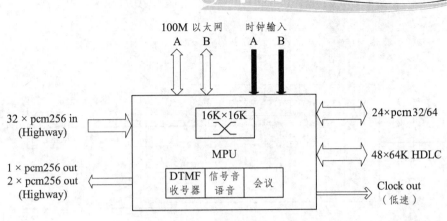

图 2-1-11 CTT4000 模块处理机（MPU）框图

2.1.3.2 调度台

调度台是调度员进行调度指挥的操作平台，调度员通过调度台上的各种按键进行各种调度操作，如应答来话、转移或保持来话、呼叫用户、召集会议等。除功能键外，调度台上的各按键可被设置成直呼、组呼和全呼。此外，调度员还可通过调度台上的液晶显示屏和按键上的灯观察所有调度用户的状态，以方便操作。调度台分键控调度台和触摸屏调度台两种。

键控调度台直接通过各种特定意义按键进行操作；触摸屏调度台通过触摸屏显示器界面进行各种操作，两者功能基本相同。

1. 键控调度台

（1）键控调度台组成。

键控调度台有 48 直通键、25 直通键两种规格。25 直通键键控调度台实物如图 2-1-12 所示。48 直通键键控调度台如图 2-1-13 所示。

图 2-1-12 25 直通键键控调度台实物

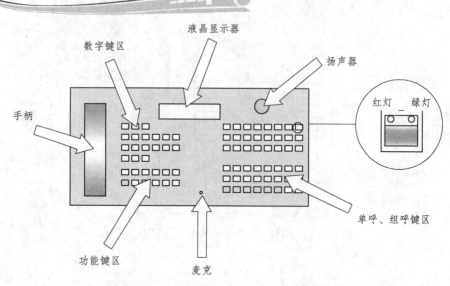

图 2-1-13 48 直通键键控调度台外观示意图

① 调度台板面。

数字键区：用于呼出拨号键盘和数据设置输入键区。

液晶显示器（LCD）：显示系统各种数据及运行状态。

扬声器：调度台的第一语音通道受话器。

麦克（MIC）：调度台的第一语音通道送话器（与扬声器构成调度台的主用语音通道）。

手柄：调度台的第二语音通道（辅通道），同时含有送、受话器各一个。

功能键区：12 个功能键。

菜单选择键区：6 个键，移动光标以便选择或查看各种数据。

单呼、组呼键区：共 48 个键，每个键可对应一个用户，也可以对应一个组呼。键号顺序是固定的，每行 8 个，从左到右排列，共 6 行；键号依次为 1、2、…、47、48。

红、绿指示灯：对于功能键区、单呼和组呼键区，每个键上都有一个红色、一个绿色两个发光二极管，用来指示相应键的运行状况。

单呼、组呼键区红、绿灯指示：红灯表示占用主用语音通道，绿灯表示占用手柄语音通道；红绿灯交替闪烁表示有呼入等待应答，未占用语音通道；单灯闪烁表示占用相应的语音通道呼出；单灯长亮表示占用相应的语音通道通话；单灯长灭表示相应的语音通道空闲；红绿灯同时长亮表示用户通话被保留。

功能键区：为调度（值班）员提供其他特定的功能，如键权、主辅切换、转移、保留、会议、全呼、录音、放音等功能。

② 调度台外接端口。

48 直通键键控操作台后侧板有脚踏、录音、喇叭、复位、麦克、调试及 2B + D 等端口。

脚踏端口：由辅通道录音输出。

录音端口：主通道语音输出接口。

喇叭端口：外接扬声器接口。

复位端口：对调度台复位，系统重新启动。

麦克端口：外接麦克接口。

调试端口：多功能接口。

2B + D 端口：调度台与主机之间采用 2B + D 接口，可实现话音数据同时传输，并可远至 5.5 km。调度主机通信采用远端 – 48 V 电源供电。

③　键控操作台性能。

采用 2B + D 接口时，一对双绞线可实现语音、数据、电源同时传输，并可远至 5.5 km（0.5 mm 以上线径）。

双通道（麦克/扬声器通道、手柄）处理，采用回波相消和自动增益控制等专用语音处理技术，通话质量高。

48 个可定义单呼、组呼键，12 个功能键，18 个数字及设置键。单呼、组呼及功能键上有双色灯（红、绿）指示操作的各种状态。

中文液晶显示屏，可帮助调度人员迅速了解操作进程及调度对象的各种状态。

16 min 的电子复述机功能。

可选 8 ~ 32 h 的实时录音功能，录音启动方式为通话态的音控。

（2）键控操作台功能。

①　单呼、组呼、全呼功能；

②　会议、通播、广播功能；

③　紧急呼叫、紧急组呼；

④　呼叫转移、呼叫转接、呼叫保持功能；

⑤　用户强插、强拆功能；

⑥　自动应答/选择应答功能；

⑦　DTMF 拨号功能；

⑧　多呼叫处理功能；

⑨　呼叫调度台的无阻塞性

⑩　调度呼叫的分组处理；

⑪　双通道处理；

⑫　区别振铃功能；

⑬　用户号码、用户中文名称、呼叫状态显示功能；

⑭　通话记录功能；

⑮　用户级别的处理；

⑯　录音数据的灵活读取。

2. 触摸屏调度台

（1）触摸屏调度台组成。

触摸屏调度台由触摸屏显示器、调度台主机、通话装置 3 部分组成，其外观如图 2-1-14 所示。

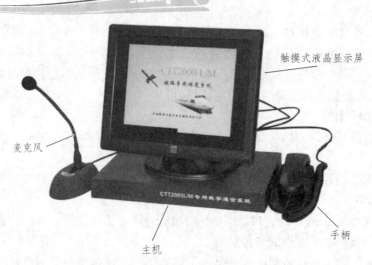

图 2-1-14   触摸屏调度台

① 触摸屏显示器。

提供调度指挥人员使用的操作和显示界面。选用国际顶尖的 ELO 品牌，以保障触摸屏调度台的可靠性和稳定性。可根据用户需求选用不同尺寸的显示器，一般采用 15 寸，其操作界面如图 2-1-15 所示。

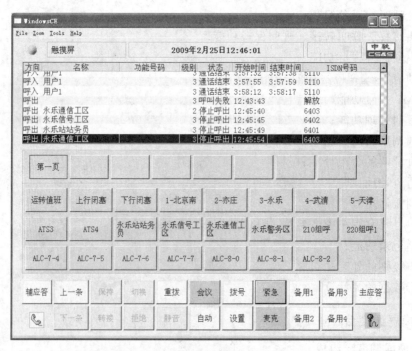

图 2-1-15   触摸屏显示器操作界面

消息显示区：显示各种呼叫状态和信息，可显示呼叫方向、中文名称、功能号码、优先级、呼叫状态、通话开始时间、通话结束时间、ISDN 号码等信息。

呼叫键区：单呼、组呼按键区，包含若干个单呼按键、组呼按键、语音广播按键，各个按键用于完成相应的呼叫，同时显示相应的呼叫状态，具有翻页功能。

功能键区：功能键区包含上一条键、下一条键、主应答/主挂机键、辅应答/辅挂机键、保持键、转接键、切换键、拒绝键、自动键、静音键、会议键、重拨键、拨号盘键、设置键、紧急键、麦克/手柄选择键、备用键等功能键。

上一条：选择上一条通话记录。

下一条：选择下一条通话记录。

主应答/主挂机键：接听或挂断主通道呼叫。

辅应答/辅挂机键：接听或挂断辅通道呼叫。

保持键：保持当前呼叫。

转接键：转接当前通话到第三方。

切换键：用于主、辅通道切换。

拒绝键：拒绝当前呼入。

自动键：自动应答选择。

静音键：用于将本方的麦克屏蔽，使对方听不到本方的声音。

重拨键：自动重拨上次的呼出。

会议键：组织会议。

拨号盘键：显示拨号盘。

设置键：显示系统设置界面，实现音量调节、振铃音设置、按键设置、呼叫限制、屏幕调节等功能。

紧急键：进行 GSM-R 紧急组呼。

麦克/手柄选择键：选择当前操作对麦克风还是手柄有效。

备用键：共 4 个备用键，如果呼入的号码在调度台上没有对应按键，从 4 个备用键中选择 1 个空闲备用键进行应答，并显示相应的电话号码。

② 触摸屏调度台主机。

实现接口控制、呼叫处理、显示处理和通话处理。

a. 接口部分：完成调度台与数字调度主机的接口功能，分 2B + D 接口、2M 接口、双 2M 接口 3 种。

2B + D 接口：传输码型为 2B1Q 码，为操作台与数字调度主机之间提供两个 64 kb/s 的话音通道，以及一个 16 kb/s 的信令通道。两个 64 kb/s 通道分别对应操作台的主、辅通道，而操作台与数字调度主机之间各种信令交互则是通过 16 kb/s 的信令通道完成。

2M 接口：传输码型为 HDB3 码，为操作台与数字调度主机之间提供两个或多个 64 kb/s 的话音通道，以及一个 64 kb/s 的信令通道。两个 64 kb/s 通道分别对应操作台的主、辅通道，64 kb/s 的信令通道完成操作台与调度交换机之间各种信令交互。为了完成某些特定功能，话音通道可以多于两个。

双 2M 接口：同 2M 接口相关描述。2 个接口可以分别接入互为备份的两套调度交换机，或同一个调度交换机的两个模块，以实现调度台的双接口备份。

b. 控制部分：实现操作台内各部分的管理和控制、操作台的呼叫处理、与数字调度主机的信令交互等功能。

c. 通话回路部分：分为主通道（外置麦克风和扬声器）和辅通道（手柄）两部分。两个通道均为全双工通信，两个通道都采用回波相消和自动增益控制等技术，以防止啸鸣，提高通话质量，主、辅通道同时具备噪音抑制功能。

d. 电源部分：为调度台提供所需的各种工作电源，如 12 V、5 V、3 V 等。触摸屏调度台一般采用 220 V 交流供电，也可采用 48 V 直流供电。

e. 显示控制部分：实现对触摸屏显示器的控制和显示驱动。

③ 通话装置。

两个通道都支持使用外置麦克风或手柄，即主辅通道同时使用麦克风、主辅通道同时使用手柄、主辅通道分别使用麦克风和手柄；两个通道都支持头戴式耳机、手麦；两个通道均支持摘挂机功能、支持 PTT 功能、支持通话装置在位信息提示功能。

（2）触摸屏调度台功能。

① 单呼、组呼、全呼功能；

② 会议、通播、广播功能；

③ 紧急呼叫、紧急组呼；

④ 呼叫转移、呼叫转接、呼叫保持功能；

⑤ 用户强插、强拆功能；

⑥ 强制与静音；

⑦ 自动应答/选择应答功能；

⑧ DTMF 拨号功能；

⑨ 多呼叫处理功能；

⑩ 呼叫调度台的无阻塞性；

⑪ 调度呼叫的分组处理；

⑫ 双通道处理；

⑬ 区别振铃功能；

⑭ 用户号码、用户中文名称、呼叫状态显示功能；

⑮ 通话记录功能；

⑯ 用户级别的处理；

⑰ 双通道双向音量可调；

⑱ 双通道 PTT 功能；

⑲ 双通道摘挂机功能；

⑳ 双通道通话装置在位信息提示功能。

2.1.3.3 调度网管（集中维护管理系统）

1. 维护台系统组成

（1）CTT2000L/M 维护台系统组成。

CTT2000L/M 维护台系统由客户端、数据库服务器、通信服务器 3 部分组成，采用客户/服务器结构和流行的 TCP/IP 通信协议互联，如图 2-1-16 所示。

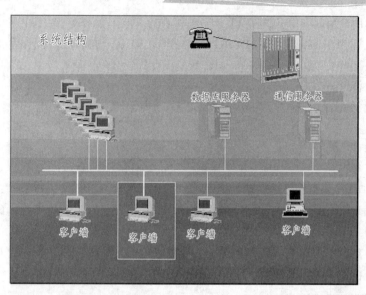

图 2-1-16　CTT2000L/M 与 CTT4000 维护台系统结构示意图

① 通信服务器：即 CommServer。其主要功能：通过 RS232 串行接口与后台主机相连，完成维护台与后台主机之间的命令、数据的通信等功能，是客户端与后台主机间的通信桥梁。

② 数据库服务器：存储并管理后台主机的相关配置信息以及其他如用户信息、环数据、车站数据等数据。在实际应用中，采用 SQL-SERVER 作为数据库管理系统。

③ 客户端：即 Cttclient，是系统所有数据的集中管理及维护终端，提供人机交互界面。

（2）CTT4000 维护台系统组成。

CTT4000 调度交换系统的维护台软件采用 Windows 7 操作系统作为开发平台，采用 SQL-SERVER2000 作为数据库管理系统。

CTT4000 维护台系统组成与 CTT2000L/M 相同，也是由客户端、数据库服务器、通信服务器 3 个部分组成，采用客户/服务器结构和流行的 TCP/IP 通信协议互联，如图 2-1-16 所示。

① 通信服务器：即 CommServer4K。其主要功能：通过以太网网口连接网线与后台主机相连，完成维护台与后台主机之间的命令、数据的通信等功能，是客户端与后台主机间的通信桥梁。

② 数据库服务器：其功能同 CTT2000L/M 数据库服务器。

③ 客户端：即 CttClient4K，是系统所有数据的集中管理及维护终端，提供人机交互界面。

2. 维护台系统功能

（1）CTT2000L/M 维护台系统功能。

① 配置管理。

对系统进行数据配置，所有的数据基本上可分为环数据和车站数据两大类，凡是与 2M 数字自愈环有关的一切数据称为环数据，如调度主机机框设置位置、DTP 板、2M 时隙的运用、挂在环上的用户终端（共电电话机、自动电话机、操作台等）；调度主机内与环无关的板件及端口的数据称为车站数据，如 DSP、ALC、TNI 插板，电话机及操作台的属性，对操作台键定义及设备组呼键等。

② 状态监视。

状态监视包括查看系统运行状态，以及对系统所有告警、故障信息的收集，即具有故障管理功能。

③ 日常管理功能。

除了查看系统运行状态及程序和数据版本之外，通过维护命令的操作，对 MP 板和 DTP 板进行主备用倒换；对具有处理机的 MP、DTP、DSP、ASP 等插板进行复位处理；加载数据和程序；校对和提取系统时间；作半固定连接或固定连接等集中维护管理功能。

④ 远端维护。

安装有本系统维护台软件的远程维护台，可通过拨号登录到任何地方的 CTT2000L/M 专用数字通信系统的维护端口，进行远程诊断。

（2）CTT4000 维护台系统功能。

① 日常管理。

查看网络、主系统和各分系统的运行状况；查看各系统的程序和数据版本；加载程序和数据；下发远程主备切换、复位等命令；远程完成建立固定连接、半固定连接等网络交叉功能；监视系统中所有的模拟和数字端口状态；远程调整主/分系统中模拟端口电平值。

② 数据配置管理。

网络通道时隙使用方式的配置；主系统和分系统的数据配置；调度台、车站值班台数据的配置等。

③ 故障管理。

全系统所有告警、故障信息的收集、统计和分析；生成告警日志；告警信息的查看和打印。

④ 安全管理。

建立管理员和操作员数据库，记录管理员和操作员的各种操作信息；为各级管理员和操作员分配不同的操作权限；针对不同的管理员和操作员设置不同的操作内容，确保网管系统的安全性。

课后思考

1. FAS 和数字调度通信系统设备的主要区别是什么？

2. FAS 数字调度系统由哪几部分组成？

3. FAS 调度主机的主要作用是什么？

4. FAS 调度台的主要作用是什么？

5. FAS 集中维护管理系统具有哪些主要功能？

6. 中软 CTT2000L/M 组网方式有哪几种？

7. 中软 CTT4000 组网方式有哪几种？

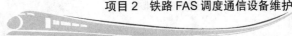

8. 中软 CTT2000L/M 调度主机系统控制结构包括哪几个方面？

9. 中软 CTT4000 调度主机系统结构包括哪几个方面？

10. 键控操作台由哪几部分组成？简述各部分的功能。

11. 触摸屏调度台由哪三部分组成？简述各部分的功能。

12. 调度通信网管系统由哪三部分组成？简述各部分的功能。

任务 2.2　调度通信设备维护与故障处理

2.2.1　调度通信设备维护标准

2.2.1.1　设备维护要求

1. 维护一般要求

（1）数字调度通信系统的维护主要依靠网管进行。网管值班人员应熟悉网管操作，具备相应的维护能力，现场维护人员必须在网管指导下进行日常维护作业和故障处理。

（2）数字调度通信系统的日常维护应以网管监测为主、现场巡视为辅。在备品、备件可以保证的基础上，采取日常维护与集中检修相结合的维修方式。

2. 维护作业要求

（1）建立告警日分析制度，每班对网管告警进行分析，做出结论写入交班日志，对惯性告警应向上级主管部门汇报并积极组织查找。调度机械室值班人员应实时观察网管，监视设备运行状态。重点查看系统工作状态、数字环状态及历史告警信息。发现设备运行状态异常时，及时进行处理，必要时通知相关维护部门配合，对各种影响用户业务的非正常状态要做到早发现、早处理。

（2）铁路局所在地调度机械室每月通过网管进行 1 次数字环通道保护试验，每半年进行 1 次通道保护人工切换试验。

（3）各级维护单位要建立适合本单位的调度通信应急预案，根据网络变化和业务发展情况，随时修订和补充。

（4）在自然灾害、防汛或重要繁忙运输任务等期间，应加强设备检查，强化网管监控和设备巡视工作。

（5）检修工作应安排在天窗时间，减少对运输通信的干扰。在日常检修中，应加强与用户的联系，检修后应对运用功能进行全面试验。

2.2.1.2　维护测试项目与周期

1. 调度所数字调度交换机维护测试项目与周期

调度所数字调度交换机维护测试项目与周期应符合表 2-2-1 的要求。

表 2-2-1　调度所数字调度交换机维护测试项目与周期

类别	项目与内容	周期	备注
日常维护	1. 机架表面浮灰清扫	日	
	2. 巡检：系统表面运行灯、电源电压、告警，一日 2 次		
	3. 查看网管：实时监控告警。每 2 小时重点检查系统工作状态、数字环状态、历史告警信息		
	1. 机械设备内、外部清扫	月	
	2. 附属设备及线缆检查		
	3. 记录仪清扫、线缆检查以及日期、时间核对调整		
	4. 对惯性故障告警进行分析处理		
	5. 系统数据核对		
	6. 通过网管进行 1 次数字环通道保护试验		
	7. 网管杀毒软件升级，查杀病毒		
	1. 对系统数据进行备份存盘	季	
	2. 控制板倒换试验		
	3. 交换机电源板主、备切换试验		
	4. 电源电压测试		
	5. 记录仪录音检查试验		
	1. 系统主、备通道保护人工切换试验	半年	
	2. 交换机风扇清扫或更换		
	3. 同城异地主、备用交换机切换试验	年	
集中检修	1. 系统功能试验	年	
	2. 系统时钟核对		
	3. 地线测试，保安单元调整、检查（雷雨季前进行）		
	4. 按维修质量标准对各种音频通道进行测试、调整		
	5. 检查、调整、更换 2B＋D 线		
	6. 音频接口输出相对电平测试		
	7. 磁石接口铃流接收灵敏度测试		
	1. 整机检查、调整及更换部件	根据需要	
	2. 检查、更换配线电缆		
	3. 机柜内地线测试、整理		
	4. 行调模拟实回线全程衰耗测试		

2. 车站数字调度交换机维护测试项目与周期

车站数字调度交换机维护测试项目与周期应符合表 2-2-2 的要求。

表 2-2-2 车站数字调度交换机维护测试项目与周期

类别	项目与内容	周期	备注
日常维护	1. 设备内、外部清扫	月	
	2. 附属设备及连线检查		
	3. 交换机运行指示检查、确认		
	4. 交换机风扇运行检查、确认		
	5. 区间自动拨叫试验		
	6. 记录仪清扫、线缆检查以及日期、时间核对调整		
	7. 邻站调度分机试验		
	1. 电源板主、备切换	季	
	2. 电源电压测试		
	3. 主控板主、备切换试验		
	4. 记录仪录音检查试验		
集中检修	1. 配合进行系统主、备通道保护人工切换试验	半年	
	2. 按维修质量标准对各种音频通道进行测试调整	年	
	3. 检查、调整、更换 2B + D 配线		
	4. 检查、调整、更换不良部件		
	5. 地线测试，保安单元调整、检查（雷雨季前进行）		
	6. 交换机风扇清扫、检查或更换		
	7. 音频接口输出相对电平测试		
	8. 磁石接口铃流接收灵敏度测试		
	1. 整机检查、调整及更换部件	根据需要	
	2. 检查、更换配线电缆		
	3. 机柜内地线测试整理		

3. 调度台、值班台维护测试项目与周期

调度台、值班台维护测试项目与周期应符合表 2-2-3 的要求。

表 2-2-3　调度台、值班台维护测试项目与周期

类别	项目与内容	周期	备注
日常维护	1. 设备内、外部清扫	月	
	2. 附属设备及连线检查		
	3. 外部检查（按键灵敏度、时钟显示、液晶显示屏等）		
	4. 调度台、车站台呼叫、通话试验		
	5. 调度台、车站台 2 路（辅助通道）通话试验		
	6. 调度台、车站台主辅通道（麦克风、手柄）切换试验		
	7. 调度台、车站台录放音试验		
	8. 触摸屏调度台功能试验、调整		
	9. 站间行车电话备用呼叫试验（实回线）		
	10. 用户访问		
	1. 调度台、车站值班台应急分机通话试验（含呼入、呼出）	季	
	2. 调度台、台联试验		
	3. 运用标签核对、更新		
集中检修	1. 整机检查、修理及更换部件	年	
	2. 检查、调整或更换话筒（麦克风）		
	3. 检查、调整或更换操作台		
	4. 加固及调整分机安装位置		
	5. 检查、更换前台和分机引入配线		
重点整治	1. 保安装置及地线测试、检查、调整	根据需要	
	2. 检查、更换话筒和麦克风		
	3. 更换老化配线，整机测试等		

4. 调度通信系统维护半年抽测项目

通信（电务）段每半年组织对干调交换设备、区段数字调度通信系统、调度台、值班台的有关项目进行抽测检查（内容见表 2-2-4，抽测数量不少于同类项目总数的 20%），统计并分析设备运行质量。

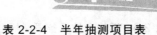

表 2-2-4　半年抽测项目表

干局线、区段调度名称					
设备厂家					
序号	检查测试项目	测试标准	测试值	测试人	备注
1	2B+D 接口：误码率	$\leq 10^{-9}$			
2	共电接口：二线发	0 dBr			
3	共电接口：二线收	−3.5/7.0 dBr			
4	共电接口：环路电阻	$\leq 2\,000\ \Omega$			
5	共电接口：发送铃流	（25±3）Hz，（75±15）V			
6	磁石接口：阻抗	600 Ω			
7	磁石接口：二线发	0 dBr			
8	磁石接口：二线收	−3.5 dBr			
9	磁石接口：发送铃流	（25±3）Hz，（75±15）V			
10	VF2/4 M 接口：二线电平	发 0 dBr，收 −3.5 dBr			
11	VF2/4 M 接口：四线电平	发 −14 dBr，收 4 dBr			

2.2.1.3　维护质量标准

调度通信系统质量标准应符合中国铁路总公司有关行业标准和规章所规定的技术条件。

1. 外观强度标准

调度通信系统设备的外观强度标准规定如下：

（1）设备安装牢固，位置适当，使用维修方便。

（2）引入线、配线整齐合理，焊接良好。

（3）各零部件坚固、完整无缺，机内外金属器件无明显锈蚀。

（4）按键、扳键、话机叉簧接点、数调操作台键盘操作良好，动作正确灵活，自复及可锁性能良好。

（5）数调触摸屏表面清洁，无明显划痕，透明度、透光率好，显示内容完整、清晰可辨，操作响应灵敏，触摸无漂移。

（6）插接件接触良好，压力适当，动作灵活，印刷电路板面无严重损坏或浮起现象。

（7）各部件活动部分无严重磨耗旷动，转动部分注油适当，动作灵活，清洁。

（8）话筒、耳机绳、软线表皮无破损，芯线无损伤。

2. 设备质量标准

调度通信设备质量标准应符合表 2-2-5 至表 2-2-7 的规定。

表 2-2-5　调度通信设备质量标准（1）

接　口	标称阻抗	两线接口电平	环路电阻	接收灵敏度	发送频率准确度	发送信号时长	发送铃流	备注
2M 数字接口	75 Ω/120 Ω							
用户接口	200 Ω + 680 Ω// 0.1 μf	发 0 dBr 收 − 3.5 dBr	≤2 000 Ω				（25±3）Hz （75±15）V	含共线接口
磁石接口	600 Ω	发 0 dBr 收 − 3.5 dBr		（25±10）Hz ≥30 V 持续 0.5 s		（25±3）Hz 2 s	（25±3）Hz （75±15）V 0.3 s	
下行区间接口		（5.2±0.9）dB			5 kHz ±100 Hz			其他同用户口
上行区间接口				5 kHz± 100 Hz − 10 dB				其他同磁石口

表 2-2-6　调度通信设备质量标准（2）

接　口		标称阻抗/Ω	两线接口电平/dB	接收灵敏度/dB	发送频率准确度/%	接收频率范围/%	Ⅰ/Ⅱ选叫信号持续时间/s	发送信号时长/s	备注
音频选号接口	总机接口	600 或 1 400	发送电平 5±2		≤±0.4		Ⅰ选叫 2±0.2 Ⅱ选叫 2±0.2		共线电路电平
	分机接口	≥20 000	发送电平 2.6±2.6	− 34	≤±0.1	±10		2±0.2	

表 2-2-7　调度通信设备质量标准（3）

接　口	标称阻抗/Ω	输出脉冲幅值/V	两线接口电平/dBr	四线接口电平/dBr	误码率	时钟偏差	备注
2B + D	135	±2.5			≤10^{-9}	±$100×10^{-6}$	
环路接口	600（摘机）						其他同磁石口接口
E/M 接口	600		发 0 收 − 3.5	发 − 14 收 + 4			
V.35 接口	符合 ITU-T V.35 建议						
子速率接口	符合 ITU-T V.24 建议						
64 kb/s 同向接口	符合 ITU-T G.703 建议						

2.2.2　调度主机单板及指示灯状态

2.2.2.1　CTT2000 调度主机单板配置及状态指示

1. CTT2000L/M 单板配置

（1）单板配置。

CTT2000L/M 单板常见配置如图 2-2-1 所示。

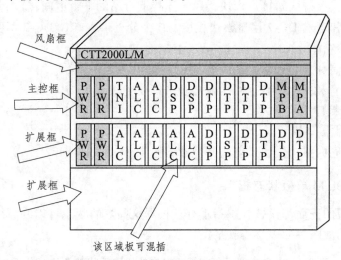

图 2-2-1　CTT2000L/M 单板配置

（2）单板介绍。

MPA、MPB 板：CTT2000L/M 系统主处理机板，互为热备份，内置 512×512 网络和 128 方会议资源，可管理最多 8 块子处理机板和 128 路模拟接口；为系统提供时序、信号音、语音和会议资源，同时提供 32 套 MFC 和 32 套 DTMF 收发器。

DTP 板：数字中继处理机板，可选热备份，每板 2 个 A 口（2M），完成 1 号信令、7 号信令及系统专用共线信令的处理。

DSP 板：数字用户信令处理机板，可选热备份，每板 4 个标准 2B＋D U 接口，完成标准 U 口信令及调度台信令处理。

ASP 板：模拟信令处理机板，可选热备份，每板管理 256 路模拟接口，当系统模拟接口数量超过 128 路时，选用此板，目前中小型车站一般不需采用。

TNI 板：音频选号接口板，每板提供 4 路音频选号总机和分机接口，每路具有总机和分机的收发频率功能，无需外接铃箱。每一路作总机还是分机以及号码的分配都由网管数据决定，此板一般用于接入老式模拟调度回线或各专用电话回线。

ALC 板：接口模块母板，每板提供 8 个模块槽位，每板最大可插入 8 块不同的模块。

PWR 板：电源板，为整个系统提供所需的±5 V 电源及铃流，本系统每框配 2 块电源板，两板的 ± 5 V 电源工作为并联热供方式。铃流是互为热备份方式，其中一路发生故障时，另一路会自动切换。

（3）接口模块介绍。

CTT2000L/M 系统大部分接口采用每路 1 模块的模块化结构。

SLICM 模块：用户接口模块（自动用户接口或共电用户接口）。

SLICMQ 模块：下行区间接口，用于连接下行站的上行区间接口。

RCTNM 模块：环路中继接口模块，可以连接本系统或其他系统的用户接口（自动用户接口或共电用户接口）。

ZCT1M 模块：磁石接口模块，用于连接磁石话机或其他磁石接口（如 ZCT1M）。

ZCT2M 模块：上行区间接口模块，用于连接上行站的下行区间接口。

DC-7 模块：和老式 DC-7 接口模块相接，作为分机接入老式 DC-7 调度总机。使用该模块不能取消原有铃箱。

VF2M：二线音频接口模块，可为其他业务提供 2 线模拟接口。

VF4M：四线音频接口模块，可为其他业务提供 4 线模拟接口。

V35M：V.35 接口模块。

232M：子速率接口模块。

64KM：64K 同向接口模块，可为其他业务提供 64K 数据接口。

2. CTT2000L/M 单板状态指示

在每块线路板的正面都设置状态指示灯，根据这些灯的状态可以判断线路板的状态，并依此分析线路板的故障，如表 2-2-8 所示。

表 2-2-8　单板指示灯状态、对应的线路板状态及故障分析

单板名称	提示灯状态		代表的系统情况	故障分析
MP	CK 灯亮		表示系统时钟告警	
	AL 灯亮		表示 MP 板告警	
	M 灯亮		表示此板为主用 MP	
	S 灯亮		表示此板为备用 MP	
	2 个灯亮，并在 00～05 间循环闪烁		MP 运转正常	
	S0	绿灯亮	表示系统不从 2M1（即上行方向）提取外时钟，或 2M1 方向外时钟丢失	2M1 接口异常，或系统没从 2M1 方向提取外时钟的数据时该灯亮
		绿灯灭	表示系统从 2M1 方向提取外时钟，且外时钟正常	
	S1	绿灯亮	表示系统不从 2M2（即上行方向）提取外时钟，或 2M2 方向外时钟丢失	正常情况下，系统首先从 2M1 方向提取外时钟，2M1 接口异常时才从 2M2 方向提取外时钟（注：一般把 2M1 口作为默认的主环，2M2 口作为备环；在系统正常时，用 2M1 接上行站，用 2M2 接下行站）
		绿灯灭	表示系统从 2M2 方向提取外时钟，且外时钟正常	

续表

单板名称	提示灯状态			代表的系统情况	故障分析
DTP	AL 灯亮				表示 DTP 板告警
	M 灯亮			表示此板为主用 DTP	
	S 灯亮			表示此板为备用 DTP	
	3 个灯亮，并在 00～05 循环闪烁			表示本系统与主系统通信正常	
	2 个灯亮，并在 00～05 循环闪烁				表示当前使用的 2M 环通信有故障，但与 MP 通信正常
	1 个灯亮，并在 00～05 循环闪烁				表示当前使用的 2M 环通信有故障，与 MP 通信也发生故障
	没有灯循环闪烁				表示 DTP 板发生故障
	S0	灯亮		表示 2M1 无码流	如果是主系统，表示备环方向，主站与末端站通信发生线路故障；如果是分系统，表示主环方向，该站与上行站通信发生线路故障
		灯灭		表示 2M1 有码流	如果是主系统，表示备环方向，主站与末端站通信线路正常；如果是分系统，表示主环方向，该站与上行站通信线路正常
	S1	灯亮		表示 2M2 无码流	如果是主系统，表示主环方向，主站与下行站通信发生线路故障；如果是分系统，表示备环方向，该站与下行站通信发生线路故障
		灯灭		表示 2M2 有码流	如果是主系统，表示主环方向，主站与下行站通信线路正常；如果是分系统，表示备环方向，该站与下行站通信线路正常
DSP	DL0～DL3 红灯亮				哪一个灯亮，表示对应的那一路 2B＋D 连接发生故障
	AL 灯亮			表示 DSP 板告警	DSP 板发生严重故障
	M 灯亮			表示此板为主用 DSP	
	S 灯亮			表示此板为备用 DSP	
	00～07	1 个灯循环灭		DSP 板运行正常	DSP 板与 MP（或 MPS）通信正常
		只有 1 个绿灯，并循环从下往上依次闪烁			DSP 板与 MP（或 MPS）通信发生故障
		没有灯轮转			DSP 板发生故障
ALC	R0～R7	红灯亮		相应接口收到呼入信号	
	T0～T7	绿灯亮		相应接口发出呼叫信号	

2.2.2.2 CTT4000 调度主机单板配置及状态指示

1. CTT4000 单板配置

（1）单板配置。

CTT4000 调度主机采用标准 19 英寸结构，2 m 或 2.2 m 高；所有单板插框采用 19 英寸 7U 结构，所有单板为 5U 高。单板插框分模块框和时钟/以太网框两种，模块框内除 PWR 和 MPU 板外，其他槽位所有接口板均可混插，如图 2-2-2 所示。

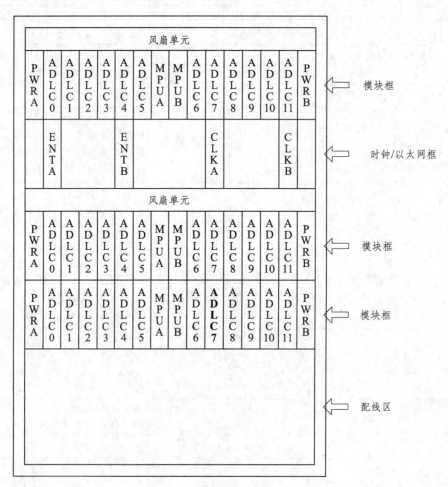

图 2-2-2 CTT4000 单板配置

（2）单板介绍。

MPU 板：模块处理机板，每模块配置 2 块，并行处理方式。内置 16K×16K 大型数字交换网络，256 方会议资源，64 套 DTMF 资源，个性化语音 32 种，信号音 64 种，并为本模块提供全系统同步的各种时钟和时序；完成模块内和模块间的网络交换、呼叫处理和控制。

CLK 板：时钟板，为系统内各模块提供基准同步时钟源，每系统配置 2 块，时钟源完全同步，并行输出；每块时钟板设计有单独的电源，2 块时钟板在物理上完全独立。

ENT 板：100M 以太网板，每系统配置 2 块，并行运行；每板提供 24 个 100M 以太网接口。每块以太网板设计有单独的电源，2 块以太网板在物理上完全独立。

PWR 板：电源板，提供模块框系统所需的电源及铃流，每模块框配 2 块电源板，2 板的直流电源工作为并联热供方式，铃流为热备份。

DTU 板：数字中继处理机板，可选热备份，每板 2 个 A 口，完成系统共线信令、No.1 信令、No.7 信令的处理。

30B + D 板：PRI 接口板，可选热备份，每板 2 个 A 口，完成 DSS1 信令的处理。

DDU 板：2M 触摸屏调度台接口板，每板 2 个 A 口，完成 2M 调度台接口信令等的处理。

DSU 板：数字用户信令处理机板，可选热备份，每板 2/4 个标准 2B + D U 接口，完成标准 U 口信令及调度台信令处理。

ALC 板：接口模块母板，每板提供 8 个接口模块槽位，可混插 8 种不同模块。

（3）接口模块介绍。

CTT4000 系统提供的接口模块种类如下：

SLICM4：用户接口模块（Z 接口）。

SLICMQ：下行区间接口模块。

RCTNM V4.2：环路中继接口模块。

ZCT1M V4.2：磁石接口模块。

ZCT2M：上行区间接口模块。

EMM：E/M 接口模块。

VF24M：二/四线音频接口模块。

V35M：V.35 接口模块。

232M：子速率接口模块。

64KM：64K 同向接口模块。

YD3M：YD-3 接口模块。

DC7M：DC-7 接口模块。

2. CTT4000 单板状态指示

CTT4000 各板件的指示灯含义如表 2-2-9 所示。

表 2-2-9　CTT4000 单板指示灯含义

单板名称	指示灯	含　义
MPU	RUN	有规律闪烁 表示单板运行
	ET1/ET2	ET1 闪烁表示 MPU 板网口 1 工作 ET2 闪烁表示 MPU 板网口 2 工作
	PA	表示该 MPU 板为 A 平面
	PB	表示该 MPU 板为 B 平面
	AL	灯亮表示 MPU 板告警

续表

单板名称	指示灯	含　义
DTU	RUN	快闪表示与 MPU 板通信正常 慢闪表示与 MPU 板通信故障，该 DTU 板不在数字环上或与数字环通信故障
	AL	灯亮表示 DTU 板告警
	M	灯亮表示此板为主用 DTU
	S	灯亮表示此板为备用 DTU
	S0	灯亮表示 2M1 无码流，如果是主系统，表示备环方向，主站与末端站通信发生线路故障；如果是分系统，表示主环方向，该站与上行站通信发生线路故障
		灯灭表示 2M1 有码流，如果是主系统，表示备环方向，主站与末端站通信发生线路正常；如果是分系统，表示主环方向，该站与上行站通信发生线路正常
	S1	灯亮表示 2M2 无码流，如果是主系统，表示主环方向，主站与下行站通信发生线路故障；如果是分系统，表示备环方向，该站与下行站通信发生线路故障
		灯灭表示 2M2 有码流，如果是主系统，表示主环方向，主站与下行站通信发生线路正常；如果是分系统，表示备环方向，该站与下行站通信发生线路正常
DDU	RUN	快闪表示与 MPU 板通信正常 慢闪表示与 MPU 板通信故障
	AL	灯亮表示 DDU 板告警
	M	灯亮表示此板为主用 DDU
	S	灯亮表示此板为备用 DDU
	S0	灯亮表示 2M1 无码流，表示 DDU 板 1 口与触摸屏主机通信发生线路故障
		灯灭表示 2M1 有码流，表示 DDU 板 1 口与触摸屏主机通信发生线路正常
	S1	灯亮表示 2M2 无码流，表示 DDU 板 2 口与触摸屏主机通信发生线路故障
		灯灭表示 2M2 有码流，表示 DDU 板 2 口与触摸屏主机通信发生线路正常
DSU	DL0～DL1	红灯亮 哪一个灯亮，表示对应的那一路 2B+D 连续发生故障
	RUN	快闪表示与 MPU 板通信正常 慢闪表示与 MPU 板通信故障
	AL	灯亮表示 DSP 板告警
	M	灯亮表示此板为主用 DSP
	S	灯亮表示此板为备用 DSP
ALS	AL	灯亮表示 ALC 板告警
	RUN	快闪表示与 MPU 板通信正常 慢闪表示与 MPU 板通信故障
	R0～R7	灯常亮表示对应用户接口用户通话中或外线混线

2.2.3　调度台操作使用

2.2.3.1　触摸屏调度台设置

1. 振铃音设置

不同级别的呼入可以设置不同的振铃音，实现区别振铃；同时可以对振铃音大小进行调节。用户也可以自己导入声音文件，要求文件格式为 wav 文件。

点击"系统设置"，即可弹出如图 2-2-3 所示的中央区域显示的设置界面，点击"选择"即可为不同级别的呼叫选择相应的振铃音。

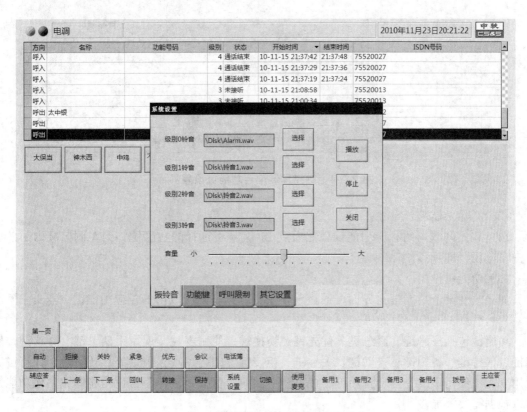

图 2-2-3　触摸屏调度台振铃设置界面

2. 功能键设置

点击"系统设置"，然后选择"功能键"设置项即进入如图 2-2-4 所示的中央区域显示的设置界面。左侧区域显示的是尚未添加的功能键，右侧区域显示的是已添加的功能键。

（1）添加功能键。

选择左侧区域内的相应功能键，然后点击 >> ，将选择的功能键移到右侧区域内，然后点击"应用"即可。

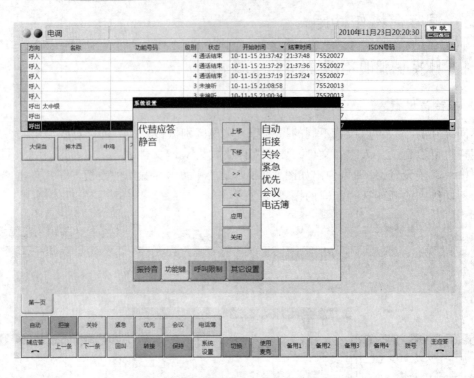

图 2-2-4　触摸屏调度台功能键设置界面

（2）删除功能键。

选择右侧区域内的相应功能键，然后点击 << ，将选择的功能键移到左侧区域内，然后点击"应用"即可。

（3）功能键排序。

如要改变某个功能键在界面上的显示顺序，选择右侧区域内的相应功能键，点击 上移 或 下移 ，然后点击"应用"即可。

功能键包括拨号键、紧急键、优先键、切换键、使用麦克（使用手柄）键、会议键、转接键、保持键、备用键、自动键、关铃键、拒接键、回叫（重拨）键等。转接键、保持键、使用麦克（使用手柄）键、备用键、拨号键、回叫（重拨）键等为常设功能键，其他功能键可以根据需要添加。

（4）拨号键。

呼叫没有预设定义按键的用户，需要通过拨号呼叫，这种情况下使用"拨号"功能键。先点击"拨号"键，在弹出的拨号盘输入被叫用户的 ISDN 号码或功能号码，然后点击"呼出"即可。

（5）自动键。

本键开启用户呼入时，调度台会自动接听，不需要手动接听。

（6）切换键。

本键是主、辅通道切换键，通话中使用该功能键可以在麦克风、手柄间进行切换。

（7）使用麦克（使用手柄）。

本键用来确定麦克风或手柄的主用状态，当本键显示为"使用麦克"时，通话使用主通道；当本键显示为"使用手柄"时，通话使用手柄。

（8）会议键。

本键用来临时组织多方会议（适用于车站值班台）。

按下"会议"键，进入会议状态，依次点击要呼叫的用户按键，即可把这些用户同时呼出，实现全双工会议。

（9）转接键。

使用本功能键可将来电转接至其他用户，需在接听来电后操作。

（10）保持键。

使用该功能键将正在通话中的用户保持。通话中，有同优先级用户呼入或需要联系其他用户时，若想接听该用户来电或呼叫其他用户又不想挂掉当前通话时，可使用保持键将当前通话保持，接听新的来电或呼叫其他用户。被保持的用户显示绿三角，点击被保持用户按键即可恢复通话。

（11）紧急键。

使用该功能键，发起紧急呼叫。当被叫用户正在通话时，调度员或值班员可通过紧急键将呼叫优先级升至 0 级，强插进出，被叫用户当前通话被拆除。

（12）优先键。

当被叫用户正在通话时，调度员或值班员可通过优先键将呼叫优先级升至 2 级，强插进出，被叫用户当前通话被保持。

（13）备用键。

当呼入的用户在单呼、组呼键区没有预定义的按键时，该用户呼入时将占用备用键，呼叫状态和号码显示在备用键上。

（14）主应答、辅应答键。

通话时，这 2 个按键分别显示为主挂机、辅挂机，可以点击主挂机或辅挂机来结束本次通话。

（15）拒接键。

拒接来电。

（16）关铃键。

关闭铃声，有呼入时，调度台不振铃。

3. 音量设置

点击"系统设置"，然后选择"其他设置"即进入如图 2-2-5 所示的中央区域显示的设置界面。喇叭图标代表受话音量，麦克风图标代表送话音量；左机指辅通道手柄，右机指主通道手柄（麦克风和外置音响）。

4. 添加、删除拨号盘中的机车类型

点击"拨号"即弹出如图 2-2-6 所示的界面。

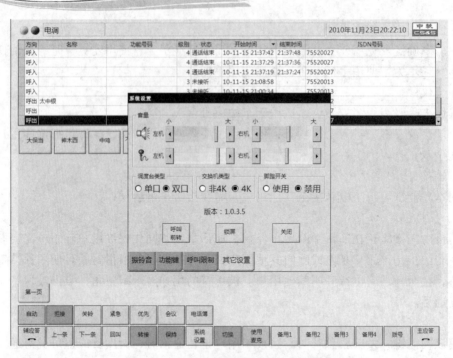

图 2-2-5　触摸屏调度台音量设置界面

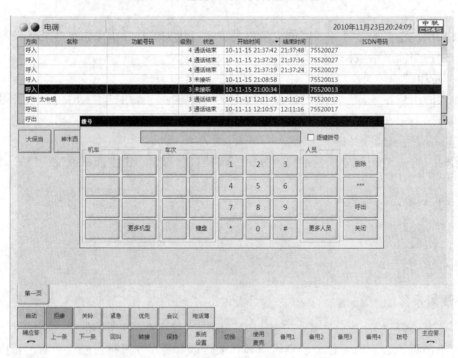

图 2-2-6　添加拨号盘中的机车类型界面一

点击"机车"区域内的某个空白键，弹出"选择机车类型"对话框，如图 2-2-7 所示，选择相应的机车，然后单击"确定"键，即为该空白键定义了所代表的机车。

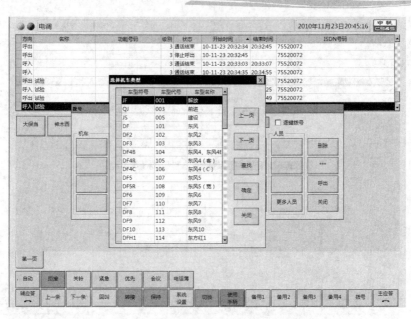

图 2-2-7　添加拨号盘中的机车类型界面二

如要删除机车区域某个按键所代表的机车类型，只要一直按住该键，即会询问是否删除，点击"是"即可，如图 2-2-8 所示。

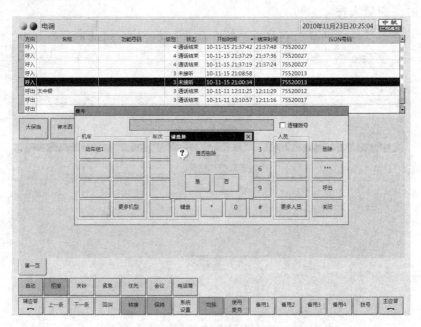

图 2-2-8　删除拨号盘中的机车类型界面

5. 添加、删除拨号盘中的车次（字母）热键

点击"车次"区域内的某个空白键，弹出"键盘"界面，如图 2-2-9 所示，选择相应的字母、数字或组合，然后点击"确定"键，即为该空白键定义了所代表的车次或常用字母。

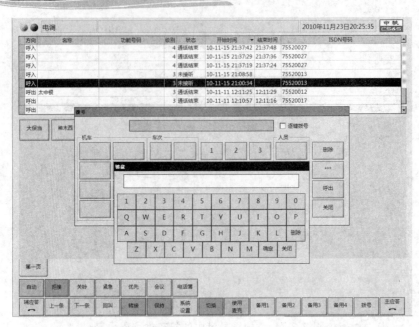

图 2-2-9   添加拨号盘中的车次（字母）热键

删除方法同上。

6. 添加、删除人员

点击"人员"区域内的某个空白键，弹出"选择功能码"对话框，如图 2-2-10 所示，选择相应的人员，然后点击"确定"键即为该空白键定义了所代表的车上人员。

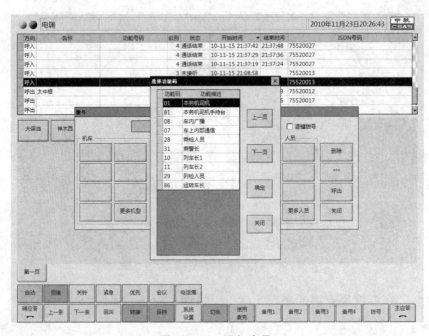

图 2-2-10   添加人员

删除方法同上。

2.2.3.2　触摸屏调度台呼叫操作

1. 一般呼叫操作

（1）按键呼叫。

点击单呼、组呼键区相应的用户按键呼叫，如图 2-2-11 所示。

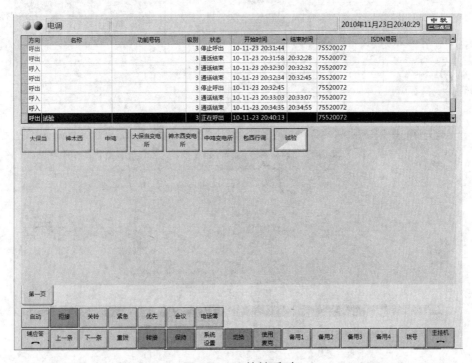

图 2-2-11　按键呼叫

（2）拨号呼叫。

ISDN 号呼叫：点击"拨号"，在弹出的拨号盘中输入对方的 ISDN 号，然后点击"呼出"即可。移动用户的 ISDN 号以 149 开头，固定用户的 ISDN 号以 7 开头。

车次功能号呼叫：在弹出的拨号盘中输入列车车次，选择车上人员，点击"呼出"即可，如图 2-2-12 所示。

机车功能号呼叫：在弹出的拨号盘中选择相应的机车类型，输入机车编号，选择车上人员，点击"呼出"即可，如图 2-2-13 所示。

（3）会议呼叫。

当调度员需要呼叫多个用户时，只需依次点击相应的用户按键即可；当车站值班员需要呼叫多个用户时，需要先点击"会议"键，然后依次点击相应的用户按键或拨号呼叫即可。

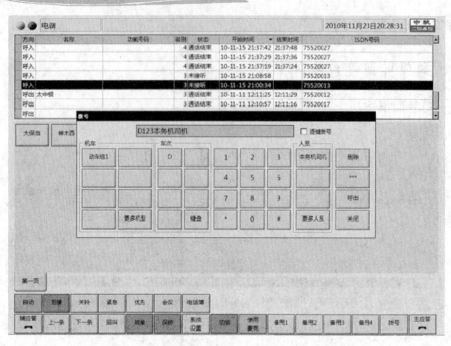

图 2-2-12　车次功能号呼叫

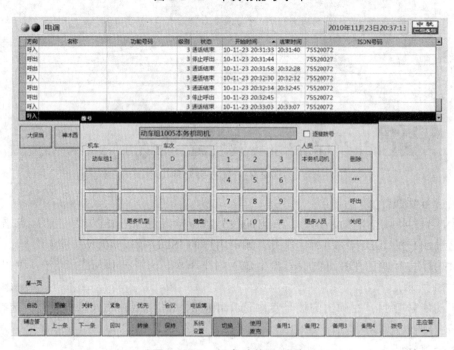

图 2-2-13　机车功能号呼叫

2. 高级呼叫操作

（1）呼叫前转。

调度台、值班台可以将呼叫前转至系统内其他用户（调度台、电话终端）或系统外用户。

点击"其他设置"上的"呼叫前转"按钮，即弹出呼叫前转设置对话框，前转类型有 3 种：无条件、无应答、遇忙。在前转类型下面输入前转目的号码或选择前转目的用户即可，如图 2-2-14 所示。

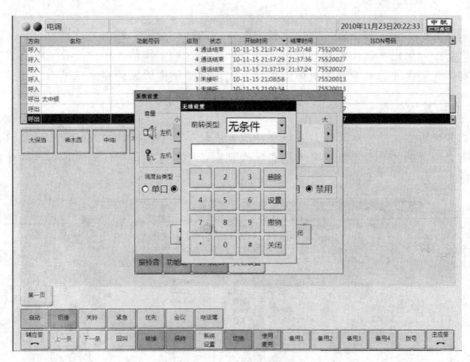

图 2-2-14　呼叫前转

（2）呼叫转接。

调度台、值班台可以将当前通话转接至第三方。通话后，点击"转接"功能键，然后点击要转接的目的用户按键或点击"拨号"，在弹出的拨号盘中输入目的号码，然后呼出即可。

（3）呼叫保持。

通话中，有同优先级用户呼入或需要联系其他用户时，可使用保持键将当前通话保持，接听新的来电或呼叫其他用户。被保持的用户显示绿三角，点击"被保持用户"按键即可恢复通话。

（4）紧急呼叫。

调度台、值班台呼叫某个用户，若该用户处于通话时，可以发起紧急呼叫，直接与对方通话。点击"紧急"功能键，然后点击要呼叫的用户即可。

2.2.4　调度网管数据配置

系统数据是系统正常运行的最关键的参数，因此配置系统数据是维护台管理程序的核心。调度专用通信系统的数据主要分为环数据和车站数据，它是调度系统网管维护部分的核心。对应各种不同的使用方式，维护台数据的配置方法也不尽相同，下面将分别加以阐述。在配置调度专用通信系统的数据过程中，应遵循先配置环数据再配置车站数据的基本原则。

2.2.4.1　环数据配置

在系统菜单上的"数据管理"中选择"配置环数据"选项，弹出环数据窗口，在此窗口中用户只需按分页提示逐步配置与环有关的数据。在这项工作前，用户需要了解将要配置的数字环有哪些调度业务和业务的具体应用情况。下面举例说明如何在系统中添加新的环。

1.　车站基本信息

正如大家所熟知的，各车站分系统是构成调度环的基本要素，因此在添加新环时，应首先将其所应包含的各个分系统的基本信息输入到系统中，才能进行环的其他信息的配置，如图 2-2-15 所示。

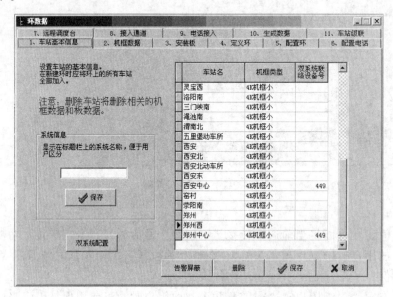

图 2-2-15　车站基本信息配置

加入新站时，按键盘上的"Tab"键直到表中出现空白栏，在此栏中输入相应的车站名，然后选择相应的机框类型（下拉菜单中有显示），即不同的机框将配置不同类型的背板。4K系统选择的是"4K 机框小"。

若配置完车站的安装板后，再回过来在此页中删除车站，那么与此站相关的机框数据以及单板数据（以后将逐步配置）将会一并删除。

因为在数据配置过程中，数据具有紧密的相关性，因此在配置完每一步时，必须按"保存"按钮，以确保配置或修改的数据写入数据库，才能在以后的配置过程中起作用，否则数据库中的数据将不会被更新。

2.　机框数据

所谓机框数据是指各槽位处理机编号、PCM 线的使用和系统的逻辑设备号等系统运行的基本数据。这些数据在设备出厂时已配置完毕，除非特殊情况，一般对该数据不做修改，若有特殊需要，用户必须在厂家专业技术人员的指导下才可进行数据的修改。选择"机框数据"点击"4K 机框数据"按钮，如图 2-2-16 所示。这里的各模块的机框数据均自动配置完毕，用户不需要进行修改。模块链接仅在添加模块时需要修改，模块位置用于在维护界面上显示各模块的次序，如图 2-2-17、图 2-2-18 所示。

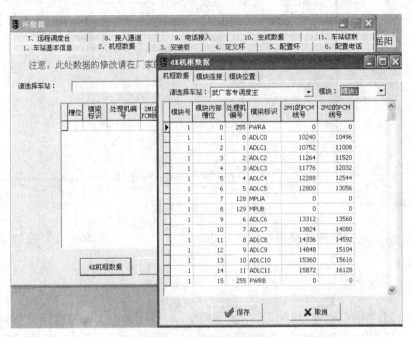

图 2-2-16　4K 机框数据

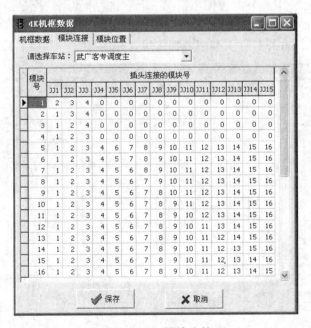

图 2-2-17　模块连接

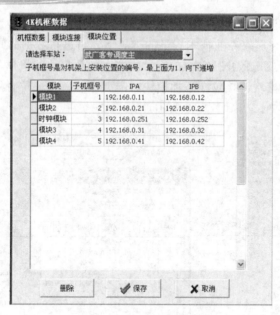

图 2-2-18　模块位置

模块位置用于定义配置各模块在设备状态中显示的位置，同时定义各模块 A、B 2 个平面的 IP 地址。

3. 安装板

在此项中用户可根据各站的需要，为在第一步中添加的车站配置相应的板卡，如图 2-2-19 所示。首先用户应选择车站，然后选择模块，根据实际要求进行各种板的配置；然后用户还必须选择 DTU 板卡的外时钟使用情况。所谓外时钟使用情况是指该板卡是否从 2M 提取时钟，完成全系统的时钟同步。外时钟选项包括不使用、使用 E8KA（从 2M1 提取外时钟）、使用 E8KB（从 2M2 提取外时钟）和两者都使用 4 种情况。

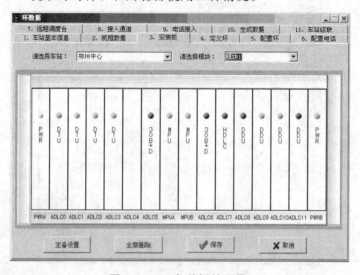

图 2-2-19　各种板的配置

注意：

（1）在配置 DTU 板外时钟时，对于主系统（主站）中的 DTU 板，外时钟应选择不使用；由于分系统要进行主、备用通道保护，所以对于分系统（小站）中的 DTU 板，推荐选择两者都使用。

（2）除 MPU 板和 PWR 板安装固定位置外，其他板可以随意配置在任意空槽位中。

4. 定义环

该项的主要功能是将以上配好的各个车站分系统根据实际的物理位置添加到环上，初步形成一个环的框架。如图 2-2-20 所示，在窗口的左侧表中列出的是系统中环的基本信息，如环号、环名（用户可以根据记忆方便来定义名字）等。添加新环的方法与上面提到的添加车站的方法相同。

图 2-2-20　环基本框架搭建

注意：环号一定不能为 0。

当环信息表的指针指向某一个环时，在窗口右侧的表中将出现当前环上所有车站的名称、该站在此环上的位置以及本站接入到当前环上所用的 DTU 板的槽位号。

用户需要向当前环上添加车站时，只需在"环上位置"一栏中写入该站在环上的位置，然后在车站一栏对应的下拉列表框中选择系统中已添加并配置了 DTU 板的车站，最后在 DTU 板槽位一栏中选择该站 DTU 板的槽位号即可。对于此项需注意以下几点：

（1）车站在环上的位置是本站在环上的顺序号，必须是从 0 开始的连续的数字，不能重复。

（2）0 号站代表主站。采用双中心组网方案时，0 号站代表主用中心，255 号站代表备用中心。

（3）如果 1 个车站同时接入 2 个环中，则该站在 2 个环中所使用的 DTU 槽位号一定不能相同。

（4）如果需要将某一车站从环上删除，且已经在以后的步骤中为该站分配了远程调度台或数字共线等，那么应首先将为该站分配的远程调度台或数字共线等删除；否则，该站将不能从环上删除。

至此，一个环的基本框架就搭好了。

5. 配置环

所谓配置环就是配置各环 PCM 时隙的使用方式，如图 2-2-21 所示。其主要包括数字电话、数字共线、闭塞电话、数字通道、自动电话等。

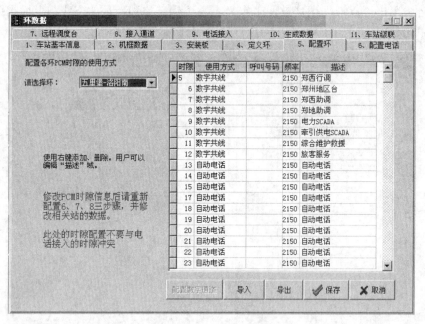

图 2-2-21　配置环

数字电话：指同一个环任意 2 个站之间的联络电话，占用 1 个固定的时隙。该时隙为专用时隙，只用于预定义的 2 个车站间通话时使用。

数字共线：指某个时隙为共线时隙时，占用 1 个固定的时隙。该时隙为专用时隙，只用于该时隙在环上各站的分机与总机通话时使用。

闭塞电话：指站间行车电话，包括闭塞上行和闭塞下行，占用 2 个连续的时隙。实际使用中使用 1 个时隙，另一个时隙为备用时隙。该时隙为专用时隙，分段用于邻站通话时使用。

数字通道：指提供站间数据通信业务，占用 2 个连续的时隙，实际使用中使用 1 个时隙，另一个时隙为备用时隙。

自动电话：自动电话时隙使用时，由主系统动态分配，用于基于 ISDN 号码寻址的呼叫。一般均将环中所有的空闲时隙配置为自动电话。

实际上在这里只对各环 PCM 时隙的使用方式进行预分配，各种使用方式的具体数据将在以后的第 6、7、8 步中配置。因此，此页中的信息一旦改变，则以后的第 6、7、8 步必须重新再来。

在此页（见图 2-2-21）中，首先需选择要进行配置的环名，在窗口右侧的表中将会出现该环上所有的 PCM 使用方式及其所占用的时隙号。初次配置时为空，在表中单击鼠标右键将会弹出快捷菜单，选择菜单中的相应项目，可向环中添加或删除 PCM 时隙的使用方式。对于新添加的 PCM 时隙的使用方式，用户不用选择它对应的时隙号，因为时隙的管理由系统自动完成，用户没有必要再参与管理。

在此步骤中，用户仅需对 PCM 时隙的使用方式的具体描述做出相应的修改。对于描述的内容一般以实际业务来描述，要尽量做到明确标示，以方便以后的数据配置，如行调、电调、货调、工务、车务等。

用户还可以将当前的某个环的 PCM 使用方式的配置情况导出到指定的地点作备份，以备将来数据遭破坏时，导入备份数据，快速恢复系统。

6. 配置电话

在这里将对在第 5 步中分配给环的数字共线、数字电话两种 PCM 的使用方式进行具体配置，使之分配到具体的车站。

（1）配置数字电话。

在此步骤中仍需首先选择所操作的环，在左侧表中（见图 2-2-22）将出现在第 5 步中为该环分配的所有的数字共线、数字电话。

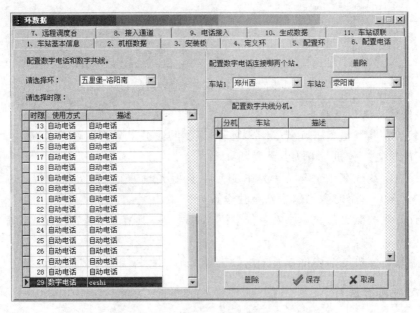

图 2-2-22　配置电话

在此表中选择某个数字电话时隙，然后在窗口的右上方区域中设置该数字电话所连接的 2 个站，用户只需在相应的下拉列表框中选择 2 个相对应的车站即可。此业务一般用于 2 个不相邻站之间的语音或数据业务。

注：在此处单击"删除"按钮，实际上只是清除该数字电话的起始站和终端站，而不是删除该数字电话的时隙。

（2）配置数字共线。

在此表中（见图 2-2-23）选择某个数字共线业务，然后可在窗口右下方的表中分配在此数字共线上的所有共线分机。在这里，用户必须清楚各个共线业务的实际应用（如具体有几个分机、各分机是由哪个站出去的）。如果要在某一数字共线中添加 1 个共线分机，就应在其对应的表中增加 1 条记录，而分机的分机号需要由用户自己分配，同时还要选择获得该分机号的车站。在表中描述一栏，用户可对分机进行详细描述，以便于以后查阅和修改。

图 2-2-23　配置数字共线

对于该操作，有以下几点需要说明：

① 1 条数字共线最多可配置 64 个共线电话，共线分机号必须是 1 至 63 之间的 1 个数，且分机号不能重复，分机号 0 为共线总机。

② 一种数字共线在 1 个车站（分系统）最多可分配 9 个共线分机；若超过 9 个分机，用户可以重新再开一个时隙为这个站单独设置分机。

③ 所有分机的概念都是对小站（分系统）而言，一般情况下，在主站（主系统）不能分配共线分机。

④ 对于共线分机的描述推荐，采用分机号 + 站名 + 共线业务名的方式。

7. 配置远程调度台

如果在第 5 步中为某一环分配了远程调度台，则需在此设置其基本属性，如图 2-2-24 所示。与上面第 6 步一样，应首先选择分配远程调度台的环，在窗口右下方的列表中将列出分配给该环的远程调度台所占用的时隙，然后选择要配置的调度台所占用的时隙，最后设置该调度台的所有站名称（管理端一般为主系统）以及放置该调度台的车站名称（连接端）。

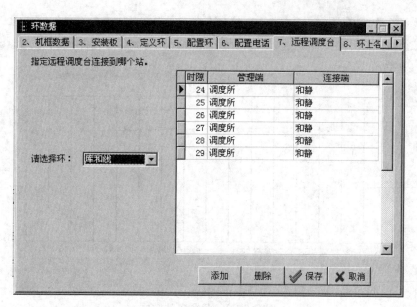

图 2-2-24　配置远程调度台

8. 生成数据

以上完成了环数据的基本配置，在此主要是将以上为各站配置好的 DTU 端口数据生成为系统可识别的统一的设备号。这里第一次出现了设备号的概念，以后将会经常出现，因此有必要对其进行解释。

交换机的接口按用途一般可分为用户接口和中继接口两大类，按传输方式又分为模拟接口和数字接口，不论该接口的用途和传输方式如何，对于交换机进行交换时只认为这是一种接口，因此就需要对接口进行统一编号，即逻辑设备号。所谓设备号就是指交换机可识别的内部统一的各种接口的逻辑编号。在本系统中，设备号由系统统一管理，用户不需要进行干预。如确要进行人工干预，请在厂家指导下进行。

生成完 DTU 数据后，环数据配置完毕。此时，用户可以利用系统提供的绘图功能在组网图中添加车站、环状态线等图标，随后可以进行具体车站数据的配置。

2.2.4.2　车站数据配置

与环数据配置过程极为相似，车站数据配置的过程也是分为几个步骤进行，用户仅需按照提示的步骤向后逐步配置，即可顺利完成车站数据的配置过程。车站数据配置的关键是用户要熟悉车站的业务和具体业务的呼叫流程。下面就以配置某站的数据为例说明车站数据的配置过程。

在表示车站的图形上单击鼠标右键，弹出快捷菜单，选择配置车站数据，弹出如图 2-2-25 所示的窗口。

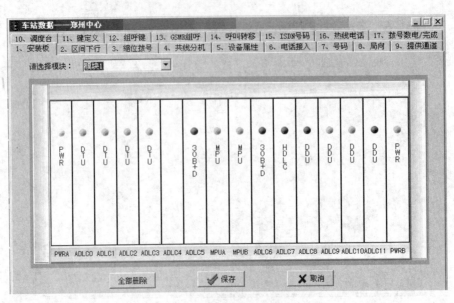

图 2-2-25　配置车站数据

1. 安装板

此处主要是系统对 DDU 板、DSU 板、ALC 板以及 TNI 板等接口板的端口进行分配。

在这里出现了端口号的概念，它与设备号的区别在于前者是本板内端口的编号，而后者是整个系统内设备的逻辑编号。

下面对每种板的配置中的问题分别加以说明。

（1）每个 DSU 板（2B + D 接口板）有 2 路端口，每路端口可以连接 1 个调度台（值班台）或数字终端。生成数据时，系统会自动给 DSU 板的每一路加以描述，其意义为 DSP + 模块号 + 槽位号 + 端口号，用户可以根据实际需要加以更改，如图 2-2-26 所示。

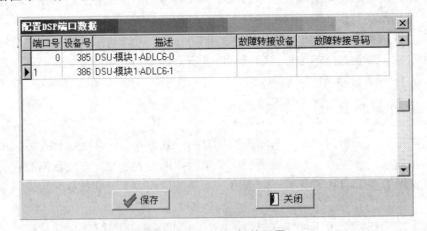

图 2-2-26　DSU 板的配置

（2）每个 ALC 板（模拟接口板）有 8 路端口，每路端口可以任意配置不同的端口类型。用户可根据实际需要在端口类型对应的下拉列表框中选择不同的端口类型，如图 2-2-27 所示。

图 2-2-27　ALC 板配置

具体说明如下：

普通用户：用于接入自动电话分机或共电电话分机（包括区间电调），相当于老式集中机的共总盘。

区间上行：用于接入上行区间回线。

区间下行：用于接入下行区间回线。

磁石：用于接入磁石电话或磁石对端设备。

环路：用于接入市话局或其他交换网的用户线，或接老式集中机的共总盘和扩音广播机（向外馈 24 V 电）。

E/M 接口：用于为其他应用提供通道或做录音输出使用。4K 系统中，2 线、4 线音频接口是同一种模块，只需设置模块上的跳线器即可。

2 线音频：一般用于提供 2 线音频通道。

接入模块：用于公网等外部网络的自动电话接入。

64K 同向：用于配置数据传输端口。

DC-7 模块：用于接入老式的 DC-7 分机。

注意：64K 同向和 DC-7 模块占 ALC 板上的 2 个接口位置（相当于两个接口），即它的下一路不能再配置任何端口。

（3）每个 TNI 板（音频选号板）包含 4 路，每一路都可以配置为音频总机或音频分机，如图 2-2-28 所示。

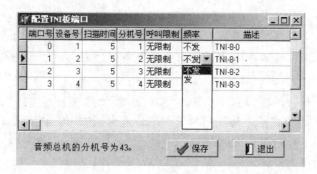

图 2-2-28　TNI 板配置

如果 TNI 板的一路配置为音频总机时，要注意音频总机的分机号一定要设置为 43；而音频分机的分机号必须为 1~42 间的 1 个号码。

表中（见图 2-2-28）的频率一项对应的"发"与"不发"选项是指该端口是否发送音频频率。在本系统中，无论音频总机还是音频分机都应设为发送频率。

注意：

① 以后配置过程中很多功能的实现都依赖于此处生成的设备号，因此，在配置此处数据时，一定要对每一块接口板都进行数据配置，并检查配置是否有遗漏情况。

② 此窗口中只能添加或删除 MP、PWR、DDU、DSU、ALC、TNI 6 种板，对于 DTU 板的添加与删除必须在配置环数据时进行。

2. 区间下行

如果在上一步分配本站 ALC 板端口数据时，为 ALC 板分配了区间下行电话，则需要在此为这些区间下行电话分配呼叫的目的设备端口。具体配置过程如图 2-2-29 所示。

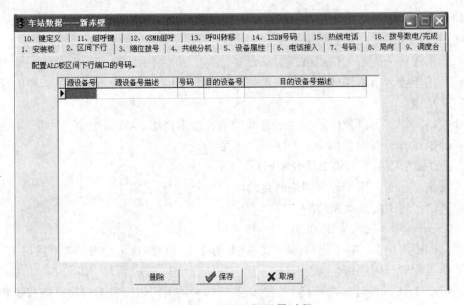

图 2-2-29　区间下行配置过程

（1）选择源设备。

如果在上一步中为本站配置安装板数据时，为本站的 ALC 板分配了区间下行端口，就可在源设备一栏对应的下拉列表框中选择给出的源设备。

（2）分配号码。

区间下行呼叫的号码必须为 0、2、4、5、6、7 中的 1 个。

号码 1、3，系统已经定义了其呼叫对象，用户可直接使用。其中拨 1 呼叫本区间内所有区间电话，拨 3 呼叫下行站上行区间接口。

（3）选择呼叫的目的设备。

选择目的设备的方法是在目的设备号一栏所对应的栏中用鼠标左键单击两下，将出现省略号按钮，点击此按钮将出现选择设备对话框，如图 2-2-30 所示，从这个窗口中可以选择目的设备。

图 2-2-30　选择设备对话框

注意：对于区间下行电话的同一呼叫号码绝对不能对应 2 个不同的目的设备。

至此，完成了一个区间下行电话的配置。在 GSM-R 区段不用配置区间电话业务。

3. 缩位拨号

此项设置是为了以普通自动电话代替值班台（或调度台），实现通过拨某些特定的简单的号码来呼叫指定的用户的功能。缩位拨号界面如图 2-2-31 所示，点击"选择设备"按钮，弹出如图 2-2-32 所示的对话框，在此选择要配置的缩位。

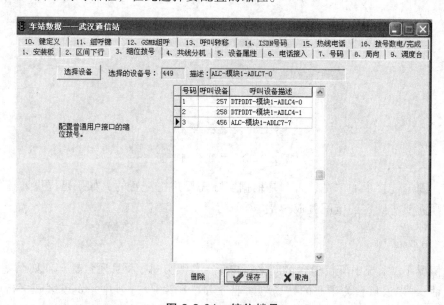

图 2-2-31　缩位拨号

拨号的端口包括已配置的端口和可配置的端口。注意，此处可选择的端口只能为普通用户接口。

选择完端口后，在图 2-2-27 所示的表中配置此端口的呼叫号码以及呼叫设备（呼叫目的端口）。

注意：此处的号码为一位号码，即只能从 0 到 9，也就是说最多能呼叫 10 个用户；呼叫设备可以为系统中的任意设备。

4. 共线分机

如果在配置环数据过程中将数字共线分机分配给了本站，如图 2-2-33 中所示，则进行此步时表中将会出现所有分配给本站的共线分机。同配置区间下行电话相似，用户需为这些共线分机指定呼叫的目的设备，不同的是共线电话采用的是立接呼叫方式。所谓立接呼叫方式是指当用户使用当前端口呼叫时，不用拨号，一摘机立即呼叫指定的端口。

图 2-2-32　选择与配置缩位拨号的设备

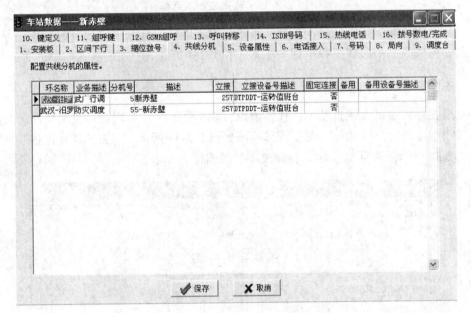

图 2-2-33　共线分机配置

注意：固定连接中的"是、否"是根据实际需要进行配置的，如果是提供通道的数字共线业务，则需要将固定连接配置成"是"。

5. 设备属性

一般情况下，系统中不仅包含区间下行电话、共线分机，而且还包括其他如闭塞电话（站间行车电话）、以值班台为中心的站场电话业务等，在第 2、3 步中指定了区间下行电话、共线分机的源设备、目的设备及其他相关属性，其余业务的相关属性在此步中配置。这一步是分系统正常工作的关键。

如图 2-2-34 所示，点击窗口上的"添加"按钮，将弹出添加设备属性对话框，在此完成添加新设备属性的配置。

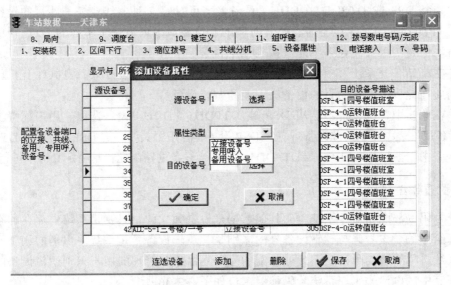

图 2-2-34　添加设备属性

设备属性的源设备号是指呼叫的起始端口的逻辑设备号，可以通过点击与之相对应的"选择"按钮来选择。

目的设备号是指呼叫的目的端口的逻辑设备号，可以通过点击与之相对应的"选择"按钮来选择。

对于其中出现的呼叫的属性类型的说明如下：

立接设备号：指源设备呼叫目的设备时，采用立接呼叫方式，即不用拨号，直接呼叫。

专用呼入：指呼叫的目的设备只允许指定的源设备呼入，其他设备呼叫该设备时，听到的是忙音。

备用设备号：指目的设备作为源设备呼叫的备用设备，当主用目的设备出现故障时，系统自动呼叫备用设备。

为了更加简要地介绍配置的方法，在这里就不一一列举每项业务的配置方法，只是将配置过程中需要注意的问题列举如下：

（1）对于分系统（小站）共线分机已经在第 3 步中配置过了。因此，此步中不能再对数字共线进行配置，即源设备不能从 DTU 板中的数字共线设备中选择（在添加设备属性窗口中点击"选择"按钮，将出现设备选择窗口，如图 2-2-35 所示）。

对于主系统，一般情况下系统总机都是由此接

图 2-2-35　设备选择窗口

出，因此在主系统中 DTU 板中的数字共线设备可以配置成立接到 DSP 或 DTPDDT（DDU）设备，即源设备号可指定为 DTU 板中的数字共线设备，同时以 DSP 设备或 DTPDDT（DDU）作为系统总机。

（2）1 个 DSP 或 DTPDDT（DDU）设备最多可对应 7 种共线业务，即目的设备为某一 DSP 或 DTPDDT（DDU）设备时，与其对应的源设备最多可为 7 个不同的 DTU 板中的数字共线设备。但是一种共线业务不能立接到几个台子。

（3）在小站（分系统）中，由于共线设备只有共线分机可以呼入，且共线分机已经配置过了，因此在此步中选择的目的设备决不能为共线设备。

（4）在此步中，源设备不能从 DSP 或 DTPDDT（DDU）设备选取。用户配置主站设备时，在设备属性表中看到的源设备对应的 DSP 设备是在配置共线呼到 DSP 或 DTPDDT（DDU）设备时由系统自动生成的。DSP 或 DTPDDT（DDU）设备的路由配置是在定义键中进行配置的。

6. 配置系统号码

系统号码的分配相对于系统内的其他数据来说是独立的，只要是系统中存在的端口就一定要分配给号码。该号码与逻辑设备号的区别是：逻辑设备号是系统内识别的用于端口间交换的由系统自主管理的号码；而此处分配的号码是由用户管理的用于识别逻辑设备的号码，即相当于家中的电话号码。系统号码配置窗口如图 2-2-36 所示。

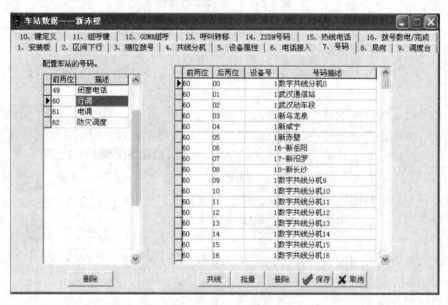

图 2-2-36　系统号码配置窗口

系统内的号码分为两部分：组号和组内号码。因此为某一设备配置号码时，先要指定组号，再指定组内号码，最后指定对应的设备号以及号码描述。

一般情况下，号码分配有一个约定俗成的原则：组号为 20 的号码一般分配给 ALC 板端口；组号为 22 的号码一般分配给 DSP 或 DTPDDT（DDU）板端口；组号为 23～48 的号码一般按时隙号依次分配给数字共线设备；号码 4900 是闭塞上行，4901 是闭塞下行；组号为

51 及以后号码分配给模拟共线设备。另外，远程调度台的管理端必须要为其分配号码，而在放置端则不需为其分配号码。

为减少配置号码过程中的重复工作，系统中提供了批量配置号码的功能。

7. 局　向

基于号码寻址或功能寻址的呼叫需要配置局向数据。局向数据指当本交换机用户与其他交换机用户相互呼叫的号码方案，包括两部分：本局字冠和出局数据配置。

本局字冠是指本局在整个网中的编号。如本局内某一用户的号码是 75170×××，这里的本局字冠为便于做出局分析，一般为 5 位或 6 位，因此本局字冠就应设为 75170，号码分析长度应该设为 8。

当本局内的用户呼叫本局以外的 ISDN 号码时，需要根据不同的局号设置出局设备。此处的局号就是呼叫出局号码要拨的占用中继设备的标示号码（即相当于另一局的本局字冠）。

如图 2-2-37 所示，当呼叫局号为 751701 的交换局的用户时，本局用户摘机后先拨打号码 751701，占用设备号为 9 的中继设备（自动电话时隙），语音都通过该设备传递。这里要注意，如果是主系统呼叫本地数字环中分系统用户要配上对应环上位置，若是呼叫 GSM-R 手持台或 CIR 则不需要配置（如 149、2、3、8 等）。

图 2-2-37　局向配置

8. 配置调度台

如果在第 1 步中对端口进行了配置，在此就可以为当前站配置调度台（值班台）。在这里主要是设置调度台（值班台）的相关属性。如图 2-2-38 所示，用户首先选择连接此调度台（值班台）的端口，然后设置调度台名称、类别等。

图 2-2-38 配置调度台

用户还可以根据需要为调度台选择备用设备。通常情况下，建议用户使用普通用户接口（自动电话）作为值班台（或调度台）备用设备。详细的操作方法参见《调度台操作手册》。

CTT4000 系统还提供了将调度台通话时的语音通过模拟端口输出的功能。图中（见图 2-2-38）的"通道 1 输出设备"及"通道 2 输出设备"两项配置分别指定了两个 B 通道的输出设备。一般情况下，采用 VF24M（2/4 线音频）来作为语音输出设备。

注意：对于此项中的 DSP 中继、固定连接和数字通道在正常数据配置中不必进行设置，这几项只有在进行特殊业务配置时，需要进行设置。

9. 键定义

按键式调度台（值班台）的按键定义在此项完成，触摸屏调度台的按键配置单独进行说明。调度台（值班台）的每一个键都可以配置相应的呼叫对象，用户可根据具体情况对各个键进行配置。如图 2-2-39 所示，各项数据具体说明如下：

① 键号：指调度台（值班台）上单呼、组呼键区内的键的顺序号，排列顺序为由左至右、由上至下，对于大型操作台键号依次为 1、2、…、47、48，而对于小型操作台键号依次为 1、2、…、25（详见操作台手册）。

② 键名称：指对于此键功能的简单描述。

③ 全呼：指当在调度台上按全呼功能键时，是否可以呼到本键所对应的呼叫对象。

④ 可呼出：顾名思义此项定义的是该键是否可以呼出。

⑤ 线路类型：线路类型定义。线路类型具体如下：

非共线：定义为非共线的用户不能与调度员（值班员）一起讲话。分系统的值班台一般将本系统用户和闭塞用户定义为非共线；主系统的调度台一般将台间联络用户定义为非共线。

图 2-2-39　调度台按键配置窗口

模拟：指音频调度回线的用户。

数字：一般在调度台侧将调度分机设置为数字。

本地上共线：指将本地用户作为数字共线用户使用，只有当主系统有本地用户呼叫调度时，才需要将线路类型设置为本地上共线。

⑥ 呼叫号码：定义该键呼叫的用户对应的系统号码。单击两次呼叫号码所对应的栏目，将会出现省略形式的按钮，点击此按钮将弹出选择号码对话框，用户可以从中选择用户对应的系统号码或直接输入。

10. 设置组呼键（适用于按键式操作台）

设置组呼键可以实现按一键同时呼叫多个单键对应的用户。其中的组呼键名与上一步中的键号同样是指调度台（值班台）上组呼、单呼键区的键的顺序号，如图 2-2-40 所示。

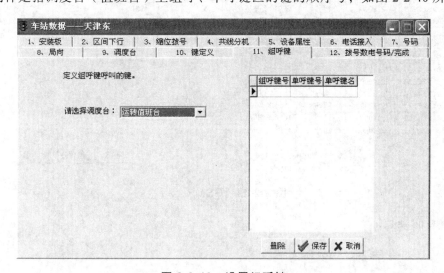

图 2-2-40　设置组呼键

11. GSMR 组呼

用于在预定义区域、预定义用户之间的组呼叫和广播呼叫。

由 MSC 发起的组呼，预定义用户中调度身份用户超过 5 个，且 FAS 用户为 2 个以上时，在 GCR 中采用虚拟用户号标识全部 FAS 用户，由 FAS 组织该部分用户的组呼。

由 FAS 用户发起、MSC 组织的组呼，虚拟号码一项为发起组呼的 FAS 用户的 ISDN 号，该组呼对应的右侧列表中，呼叫方式选择"设备号"方式，目的设备号为出局配置中到"149"局的出局设备号。

由 FAS 用户发起的组呼，组呼成员中包含移动用户且 FAS 用户为 2 个以上时，虚拟号码一项为发起组呼的 FAS 用户 ISDN 号，该组呼对应的右侧列表中，呼叫 FAS 用户选择"号码"方式，目的设备号为出局配置中到该 FAS 用户所在分系统的出局设备号，目的设备号码就是该 FAS 用户的 ISDN 号；呼叫移动用户呼叫方式选择"设备号"方式，目的设备号为出局配置中到"149"局的出局设备号。

由 MSC 发起的组呼，预定义用户中调度身份用户超过 5 个，且 FAS 用户为 2 个以上，由 FAS 组织该部分用户的组呼。此类组呼在主系统侧定义，虚拟号码如实填写，该组呼包含的 FAS 用户在右侧列表中定义。

由 FAS 组织或发起的 GSMR 组呼如图 2-2-41 所示。

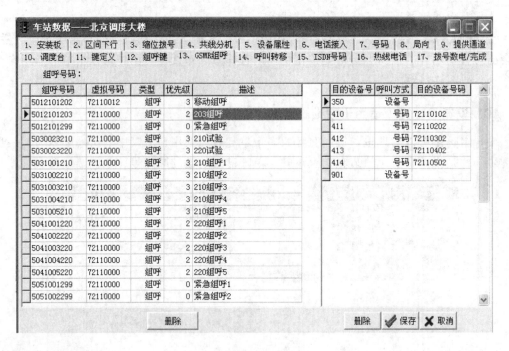

图 2-2-41　GSMR 组呼

12. 呼叫转移

呼叫转移如图 2-2-42 所示。

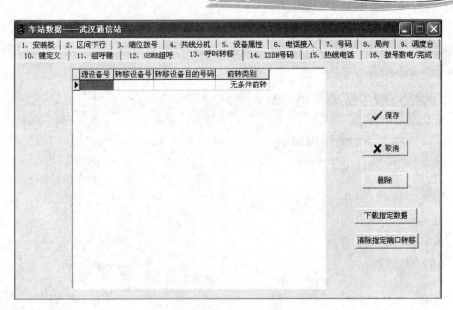

图 2-2-42　呼叫转移

13. ISDN 号码

这里指的是对系统内的调度台（值班台）及电话用户根据编号方案进行号码的分配，如图 2-2-43 所示。

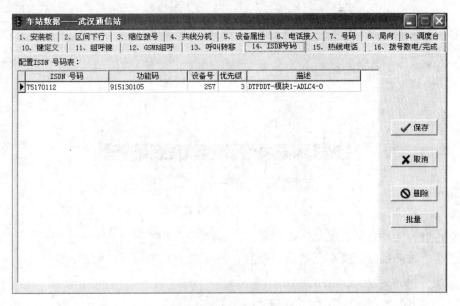

图 2-2-43　ISDN 号码

14. 加载数据

完成了以上步骤的车站数据的配置，在确认无误的情况下，依次加载交换机数据、GSMR组呼号码、号码数据及出局数据，维护台将自动生成本站数据。具体操作如下：

分别点击"加载交换机数据""加载 GSMR 组呼号码""加载号码数据""加载出局数据"，在得到系统允许加载的回应之后，维护台将弹出加载进程对话框，同时向该站加载数据，如图 2-2-44、图 2-2-45 所示。

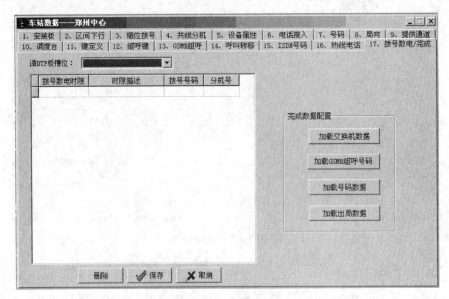

图 2-2-44　加载数据窗口

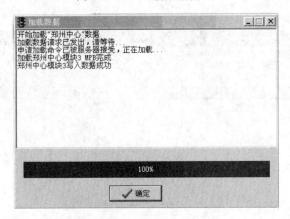

图 2-2-45　正在加载数据

加载完成后，系统将数据写入 Flash 芯片，写入成功后，加载进程对话框中会提示"写入…成功"。经过以上对环数据以及车站数据的配置，就完成了系统数据的配置。

2.2.5　调度通信设备的故障处理

调度通信设备的故障主要依据系统的基本原理进行处理，维护人员要对系统有一定的了解，同时对系统的组网情况要全面掌握，在处理过程中要详细准确地了解故障现象、发生时间等，使故障能得到迅速处理。

下面以中软设备为例，分析与处理调度通信的典型故障。

1. 典型故障一

某车站调度交换机新增 1 块 DDU 板，网管对 MPU 数据进行了加载，DDU 板也安插到位，但是维护台监测不到该板位。

原因分析：一般为新加载调度交换机数据时，需要将 MPU 重启，可能现场或者网管没有进行复位操作。

处理方法：出现这种情况，应分别复位该 DDU 板所在模块的 2 块 MPU 板（现场复位或者网管复位均可以），待系统重新启动后，应该就能看到新加的 DDU 板（系统新增处理板等数据时，加载完 MPU 数据后，需要对 MPU 板进行复位，数据才能生效）。

2. 典型故障二

值班员反映触摸屏调度台（值班员）通话记录显示异常（总是显示以前通话记录，没有显示当前通记录），无法显示当前的呼叫记录。

原因分析：触摸屏调度台（值班台）的通话记录排序有多种方式：按时间排序、号码排序和名称排序等，该故障可能是值班员操作不当引起的。

处理方法：点击触摸屏调度台（值班台）的通话记录显示区"开始时间"或"结束时间"，即可按时间升序或降序显示，就会出现当前的通话记录。

3. 典型故障三

触摸屏调度台（值班台）通话时有"咔啦咔啦"的杂音，通话有时会中断。

原因分析：一般是通道有误码才会产生这种现象，如线路接触不良、线路质量不好等。

处理方法：一般为线路原因，线路情况不好会造成误码产生杂音。检查线路质量情况，尤其是接头处的处理或者直接更换线路。

4. 典型故障四

某车站调度交换机查询 MPU 状态时，只能查询左侧 MPU 状态，无法查询右侧 MPU 状态，但设备使用正常。

原因分析：一般为右侧 MPU 接触不良或 MPU 存在问题，也可能是 2 块 MPU 间网络通信线接触不良。

处理方法：一般为右侧 MPU 接触不良者 MPU 存在问题，需重新插拔复位或者进行更换；如果仍有问题应检查背板上 2 块 MPU 之间的网络通信线，该线接触不良也会产生该问题。

5. 典型故障五

触摸屏调度台（值班台）故障更换调度台（值班台）后，调度员（值班员）无法触摸。

原因分析：一般为触摸屏主机与触摸屏之间的串口通信线接触不良、触摸屏需要重新较屏或 USB 接口上误插了一根 USB 数据线，导致系统默认为 UBS 接口的鼠标操作而造成无法进行触摸操作。

处理方法：① 确认触摸屏主机与屏体之间的连线是否正常，尤其是触摸屏和主机之间的串口通信线；② 检查触摸屏 USB 接口上是否误插了一根 USB 数据线，若是，则将该误插的数据线去除；③ 检查触摸屏是否经过初始校屏，根据说明书进行校验操作。

6. 典型故障六

网管显示双 2M 口触摸屏调度台（值班台）不停告警，造成无法正常使用。

原因分析：一般是双口触摸屏调度台（值班台）有 1 接口不正常或者线路不正常产生的。

处理方法：① 单独使用 1 个接口，判断是否工作正常；② 检查每个接口的线路是否正常；③ 检查接口板是否正常。

7. 典型故障七

在进行车站巡检时，某数字环使用主环时，一切正常，但使用备环时，末端站无法访问，业务不正常。

原因分析：一般为主调度交换机和各车站数据没有统一造成的。

处理方法：一般为调度交换机数字环上的车站不是一次开通，由于车站数据中的数字环总站数不一致造成的，通过网管给该数字环上车站重新加载调度交换机数据并复位 MPU 板后，故障一般能消除。

8. 典型故障八

录音仪不能正常录音。

原因分析：不能录音一般分为录音仪故障、调度交换机录音接口故障或线路故障。

处理方法：① 检查录音仪与调度交换机录音模块间的配线是否有异常；② 检查录音输出模块是否有异常，尝试更换 VF2/4M 模块进行处理；③ 复位相应的 DDU 或 DSU 单板；④ 更换相应的 DDU 或 DSU 单板。

课后思考

1. 简述调度通信设备维护要求。
2. 简述调度所数字调度交换机维护测试项目与周期。
3. 简述车站数字调度交换机维护测试项目与周期。
4. 简述调度台、值班台维护测试项目与周期。
5. 简述调度通信系统维护半年抽测项目。
6. CTT2000 调度主机配置了哪些单板？请写出 CTT2000 各单板指示灯的含义。
7. CTT4000 调度主机配置了哪些单板？请写出 CTT4000 各单板指示灯的含义。
8. 如何对触摸屏调度台进行设置？
9. 触摸屏调度台呼叫的操作有哪些？
10. 简述调度网管环数据配置过程。
11. 简述调度网管车站数据配置过程。
12. 结合中软调度设备，分析与处理调度通信常见的典型故障。

项目 3　铁路 GSM-R 无线网设备维护

GSM-R 无线系统在高速铁路通信中的应用越来越广泛，与行车的联系也更加密切。GSM-R 无线通信设备的维修是高铁通信综合维修岗位必须具备的一项专业技能。BSC、BTS 设备运行正常与否，直接关系到整个 GSM-R 系统的运用状态。本项目结合高铁无线通信综合维修岗位的技能要求，主要介绍 GSM-R 系统常用的 BSC、BTS 设备的硬件组成，BSC、BTS 单板配置，直放站组网配置，单板各种指示灯含义及常见故障的处理等内容。

任务 3.1　BSC 设备维护与故障处理

3.1.1　BSC 系统结构

3.1.1.1　BSC 在 GSM-R/GPRS 网络中的位置

在 GSM-R/GPRS 网络中，BSC 处于 BTS 与 MSC、PCU 之间，主要实现无线资源管理、基站管理、功率控制、切换控制等功能，如图 3-1-1 所示。GSM/GPRS 网络中各单元的功能描述如表 3-1-1 所示。

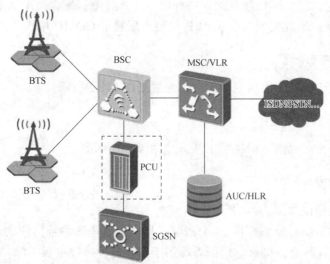

BTS 基站收发信台	BSC 基站控制器	PCU 分组控制单元	SGSN 服务 GPRS 支持节点
AUC 鉴权中心	HLR 归属位置寄存器	MSC 移动业务交换中心	VLR 拜访位置寄存器
ISDN 综合业务数字网	PSTN 公共交换电话网		

图 3-1-1　BSC 在 GSM-R/GPRS 网络中的位置

表 3-1-1　GSM/GPRS 网络中各单元的功能描述

单元名称	功　能
BSC	BSC（Base Station Controller）实现无线资源管理、连接管理和基站管理功能
PCU	PCU（Packet Controller Unit）实现分组无线资源管理、分组呼叫控制、数据包在 Pb 接口和 Gb 接口上的传输功能
SGSN	SGSN（Serving GPRS Support Node）实现数据包的传输、网络拥塞检测、网络状态检测和网络管理功能
MSC	MSC（Mobile Service Switching-Center）实现呼叫控制、路由选择、无线资源分配、用户移动性管理、位置登记、切换控制、费用统计和收集、移动交换网络与 PSTN 之间的业务协调功能
VLR	VLR（Visitor Location Register）实现用户临时信息存储功能
BTS	BTS（Base Transceiver Station）实现无线信号的发送与接收、Um 接口信号的编码/解码和加密/解密、功率控制及切换控制功能

3.1.1.2　BSC 硬件结构

1. BSC6000 机柜分类

BSC 机柜：高 2 200 mm、宽 600 mm、深 800 mm。

机柜分为配置类型 A 和配置类型 B 两种硬件配置类型：配置类型 A 指 GBCR 机柜中配置了 GBAM 服务器；配置类型 B 指 GBCR 机柜中配置了 GOMU 单板。

2. B 类机柜内部配置

BSC6000 机柜（前视图、后视图）内部配置如图 3-1-2 所示。

3. BSC6000 插框组成

BSC6000 机柜（前视图、后视图）插框如图 3-1-3 所示。

4. BSC 插框槽位

BSC6000 插框槽位如图 3-1-4 所示。

说明：BSC 插框前后分别提供 14 个槽位，从前到后顺序编号，依次是 00 ~ 27 号槽位。插框前部用于安装各种业务单板，插框后部用于安装各种接口单板。除 20 ~ 23 号槽位配置 2 块 GOMU 单板外，其余每个槽位对应配置 1 块单板。当配置主备模式时，相邻奇偶槽位互为主备关系，如 00 槽位和 01 槽位互为主备、02 槽位和 03 槽位互为主备。主备模式工作的单板需占用主备槽位。

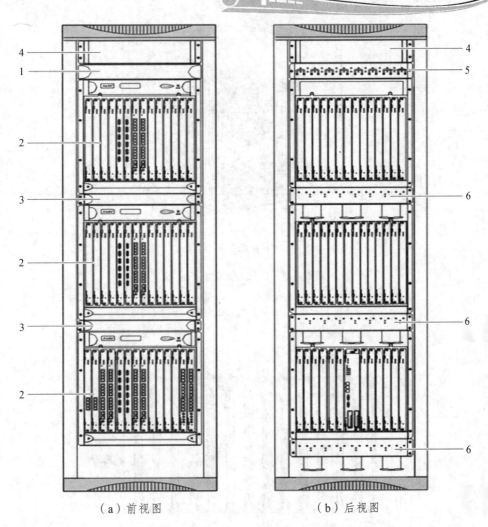

（a）前视图　　　　　　　　　　　（b）后视图

图 3-1-2　BSC6000 机柜内部配置

1—假面板；2—插框；3—围风框；4—配电盒；5—机柜内走线架；6—后走线槽

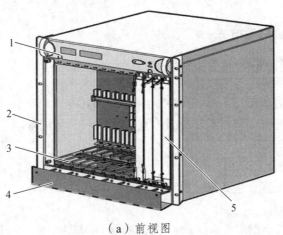

（a）前视图

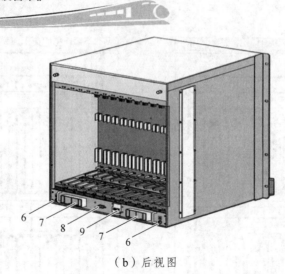

（b）后视图

图 3-1-3　BSC6000 机柜插框

1—风扇盒；2—安装挂耳；3—单板滑道；4—前走线槽；5—单板；6—接地螺钉；
7—直流电源输入接口；8—配电盒监控信号输入接口；9—拨码开关盖

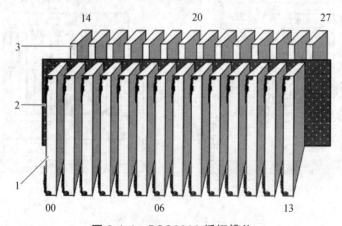

图 3-1-4　BSC6000 插框槽位

1—前插单板；2—背板；3—后单插板

5. BSC6000 硬件配置方式

BSC6000 硬件配置方式主要有 3 种：

（1）BM/TC 分离。

BM/TC 分离（配置类型 B）是指 BSC 主备配置 GOMU 单板，且 BSC 插框组合模式为 BM/TC 分离时的硬件配置，包括最小配置、最大配置和典型配置。

（2）BM/TC 共框。

BM/TC 共框（配置类型 B）是指 BSC 主备配置 GOMU 单板，且 BSC 插框组合模式为 BM/TC 共框时的硬件配置，包括最小配置、最大配置和典型配置。

（3）A 接口 IP 化。

A 接口 IP 化（配置类型 B）是指 BSC 主备配置 GOMU 单板，且 BSC 插框组合模式为 A

接口 IP 化时的硬件配置，包括最小配置、最大配置和典型配置。

说明：以上 3 种配置方式，每种方式又分为 PCU 内置与 PCU 外置 2 种，成都局的 BSC 使用 BM/TC 框分离（PCU 内置）的硬件配置方式。

3.1.2　BSC 单板配置

3.1.2.1　BSC 单板类型（以华为 BSC6000 为例）

华为 BSC6000 主要包括 GXPUM、GXPUT、GTNU、GSCU、GDPUP、GGCU、GEPUG、GEIUT、GOMU、GDPUX、GEIUA、PAMU 等板件。

1. GXPUM 板

GXPUM（ GSM eXtensible Processing Unit for Main Service ）板为 BSC 的主业务处理单元，实现 BSC 的核心业务处理功能，主要包括寻呼控制、系统消息管理、信道分配、基站公共业务管理、语音呼叫控制、分组业务控制、切换、功率控制等功能。GXPUM 板指示灯的含义如表 3-1-2 所示。

表 3-1-2　GXPUM 板指示灯的含义

指示灯	颜　色	状　　态	含　　义
RUN	绿色	1 s 亮，1 s 灭	单板正常运行
		0.125 s 亮，0.125 s 灭	单板处于加载状态
		常亮	有电源输入，但单板存在故障
		常灭	无电源输入或单板处于故障状态
ALM	红色	常灭	无告警
		常亮或闪烁	告警状态，表明在运行中存在故障
ACT	绿色	常亮	单板处于主用状态
		常灭	单板处于备用状态

2. GXPUT 板

GXPUT（ GSM eXtensible Processing Unit for Transmission ）板为传输处理单元，处理 APD 协议和 CCSS7 MTP3 协议。GXPUT 板指示灯含义同 GXPUM 板指示灯含义。

3. GTNU 板

GTNU（ GSM TDM Switching Network Unit ）板为 BSC 的 TDM 交换网络单元，实现 TDM 的交换功能，提供 128K × 128K 的 TDM 交换功能，提供 TDM 网络资源分配以及搭网和拆网功能。GTNU 板指示灯含义同 GXPUM 板指示灯含义。

4. GSCU 板

GSCU（GSM Switching and Control Unit）板为 BSC 的交换控制单元，对本插框提供维护管理功能，为除 GGCU/GXPUT/GXPUM 单板以外的其他单板提供时钟信息。GSCU 板指示灯含义同 GXPUM 板指示灯含义。

5. GDPUP 板

GDPUP（GSM Data Processing Unit for PS Service）板为 GSM 分组业务处理单元，实现 BSC 分组业务处理功能。GDPUP 板指示灯含义如表 3-1-3 所示。

表 3-1-3　GDPUP 板指示灯含义

指示灯	颜　色	状　态	含　义
RUN	绿色	1 s 亮，1 s 灭	单板正常运行
		0.125 s 亮，0.125 s 灭	单板处于加载状态
		常亮	有电源输入，但单板存在故障
		常灭	无电源输入或单板处于故障状态
ALM	红色	常灭	无告警
		常亮或闪烁	告警状态，表明在运行中存在故障
ACT	绿色	常亮	单板处于可用状态
		常灭	无电源输入或单板处于故障状态

6. GGCU 板

GGCU（GSM General Clock Unit）板为 BSC 通用时钟单元，为 BSC 系统提供同步时钟信号；提供传输同步时钟的跟踪、产生和保持功能；提供备板时钟跟踪主板时钟相位，主备倒换时保证输出时钟相位平滑。GGCU 板指示灯含义同 GXPUM 板指示灯含义。

7. GEPUG 板

GEPUG（GSM El/TI Packet Unit for Gb）板为 Gb 接口 FR over El/T1 接口单元，为 BSC 的 Gb 接口提供 E1/T1 传输。GEPUG 板指示灯含义同 GXPUM 板指示灯含义。

8. GEIUT 板

GEIUT（GSM El/Tl Interface Unit for Ater）板为 Ater 接口 E1/T1 接口单元，为 BSC 的 Ater 接口提供 E1/T1 传输。GEIUT 板指示灯含义同 GXPUM 板指示含义。

9. GEIUB 板

GEIUB（GSM El/TI Interface Unit for Abis）板为 Abis 接口 El/TI 接口单元，为 BSC 的 Abis 接口提供 E1/T1 传输。GEIUB 板指示灯含义同 GXPUM 板指示灯含义。

10. GOMU 板

GOMU（GSM Operation and Maintenance Unit）板为 BSC 服务器单板，是操作维护终端与 BSC 其他单板通信的桥梁。GOMU 板指示灯含义如表 3-1-4 所示。

表 3-1-4　GOMU 板指示灯含义

指示灯	颜 色	状 态	含 义
RUN	绿色	1 s 亮，1 s 灭	单板正常运行
		0.125 s 亮，0.125 s 灭	单板处于加载状态
		常亮	有电源输入，但单板存在故障
		常灭	无电源输入或单板处于故障状态
ALM	红色	常灭	无告警
		常亮或闪烁	告警状态，表明在运行中存在故障
ACT	绿色	常亮	单板处于主用状态
		常灭	单板处于备用状态
OFFLINE	蓝色	常亮	单板可拔出
		常灭	单板不可拔出
		0.125 s 亮，0.125 s 灭	单板处于切换状态
HD	绿色	闪烁	硬盘进行读写操作
		常灭	硬盘无读写操作

11. GDPUX 板

GDPUX（GSM Data Processing Unit for eXtensible Service）板为 GSM 电路业务扩展处理单元，实现 BSC 语音业务和数据业务处理功能。GDPUX 板指示灯含义同 GDPUP 板指示灯含义。

12. GEIUA 板

GEIUA（GSM E1/T1 Interface Unit for A）板为 A 接口 E1/T1 接口单元，为 BSC 的 A 接口提供 E1/T1 传输。GEIUA 板指示灯含义同 GXPUM 板指示灯含义。

13. PAMU 板

PAMU（Power Allocation Monitoring Unit）板为 BSC 大功率配电盒的配电监控通信板，用于监控 BSC 配电盒。PAMU 板指示灯含义如表 3-1-5 所示。

表 3-1-5 PAMU 板指示灯含义

指示灯	颜 色	状 态	含 义
RUN	绿色	1 s 亮，1 s 灭	单板正常运行且与 GSCU 单板通信正常
		0.125 s 亮，0.125 s 灭	单板与 GSCU 单板未正常通信，尚未正常运行
		常灭	无电源输入，或配电盒工作故障
ALM	红色	常灭	无告警
		常亮	告警状态，表明在运行中存在故障（单板自检时 ALM 灯常亮，此时用于测试 ALM 灯的好坏，不表示存在告警）

3.1.2.2 配置原则

1. GMPS/GEPS 单板配置

GXPUM：一般配置在 0、1 号槽位，也可以配置在 0 ~ 3、8 ~ 11 中的任何槽位上，每框最多配置 1 对（主备）。

GTNU：必须配置在 4、5 号槽位（默认配置），每框最多配置 1 对（主备）。

GSCU：必须配置在 6、7 号槽位（默认配置），每框最多配置 1 对（主备）。

GGCK：必须配置在 12、13 槽位（默认配置），每框最多配置 1 对（主备）。

GEIUT：一般配置在 14、15 槽位，也可以配置在 14 ~ 27 中的任何槽位上（主备）。

GEIUB：可以配置在 14 ~ 27 的任何槽位，一般配置在 16 ~ 27 槽位。每框最多配置 5 对（主备），选择配置 GXPUC，每个 BSC 只能配置 1 对（主备）GXPUC 单板。

如果支持分组业务，GMPS 还要配置 GEIUP 接口板。GEIUP 可以配置在 GMPS 的 14 ~ 27 任意槽位上，每框最多配置 2 对（主备）。

GEPS 与 GMPS 的区别：GEPS 不允许配置 GGCK 单板。

2. GTCS 单板配置

GDPUC：可配置在 0 ~ 3、8 ~ 13 槽位。该单板没有主备模式，所有单板作为资源池由系统统一调度使用（$N + 1$ 配置原则）。

GTNU：必须配置在 4、5 号槽位（默认配置），每框最多配置 1 对（主备）。

GSCU：必须配置在 6、7 号槽位（默认配置），每框最多配置 1 对（主备）。

GEIUA：可配置在 14 ~ 27 任意槽位，每框最多配置 5 对（主备）。

GEIUT：可配置在 14 ~ 27 任意槽位，每框最多配置 2 对（主备）。

3.1.2.3 典型配置

（1）本配置容量：如图 3-1-5 中的 BSC 配置支持 512TRX 全速率/256TRX 半速率；EIUB 配置数量根据基站和载频数量综合考虑；GDPUC 根据业务容量采用 $N + 1$ 冗余配置；EIUP 根据实际业务需要选配；GXPUC 根据实际业务需要选配。

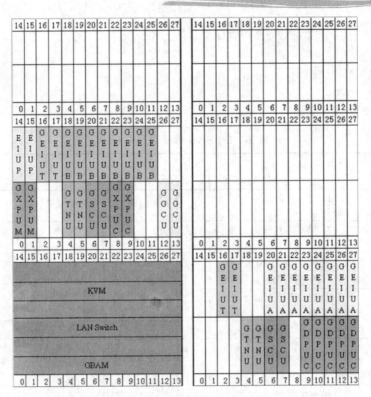

图 3-1-5　本配置容量

（2）满配置容量：BSC6000 满配置支持 2048TRX 全速率/1024TRX 半速率，如图 3-1-6 所示。

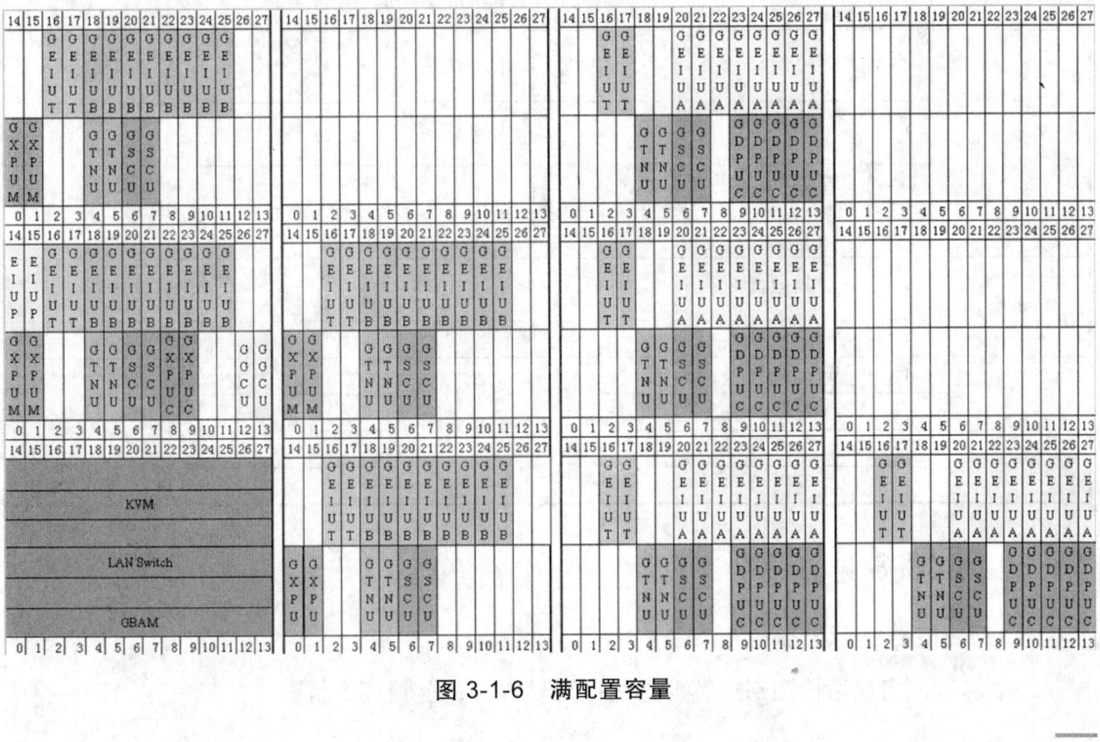

图 3-1-6　满配置容量

3.1.3　BSC 维护与故障处理

3.1.3.1　BSC 维护项目与标准

BSC 维护项目与标准如表 3-1-6 所示。

表 3-1-6　BSC 维护项目与标准

维护项目	维护子系统	序号	内　容	执行计划	周　期	维护标准	备　注
日常维护	BSC 设备日常监控	1	BSC 告警监控和性能检测	日	1 次/4 小时	网管无异常告警	
		2	单板（模块）运行状态检查	日	1 次/12 小时	各单板运转正常告警	
		3	各接口状态检查	日	1 次/12 小时	正常	
		4	信令链路检查	日	1 次/12 小时	正常	
		5	检查 BSC Chain 的工作状态	日	1 次/4 小时	正常	
		6	无线网络质量分析	日	1 次/1 月	及时发现网络问题	
	PCU 设备日常监控	7	PCU 告警监控和性能监控	日	1 次/4 小时	温湿度、电压在标准范围内,设备指示灯、网管无异常	
		8	单板（模块）运行转换检查		1 次/12 小时	正常	
		9	Gb 接口状态检查		1 次/12 小时	正常	
		10	系统配置文件备份,制作备份光盘/磁带	月	1 次/1 月	数据备份无误	数据备份应保存 3 个月
	日常维护	11	系统时间校对	月	1 次/1 月	与时间同步系统保持一致	
		12	设备清扫（面板、防尘网等）	月	1 次/1 月	清洁无灰尘	
		13	对系统日志文件进行检查,对不用和过期数据进行删除	月	1 次/1 月	无垃圾数据	系统日志文件保存 1 年
	定期检查	14	系统健康状态检查	年	1 次/1 年	提报检测报告,监测结果正常	
		15	冗余卡板倒换	年	1 次/1 年	正常	
	重点整修	16	隐患整治		根据需要		
		17	整修零部件,更换配件				
		18	版本升级				
		19	其他项目整治				

3.1.3.2　BSC 常见告警

1. 无线链路提示告警

告警解释：当基站检测到连续的无线链路异常时，上报该告警。

无线链路异常包括以下几种情况：

（1）信道激活异常，BSC 与 BTS 之间信道类型或者信道状态不一致。

（2）信道异常释放，无线信道的异常释放比例超过告警门限。

（3）无话务提示告警，载频在连续的检测时间内（缺省值为 4 h，该时间可以设置）没有话务。

（4）上下行不平衡，基站检测的上行接收电平和移动台上报的下行接收电平之间存在较大的差异。

告警原因：一般情况下为小区无话务时间超过无线链路提示告警门限。

系统自处理过程：告警发生后，系统自动检测，发现告警恢复的条件满足时，则告警恢复。

2. 小区发生广播控制信道（BCCH）互助

告警解释：小区的主 BCCH 所在的收发信机（TRX）异常，主 BCCH 互助到其他可用的 TRX，保证小区的服务不会长时间中断，此时会上报此告警。

对系统的影响：小区重新初始化，引起业务短时间中断（时间不超过 10 s）。

系统自处理过程：告警发生时，系统自动检测故障小区内的其他可用载频，选择其中一个作为新的主 BCCH 载频，并将主 BCCH 分配到这个可用载频，同时重新初始化小区；当原始主 BCCH 载频恢复后，同时主 BCCH 信道管理状态为解闭塞状态，且此时小区的"载频互助功能控制开关"配置为"允许载频互助-立即倒回"，则立刻发生互助倒回。

3. 小区发生广播控制信道（BCCH）互助倒回

告警解释：① 当 BSC 系统检测到小区初始配置的 BCCH 所在的 TRX 恢复正常，并且主 BCCH 信道的管理状态为"Unlocked"，同时小区互助属性配置为允许倒回，则调整 BCCH 回到初始数据配置的 BCCH 所在的 TRX，此时会上报此告警；② 因配置引起得强制倒回，也会上报此告警。

对系统的影响：小区重新初始化，BCCH 倒回初始配置的 BCCH 信道所在载频，引起业务短时间中断（时间不超过 10 s）。

系统自处理过程：当初始数据配置的主 BCCH 载频恢复正常时，同时主 BCCH 信道管理状态为解闭塞状态，此时小区如果配置为立即倒回时，则就会立刻发生互助倒回，上报告警，并重新初始化小区。

4. 小区退出服务

告警解释：BSC 周期性地检测主 BCCH 载频的无线信令链路（RSL）和主 BCCH 载频。当主 BCCH 载频的 RSL 链路故障或者主 BCCH 载频故障并且经过载频互助之后仍然不可用时，产生此告警。

对系统的影响：退出服务小区的所有语音和数据业务全部中断。

系统自处理过程：无。

可能原因：

（1）人工闭塞：执行了人工闭塞小区或者 BCCH 载频的操作。

（2）其他 OM 操作：人工复位基站或小区动态数据配置操作（如去激活小区）引起 BSC

对 BTS 进行复位。

（3）BTS 掉电：BTS 无电源输入。

（4）其他原因：LAPD 链路或载频属性调整导致的 BTS 短时不可用、BSC 复位引起基站复位、基站自动复位、单板故障、传输故障、数据配置错误、人工复位 BTS 单板等原因。

5. 无线链路严重告警

告警解释：线链路提示告警产生并且在设定的恢复时间内（1 h）没有恢复，此时数据配置中的"无线链路严重告警上报允许"为允许，则上报该告警。

对系统的影响：告警发生时，本载频业务将中断。

系统自处理过程：告警产生时，系统自动关闭功放。如为主 BCCH 载频，启动载频互助。

可能原因：路号为 0、1、2 的"4122 无线链路提示告警"产生并且在设定的恢复时间（缺省值为 1 h，该时间可以设置）内没有恢复。

6. NTP 对时失败

告警解释：OMU 在 15 min 内连续 15 次与 NTP Server 对时都失败时，上报此告警。

对系统的影响：致使 LMT 面板上显示的时间不准确，各个单板记录的告警和话务统计结果时间也将不准确。

系统自处理过程：做处理。

可能原因：

（1）对时服务器的 IP 地址配置不正确。

（2）对时服务器的对时功能未打开。

（3）网元与对时服务器间的网络通信故障。

3.1.3.3　BSC 故 障 处 理

在 GSM-R 网络中，BSC 产生故障会造成其管辖范围内的用户语音不通、数据业务不通。现结合这两种故障现象对 BSC 故障处理作如下介绍。

1. 所有语音不通

（1）故障现象：BSC 管辖范围内所有 GSM-R 语音业务不通。

（2）原因分析：

① BSC 相关模块工作不正常，造成语音不通。

② BSC 与 TRAU 之间 Ater 口链路故障，造成语音不通。

③ BSC、TRAU、MSC、HLR 等设备数据异常，造成业务不通。

④ TRAU、MSC 等设备相关模块工作不正常，造成语音不通。

⑤ MSC 与 HLR 间的链路故障，造成语音不通。

（3）处理方法：

① 网管确认模块硬件故障，在网管指挥下更换故障模块。

② 检查 BSC 至 DDF 架 Ater 接口连接电缆，确认是连接线缆故障后，更换连接线缆；

配合网管对 Ater 接口 2M 电路进行测试、处理。

③ 网管检查 BSC、TRAU、MSC、HLR 等设备数据有异常，则由网管进行数据恢复操作。

④ 网管检查 TRAU、MSC 等设备相关模块工作状态，更换故障模块。

⑤ 网管对 MSC 与 HLR 之间的连接线缆及 2M 电路进行检查、测试，更换故障线缆，处理 2M 电路故障。

⑥ 网管操作完成后，由现场人员进行拨打测试。

2. 所有数据业务不通

（1）故障现象：BSC 管辖范围内所有 GSM-R 数据业务不通。

（2）原因分析：

① BSC 模块工作异常，造成业务不通。

② BSC 与 SGSN 之间 Gb 口链路故障，造成业务不通。

③ BSC、TRAU、SGSN、GGSN、GRIS（GPRS 接口服务器）等设备数据异常，造成业务不通。

④ TRAU、SGSN、GGSN、GRIS 等设备相关模块工作不正常，造成业务不通。

（3）处理步骤：

① 网管确认模块硬件故障，在网管指挥下更换故障模块。

② 检查 BSC 至 DDF 架 Gb 接口连接电缆，确认是连接线缆故障后，更换连接线缆；配合网管对 Gb 接口 2M 电路进行测试、处理。

③ 网管检查 BSC、TRAU、SGSN、GGSN、GRIS 等设备数据有异常，由网管进行数据恢复操作。

④ 网管检查 TRAU、SGSN、GGSN、GRIS 等设备相关模块工作状态，更换故障模块。

⑤ 网管操作完成后，由现场人员进行拨打测试。

课后思考

1. 简述 GSM/GPRS 网络中各单元的功能。

2. 华为 BSC6000 机柜内部配置包括哪几个方面？

3. 简述华为 BSC6000 的主要板件和模块组成。

4. 简述华为 BSC6000 的 GXPUM 板的主要功能及各指示灯颜色含义。

5. 简述华为 BSC6000 的 GDPUP 板的主要功能及各指示灯颜色含义。

6. 简述华为 BSC6000 的 GOMU 板的主要功能及各指示灯颜色含义。

7. 简述华为 BSC6000 的 PAMU 板的主要功能及各指示灯颜色含义。

8. 简述 GMPS/GEPS、GTCS 单板配置原则。

9. 简述华为 BSC6000 本配置容量和满配置容量两种典型配置。

10. 简述 BSC 维护项目与标准。

11. 简述 BSC 常见告警的处理方法。

12. 简述 BSC 管辖范围内所有 GSM-R 语音业务不通的原因及处理方法。

13. 简述 BSC 管辖范围内所有 GSM-R 数据业务不通的原因及处理方法。

任务 3.2　BTS 设备维护与故障处理

3.2.1　BTS 系统结构

3.2.1.1　BTS 在系统中的位置

以华为 BTS3012 为例，BTS3012 在系统中的位置如图 3-2-1 所示。

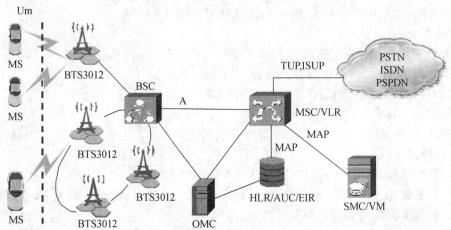

MS：移动台		BTS：基站收发信台		BSC：基站控制器
HLR：归属位置寄存器		AUC：鉴权中心		EIR：移动设备识别寄存器
MSC：移动业务交换中心		VLR：拜访位置寄存器		SMC：短消息中心
VM：语音信箱		OMC：操作维护中心		

图 3-2-1　BTS 在系统中的位置

3.2.1.2　BTS 系统组成

BTS3012 系统组成如图 3-2-2 所示。

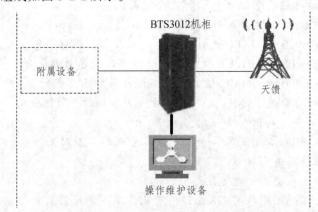

图 3-2-2　BTS3012 系统组成

3.2.1.3　BTS 机柜物理结构

当外部输入电源为 – 48 V 时，BTS3012 机柜从物理结构上可划分为 DAFU 框、DTRU 框、风扇框、公共框、信号防雷框、传输框和配电单元。在小区配置为 S4/4/4 的情况下，BTS3012 机柜的一种典型的单机柜满配置如图 3-2-3 所示。

当外部输入电源为 + 24 V 时，BTS3012 机柜从物理结构上可划分为 DAFU 框、DTRU 框、风扇框、公共框、信号防雷框、电源框和配电单元。在小区配置为 S4/4/4 的情况下，BTS3012 机柜的一种典型的单机柜满配置如图 3-2-4 所示。各单元名称如表 3-2-1 所示。

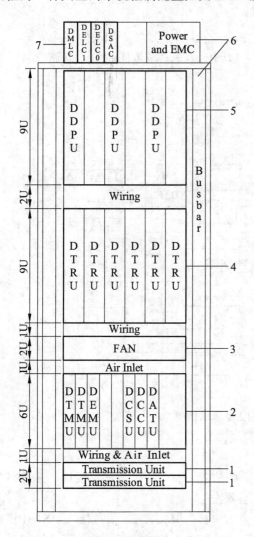

图 3-2-3　BTS3012 配置（输入电源为 – 48 V）

1—传输框；2—公共框；3—风扇框；4—DTRU 框；
5—DAFU 框；6—配电单元；7—信号防雷框

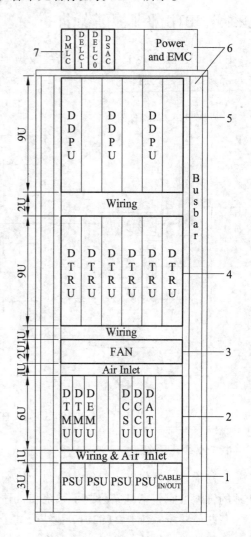

图 3-2-4　BTS3012 配置（输入电源为 + 24 V）

1—电源框；2—公共框；3—风扇框；4—DTRU 框架；
5—DAFU 框；6—配电单元；7—信号防雷框

表 3-2-1　单元名称

英文缩写	单元名称	英文缩写	单元名称
DTRU	双密度收发信机	DELC	E1 信号防雷卡
DTMU	定时、传输和管理单元	DSAC	扩展信号接入卡
DCCU	信号转接板	NFCB	风扇控制板
DDPU	双双工单元	DEMU	环境监控板
DCOM	合路单元	DATU	天线塔放控制板
DMLC	监控信号防雷卡	DCSU	并柜信号转接板

3.2.1.4　BTS 整机逻辑结构

BTS3012 由公共子系统、双密度载频子系统、射频前端子系统（DAFU）、基站天馈子系统 4 部分组成，其逻辑结构如图 3-2-5 所示。

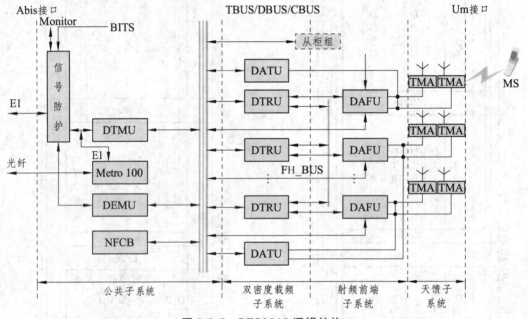

图 3-2-5　BTS3012 逻辑结构

1. 公共子系统

公共子系统提供基准时钟、电源、传输接口、维护接口和外部告警采集接口，完成整个基站的管理。它包括基站公共子系统和机顶接入子系统。

基站公共子系统：BTS3012 基站公共子系统内的单板主要完成 E1 信号接入、SDH 传输接入、基站时钟供给、环境告警采集和监控、全网时钟同步等功能。基站公共子系统包括定时传输管理单板（DTMU）、环境监控板（DEMU）、并柜信号转接板（DCSU）、信号转接板（DCCU）、天线塔放控制板（DATU）。

机顶接入子系统：BTS3012 机顶接入子系统完成 E1 防雷、信号防雷、信号接入等功能，包括监控信号防雷卡（DMLC）、E1 信号防雷卡（DELC）、扩展信号接入卡（DSAC），如图 3-2-6 所示。

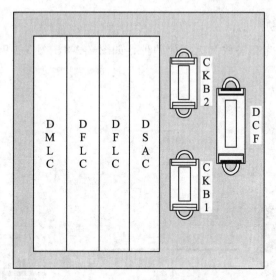

图 3-2-6　机顶接入子系统

2. 双密度载频子系统

双密度载频子系统包括：双密度收发信单元（DTRU）和双密度载频框背板（DTRB）两部分，如图 3-2-7 所示。

（1）双密度收发信单元（DTRU）。

射频发射部分，完成 2 个载波基带信号到射频信号的调制、上变频、滤波、射频跳频、信号放大、合路输出等功能。

射频接收部分，完成 2 个载波的射频信号分路、接收分集、射频跳频以及解调等功能。

基带处理部分，完成信令处理、信道编译码、交织反交织、调制与解调等功能。

DTRU 支持 Phase II 规定的各种数据业务、GPRS 业务、EDGE 业务；支持发分集、收分集等控制功能；支持发射合路、同频同相功率合成（PBT）功能。

（2）双密度载频背板（DTRB）。

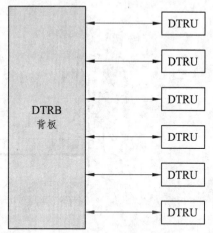

图 3-2-7　双密度载频子系统

双密度载频框背板（DTRB）位于机柜的 DTRU 插框中，共有 6 个槽位，可插 6 块 DTRU 单板。DTRB 主要用于并柜信号转接板 DCSU 与双密度载频 DTRU 的连接，所有在位信号都由背板 DTRB 提供给 DCSU。DTRU 的槽位号、机架号由背板 DTRB 决定。

3. 射频前端子系统（DAFU）

射频前端子系统主要功能有多载波合路输出、收发信号双工、天馈驻波及低噪放告警检测与上报、低噪放增益控制、天馈端口发射功率检测与上报、单板温度检测与上报、支持单板在位检测、支持在线软件升级等。

4. 基站天馈子系统

基站天馈子系统分为有塔放和无塔放两种，如图 3-2-8、图 3-2-9 所示。

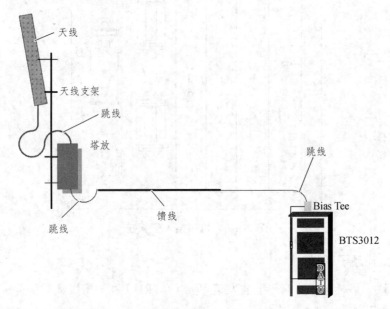

图 3-2-8　有塔放天馈子系统

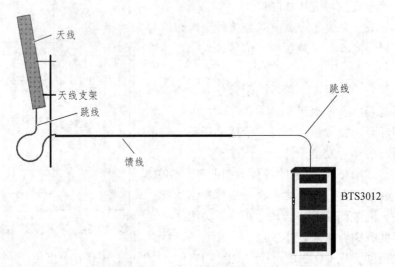

图 3-2-9　无塔放天馈子系统

馈线：为减少与天线间的传输损耗，基站采用低损耗射频电缆。主馈线电缆有 7/8 英寸、5/4 英寸等多种规格可供选择。

900M 馈管：7/8 馈线（<80 m），5/4 馈线（>80 m）。

1800M 馈管：7/8 馈线（<50 m），5/4 馈线（>50 m）。

天线到主馈线、天线到塔放、机柜到避雷器之间采用 1/2 英寸射频电缆连接。

塔顶放大器的作用是提高基站的接收灵敏度，一般使用三工塔放。其要求是具有低的噪声系数、具有很大的动态范围，塔放通过馈线芯线馈电，具有馈电分离装置，进行了严格的防水密封，并具有很宽的工作温度范围（−40~60 ℃）。

三工塔放主要用于上行受限时，为提高上行灵敏度配置；有 2 个射频接口，一端接天线，另外一端接 DDPU，同时传双向的收/发信号。上行增益约为 12 dB，下行插入损耗约为 1.2 dB。故障时，工作处于旁路状态，上行差损约为 2 dB。

3.2.2　BTS 单板配置

3.2.2.1　BTS 单板类型（以华为 BTS3012 为例）

华为 BTS3012 基站主要由 DTRU、DDPU、DTMU、DCCU、DCSU、DELC、DSAC 和风扇盒等板件组成。

1. DTRU 模块

DTRU（Double-Transceiver Unit）模块是收发信机单元，位于基站双密度载频子系统中，1 个 DTRU 模块完成 2 个载波的处理功能，负责基带处理、射频发射和射频接收。DTRU 模块的指示灯含义如表 3-2-2 所示。

表 3-2-2　DTRU 模块的指示灯含义

指示灯	颜色	状　态	含　义
RUN 运行及上电指示灯	绿色	亮	有电源输入，模块存在问题
		灭	无电源输入或模块处于故障状态
		慢闪（2 s 亮，2 s 灭）	模块正在启动
		慢闪（1 s 亮，1 s 灭）	模块已按配置工作运行正常
		快闪（0.2 s 亮，0.2 s 灭）	DTMU 单板正在下发配置
ACT 载频工作指示灯	绿色	亮	两载波所有信道均可正常工作
		灭	未与 DTMU 单板建立通信
		慢闪（1 s 亮，1 s 灭）	只有部分逻辑信道在正常工作
ALM 告警指示灯	红色	亮（包含高频闪烁）	严重告警状态，表明模块存在故障
		灭	模块无故障
RF_IND RF 接口指示灯	红色	亮	驻波告警
		灭	正常
		慢闪（1 s 亮，1 s 灭）	无线链路告警

2. DDPU 模块

DDPU(Dual-Duplexer Unit for DTRU BTS)模块为双双工单元。DDPU 模块将来自 DTRU 模块发信机的多路射频发射信号发送给天线，同时将来自天线的接收信号放大和一分为四后送给 DTRU 模块接收机。DDPU 模块的指示灯含义如表 3-2-3 所示。

表 3-2-3 DDPU 模块的指示灯含义

指示灯	颜色	说 明	状 态	含 义
RUN	绿色	模块运行和上电指示	亮	有电源输入或模块处于故障状态
			灭	无电源输入或模块处于故障状态
			慢闪（1 s 亮，1 s 灭）	模块已按配置工作运行正常
			快闪（0.2 s 亮，0.2 s 灭）	表示 DTMU 单板正在对 DDPU 模块下发配置或 DDPU 模块内部正在进行软件加载
ALM	红色	告警指示灯	亮（包含高频闪烁）	告警状态（含驻波告警）
			灭	无故障
			慢闪（1 s 亮，1 s 灭）	表示 DDPU 模块正在启动或者正在加载最新应用程序
VSWRA	红色	A 通道驻波告警指示灯	慢闪（1 s 亮，1 s 灭）	A 通道有驻波告警
			亮	A 通道有驻波严重告警
			灭	A 通道无驻波告警
VSWRB	红色	B 通道驻波告警指示灯	慢闪（1 s 亮，1 s 灭）	B 通道有驻波告警
			亮	B 通道有驻波严重告警
			灭	B 通道无驻波告警

3. DTMU 模块

DTMU(Transmission/Timing/Management Unit for DTRU BTS)模块是基站的基本传输及控制功能实体，在整个基站系统中处于主控位置。其提供基准时钟、电源、维护接口和外部告警采集接口，控制和管理整个基站。DTMU 模块的指示灯含义如表 3-2-4 所示。

表 3-2-4 DTMU 模块的指示灯含义

指示灯	颜色	说 明	状 态	含 义
RUN	绿色	单板运行指示灯	慢闪（2 s 亮，2 s 灭）	OML 链路不通
			慢闪（1 s 亮，1 s 灭）	正常
			不定周期快闪	BSC 数据加载
			灭	单板无电
ACT	绿色	主备状态指示灯	灭	备用
			亮	主用

续表

指示灯	颜色	说　明	状　态	含　义
PLL	绿色	时钟状态指示灯	灭	时钟状态异常
			亮	自由振荡
			快闪（0.125 s 亮，0.125 s 灭）	捕捉时钟
			快闪（0.5 s 亮，0.5 s 灭）	锁定时钟
LIUI～LIU4	绿色	E1 端口 1～4 或 5～8 的传输状态指示灯	灭	SWT 灯灭时，E1 端口 1～4 正常
				SWT 灯亮时，E1 端口 5～8 正常
			亮	SWT 灯灭时，E1 端口 1～4 始终告警
				SWT 灯亮时，E1 端口 5～8 始终告警
			快闪（0.125 s 亮，0.125 s 灭）	SWT 灯灭时，E1 端口 1～4 远端告警
				SWT 灯亮时，E1 端口 5～8 远端告警
SWT	绿色	E1 线路状态切换指示灯	当 DTMU 单板支持 8 路 E1 传输时，SWT 指示灯慢闪（10 s 亮，10 s 灭）	灭时表示 LIUI～LIU4 分别反映端口 1～4 的 E1 传输状态
				亮时表示 LIUI～LIU4 分别反映端口 5～8 的 E1 传输状态
			当 DTMU 单板支持 4 路 E1 传输时，SWT 指示灯常灭	表示 LIUI～LIU4 分别反映端口 1～4 的 E1 传输状态
ALM	红色	告警灯	灭	单板无告警
			亮	单板有告警

4. DELC 板

DELC（EI Signal Lightning-Protection Card for DTRU BTS）板为 E1 信号防雷单板，主要功能是实现 4 路 E1 信号的防雷。

5. 风扇盒模块

风扇框（FAN Box）为公共框、载频框和 DAFU 框提供强制通风散热，它与机柜的进风盒组成通风回路，进行通风散热。对机柜入风口和风扇框内温度进行监控，控制风扇转速。风扇盒模块面板上的 STATE 指示灯用来标识风扇的运行状态，如表 3-2-5 所示。

表 3-2-5　风扇盒模块面板上的 STATE 指示灯的含义

指示灯	颜　色	状　态	含　义
STATE	绿色	快闪（0.125 s 亮，0.125 s 灭）	单板无告警
	红色	快闪（0.125 s 亮，0.125 s 灭）	单板有告警
	绿色	慢闪（1 s 亮，1 s 灭）	单板运行正常
	橙色	亮	单板正在软件升级
	绿色或红色或橙色	灭	无电源输入或单板故障

6. DCSU 模块

DCSU(Combined Cabinet Signal Connection Unit for DTRU BTS)模块为并柜信号转接板，负责转接并柜并组信号、DAFU 框内模块在位检测信号和 DTMU 模块板至 DTRU 模块的基带信号。

7. DCCU 模块

DCCU（Cable Connection Unit for DTRU BTS）模块实现信号转接和 EMI 滤波的功能。

8. DSAC 板

DSAC（Signal Access Card for DTRU BTS）板为扩展信号接入单板，提供各类信号线接口，如开关量告警、电源防雷器失效告警和 BITS 时钟信号的输入接口。

3.2.2.2　配置原则

（1）同步小区的载波数不大于 12 时，用单机柜实现小区配置；同步小区的载波数大于 12 小于 24 时，用并柜实现；大于 24 时，用并组实现。同时符合以下原则：

① 机柜最少原则，即用最少的机柜数实现小区配置。

② 天线最少原则，即用最少的天线来实现小区配置。

③ 完整同步定向小区原则，即一个同步定向小区的所有载频必须配置在同一个机柜内。

④ 主机柜优先原则，即载频优先配置在主机柜中，主机柜所含的载频数不少于任何一个副机柜的载频数。

（2）BTS3012 支持全向覆盖或定向覆盖方式。

（3）支持多小区，单机柜支持最大 6 个小区的配置方式。

（4）BTS3012 支持两机柜并柜和三并柜并组配置。

（5）BTS3012 支持发射分集和四天线接收分集。

（6）常规配置三扇区只需 3 个 DDPU 模块，其余的 3 个 DCOM 用于实现发分集和四接收分集。DCOM 的配置原则是优先使用载频内二合一功能，需要继续合路时，再配置 DCOM，以减少工程损耗。

3.2.2.3　典型配置

1. 典型配置 S1/1/1（普通发分集模式）

S1/1/1 发分集方式：1 个 DTRU 与 1 个 DDPU 对应 1 个扇区，共有 3 个扇区。每个 DTRU 当作 1 个载波使用。其中 1 个扇区的连线关系如图 3-2-10 所示，其他扇区的连线与此相同。

BSC 侧载频设备属性需要配置：射频发射模式为发分集，射频接收模式为接收独立。

各载波机顶功率（dBm）：（46 or 47.8）– 1.0。

2. 典型配置 S1/1/1（同双极化天线发分集 + 四接收分集）

S1/1/1 发分集方式：1 个 DTRU 与 2 个 DDPU 对应 1 个扇区，需双天馈。每个 DTRU 当作 1 个载波使用。其中 1 个扇区的连线关系有两种方式，如图 3-2-11 和图 3-2-12 所示，其他扇区的连线与此相同。

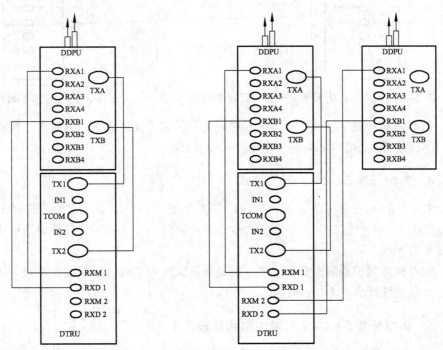

图 3-2-10　普通发分集模式　　　　图 3-2-11　同双极化天线发分集 + 四接收分集

BSC 侧载频设备属性需要配置：射频发射模式为发分集，射频接收模式为四路分集。

各载波机顶功率（dBm）：（46 or 47.8）– 1.0。

3. 典型配置 S2/2/2（普通不合路双发模式）

S2/2/2 配置方式：1 个 DTRU 与 1 个 DDPU 对应 1 个扇区，共有 3 个扇区。其中 1 个扇区的连线关系如图 3-2-13 所示，其他扇区的连线与此相同。

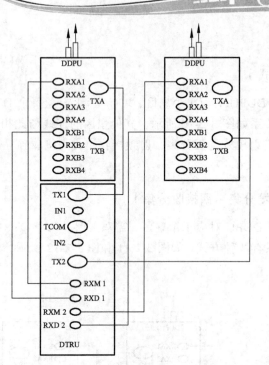

图 3-2-12 同双极化天线发分集 + 四接收分集

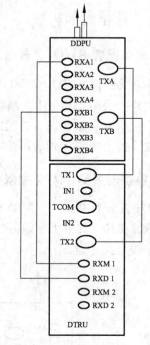

图 3-2-13 普通不合路双发模式

BSC 侧载频设备属性需要配置：射频发射模式为发射独立，射频接收模式为接收分路。
各载波机顶功率（dBm）：（46 or 47.8）– 1.0。

4. 典型配置 S2/2/2（PBT 模式）

S2/2/2 的 PBT 模式下，2 个 DTRU 与 1 个 DDPU 对应 1 个扇区，共有 3 个扇区。每个
DTRU 为 1 个载波。其中 1 个扇区的连线关系如图 3-2-14 所示，其他扇区的连线与此相同，
直接按图连线即可。

BSC 侧载频设备属性需要配置：射频发送模式为 PBT，射频接收模式为接收独立。
各载波机顶功率（dBm）：49。

5. 典型配置 S4/4/4（普通内部合路模式）

S4/4/4 配置方式：2 个 DTRU 与 1 个 DDPU 对应 1 个扇区，共有 3 个扇区。每个扇区可
以承载 4 个载波。其中 1 个扇区的连线关系如图 3-2-15 所示，其他扇区的连线与此相同，直
接按图连线即可。

BSC 侧载频设备属性需要配置：射频发送模式为宽带合路，射频接收模式为接收分路。
各载波机顶功率（dBm）：（46 or 47.8）– 3.3 – 1.0。

6. 典型配置 S1/1/1

S1/1/1 前 2 个小区共用 1 个 DTRU 模块，分别接到 2 个小区的 DDPU；第 3 个小区使用
另外 1 块 DTRU 和 DDPU，如图 3-2-16 所示。

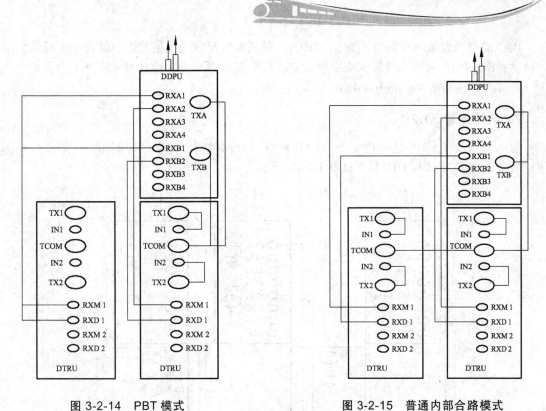

图 3-2-14　PBT 模式

图 3-2-15　普通内部合路模式

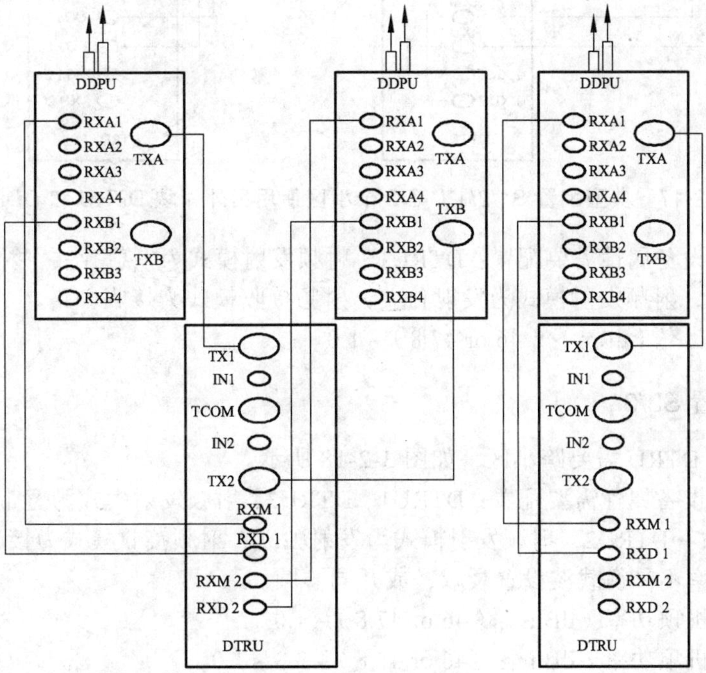

图 3-2-16　典型配置 S1/1/1（第 3 个小区使用另外 1 块 DTRU 和 DDPU）

BSC 侧载频设备属性需要配置：DTRU1，射频发射模式为发射独立，射频接收模式为接收独立；DTRU3，射频发射模式为发射独立，射频接收模式为接收独立或者接收分路。

各载波机顶功率（dBm）：（46 or 47.8）– 1.0。

7. 典型配置 S1/2/1

S1/2/1 需要 1、3 小区共用 1 个 DTRU 模块，分别接到 2 个小区的 DDPU；第 2 个小区使用另外 1 块 DTRU 和 DDPU，如图 3-2-17 所示。

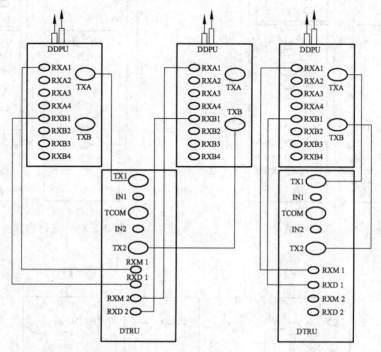

图 3-2-17　典型配置 S1/2/1（第 2 个小区使用另外 1 块 DTRU 和 DDPU）

BSC 侧载频设备属性需要配置：DTRU1，射频发射模式为发射独立，射频接收模式为接收独立；DTRU2，射频发射模式为发射独立，射频接收模式为接收分路。

各载波机顶功率（dBm）：（46 or 47.8）– 1.0。

8. 典型配置 S3/3

S3/3 有 1 个 DTRU 需要跨小区，如图 3-2-18 所示。

BSC 侧载频设备属性需要配置：DTRU1、DTRU3，射频发射模式为宽带合路，射频接收模式为接收分路；DTRU2，射频发射模式为发射独立，射频接收模式为接收独立。

注意：对功率不平衡载波设置衰减，或开同心圆。

非合路载波机顶功率（dBm）：（46 or 47.8）– 1.0。

合路各载波机顶功率（dBm）：（46 or 47.8）– 3.3 – 1.0。

9. 典型配置 S8/8/8

S8/8/8 配置方式：1、3 小区都按此配置，需要 4DTRU、2DCOM、1DDPU，如图 3-2-19 所示。

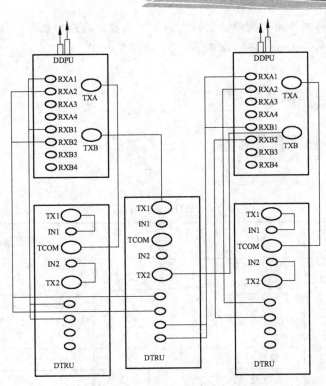

图 3-2-18 典型配置 S3/3（有 1 个 DTRU 需要跨小区）

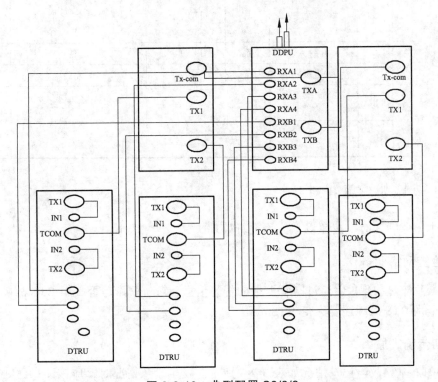

图 3-2-19 典型配置 S8/8/8

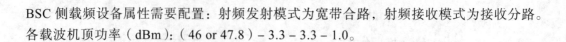

BSC 侧载频设备属性需要配置：射频发射模式为宽带合路，射频接收模式为接收分路。各载波机顶功率（dBm）：（46 or 47.8）－ 3.3 － 3.3 － 1.0。

3.2.3 BTS 常见故障处理

3.2.3.1 BTS 维护项目与标准

BTS 维护项目与标准如表 3-2-6 所示。

表 3-2-6 BTS 维护项目与标准

维护项目	维护子项目	序号	内容	执行计划	周期	维护标准	备注
日常维护	网管巡视	1	进行告警与性能监控	日	1 次/12 小时	温湿度、电压在标准范围内，网管无异常告警	
	基站巡检	2	运行状态检查	月	1 次/月	温湿度、电压在标准范围内，设备指示灯正常，无异常告警	
		3	连接线检查	月	1 次/月	正常	
		4	风扇检查	月	1 次/月	正常	
		5	设备清扫	月	1 次/月	清洁无灰尘	面板、防尘网、机架、机柜等
定期检查		6	环倒换	年	1 次/年	正常	
		7	接地电阻测试	年	1 次/年	≤4 Ω	
重点整修		8	检查沿线有害干扰信号	根据需要		无有害干扰信号	
		9	其他重点整治项目				

3.2.3.2 故障处理流程

当发生紧急问题时，按照以下流程进行处理。

1. 检查网络业务

按照紧急故障的现象，通过网管上报的告警信息，判断故障是否属于 BTS 故障，同时初步判断是个别 BTS 故障还是大量 BTS 故障。

2. 初步确定原因

BTS3012 基站故障记录情况如表 3-2-7 所示。发生紧急情况时，应该注意详细记录有关情况，尽可能多收集故障信息，以便定位问题。

表 3-2-7 BTS3012 基站故障记录表

记录项目	异常记录描述
紧急情况发生时间	
紧急情况发生范围	
上报的严重告警项	
异常性能测量指标	
指示灯不正常单板	
主机程序和近端维护台的版本号	
OMC 版本号	
基站版本号	
操作日志信息	
状态查询信息	
信令跟踪信息	

3. 恢复业务

通过华为远程支持电话指导或华为工程师现场支持，定位故障原因并迅速恢复业务。若不能迅速定位故障原因，必要时尝试进行倒换、复位和更换单板来解决问题。

4. 观测恢复业务

业务恢复后，请注意确认系统是否已正常运行，如确认拨打测试是否正常、告警检查是否正常、BTS 维护台检查是否正常、单板状态是否正常、查看信道状态并核查占用情况是否正常。

3.2.3.3 主要单板告警处理

1. 时钟参考源异常告警

（1）故障现象。

告警发生时，基站时钟与其他基站时钟之间可能出现偏差，导致手机在切换、重选时可能出现异常和选网失败。可能的原因是时钟模块故障、传输误码率过高引起基站时钟参考源异常、上级时钟源异常。

（2）处理建议。

查看告警台是否上报"E1 本地告警"或"E1 远端告警"。若上报这两类告警，应先检查传输问题。处理完毕后，观察告警是否恢复。

进行 TMU 时钟精度测量和校准。处理完毕后，观察告警是否恢复。

检查基站传输线路时钟，用频率计测试基站传输线路时钟的频偏，观察频偏是否大于 0.05×10^{-6}。若频偏大于 0.05×10^{-6}，说明传输时钟异常，E1 传输线路或光传输线路可能出现故障，或者是时钟源出现故障。用逐段自环的方法排除传输线路故障，告警处理结束；若频偏小于 0.05×10^{-6}，说明传输时钟正常，检查 BSC 对应的 LAPD 板是否故障，若发现故障，更换 LAPD 板。

在远端或近端维护台上，复位 DTMU，观察告警是否恢复。

更换 DTMU，观察告警是否恢复。

2. LAPD 告警

（1）故障现象。

告警发生时，DTRU 业务将中断。

（2）处理建议。

查看告警台是否上报"E1 本地告警"或"E1 远端告警"。若上报这两类告警，应先检查传输问题。处理完毕后，观察"LAPD 告警"是否恢复。

如果传输中使用了 64K 时隙交叉或者压缩设备，请客户检查时隙交叉设备数据是否与现场数据相符，若发现不相符，需重新配置时隙交叉设备，观察"LAPD 告警"是否恢复。

检查 BSC 对应的 LAPD 板是否故障，若发现故障，更换 LAPD 板。

在远端或近端维护台上，复位 DTRU 和 DTMU，观察告警是否恢复。

3. DTRU 通信告警

（1）故障现象。

告警发生时，DTRU 不能正常工作。

（2）处理建议。

基站扩容时，检查是否存在 BSC 配置了载频数据，但 BTS 并没有插 DTRU 的情况。

确认 DTRU 面板上的线缆连接是否良好。

更换 DTRU，查看告警是否恢复。

更换 DTMU，查看告警是否恢复。

更换 DCCU，查看 DTRB 是否损坏。

4. DTRU 驻波告警

（1）故障现象。

告警发生时，该 DTRU 的业务彻底中断。

（2）处理建议。

检查是否有 DDPU 严重驻波告警，如果有 DDPU 严重驻波告警，则先处理此告警。

检查 DTRU 到 DDPU 的连接是否正常。

更换 DTRU，查看告警是否恢复。

5. DDPU 严重驻波告警

（1）故障现象。

告警发生时，与 DDPU 连接的 DTRU 将停止输出功率。

（2）处理建议。

在远端或近端维护台上复位 DDPU，查看告警是否恢复。

检查 DDPU 天馈口到天线之间的连接。判断 DDPU 天馈口跳线、避雷器、馈线、塔放和天线的连接是否良好。检查并拧紧相应天线端口到天线之间的接头，复位 DDPU 后，查看告警是否恢复。

测试天馈系统驻波比。用仪表测量 DDPU 天馈口跳线、避雷器、馈线、塔放和天线的驻波比，判断并更换故障部件。复位 DDPU 后，查看告警是否恢复。

6. DDPU 低噪放告警

（1）故障现象。

告警发生时，DDPU 接收通道不能正常工作。

（2）处理建议。

远端复位更换 DDPU，查看告警是否恢复。

确认单板软件版本的正确性。若版本不正确，则修改重新加载激活软件版本，查看告警是否恢复。

近端更换 DDPU 单板，查看告警是否恢复。

3.2.3.4　常见开局故障处理

1. DTRU 接收模式配置错误导致一个小区手机无法接入

（1）问题描述。

BTS3012 基站为 S1/1 配置，使用 2 块 DDPU 和 1 块 DTRU，此 DTRU 上配置 2 个载波，分别对应 2 个小区。其中 1 个小区手机一直无法接入，多次拨测仍然很难接入，并且上、下行相差较大，上行较弱。

（2）问题原因。

射频电缆连接错误，导致一个小区无法接入。

机顶跳线连接错误。

数据配置出现错误。

DDPU 或 DTRU 单板出现故障。

（3）处理过程。

在基站对射频电缆以及机顶跳线的连接都做过详细检查，完全符合 S1/1 的配置。

单板没有任何告警，BSC 侧也没有任何告警。

查看数据配置各个单板槽位，小区数据均正确。

检查 DTRU 的接收模式配置成了"接收分路"，而此 DTRU 配置为 2 个小区的 2 个载波，2 个 DDPU 接收射频电缆分别接到 DTRU 的相应端口，接收模式应该配置为"接收独立"，修改数据配置后，再进行测试，小区工作正常。

2. 载频背板 DTRB 上 MD68 接头接触不良导致载频时钟类告警进而导致载频退服

（1）问题描述。

BTS3012 基站出现大量时钟类告警，所有载频退服，告警有帧或时隙号告警（ID：4170）、载频主时钟告警（ID：4154）、时钟严重告警（ID：4184）等，这些告警过一段时间恢复，但是过一段时间又反复出现，基站业务无法进行。

（2）问题原因。

DTMU 时钟故障。

时钟总线故障。

载频板、背板间连线有问题。

载频板或载频背板故障。

（3）处理过程。

由于基站所有载频都出现此故障，基本排除个别载频本身的故障。

对 DTMU 到 DTRB 的时钟通路中各个单板以及连接线进行检查，更换 DTMU、DCSU 均不能消除故障，检查 DCSU 到 DTRB 的连线，发现 DTRB 上的 MD68 接头松动，把 MD68 接头取下后重新插紧，再观察基站运行情况，载频时钟类消失，说明是由于 DTRB 上 MD68 接头接触不良导致载频时钟类告警从而导致所有载频退服。

3. 射频线缆物理问题导致 DTRU 持续 VSWR 告警

（1）问题描述。

BTS3012 基站开通后，某块 DTRU 的 1 个载波产生 VSWR 告警。

（2）问题原因。

天馈质量问题。

DDPU 或 DTRU 单板故障。

DTRU 到 DDPU 的线缆故障。

（3）处理过程。

用 Site Master 对产生 VSWR 告警的馈线进行测试，发现驻波比小于 1.25，可以确定不是现有天馈的问题。

更换 DDPU，重新连接天馈系统，发现 DTRU 的 VSWR 依然存在告警。

更换 DTRU 单板，发现 VSWR 告警依然存在。

更换从 DTRU 到 DDPU 的线缆，重新给 DTRU 上电，单板初始化，发现 VSWR 告警没有再出现。

4. DDPU 连接机顶的 MD68 插针插歪导致大量 DDPU 时钟异常告警

（1）问题描述。

某 BTS3012 为 S1/1/1 配置，开通后 1 小区正常，2、3 小区的 DDPU 出现"DDPU 时钟异常告警"。3 块 DDPU 分别插在 1、3、5 号槽位。

（2）问题原因。

DDPU 的 COM 端口电缆连接异常。

DDPU 硬件故障。

主控模块硬件故障。

（3）处理过程。

更换 1、2 小区的 DDPU，故障现象依旧。

更换 DTMU，故障现象依旧。

由于 3、5 槽位的 DDPU 出现此告警，而 1 槽位的 DDPU 无告警。考虑到从 DTMU 到 DDPU 的时钟总线路径：DTMU—DCMB—DCSU（TO TOP2）—DCTB—TO DAFU[0、1、2]/ TO DAFU[3、4、5]—DDPU，即从机顶到 1 号槽位和 3、5 号槽位 DDPU 是通过不同的线缆连接的。检查机顶到 3、4、5 槽位 DDPU 通信线缆的 MD68 接头，发现插针插歪。重新插正确后，故障消失。

5. DELC 板故障导致 E1 近端告警

（1）问题描述。

某局新开通的 BTS3012，DTMU 上对应的 LIU 指示灯长亮，E1 近端告警。

（2）问题原因。

BTS3012 机柜的传输由机顶接入，机柜为 DB25 接头，E1 电缆为 DB25 转 4E1 的 8 芯同轴电缆（75 Ω）或 8 对双绞电缆（120 Ω）。

DB25 头及传输线故障。

E1 信号防雷卡 DELC 板故障。

DCTB 板故障。

DCTB 与 DCCU 之间的传输线故障。

DCCU 板故障。

DCMB 母板故障。

DTMU 故障。

（3）处理过程。

更换机顶 DB25 接头以及所带的传输线，故障现象依旧。

更换 DTMU，故障现象依旧。

更换 E1 信号防雷卡 DELC 板，故障消失。

3.2.3.5　BTS 典型故障处理

1. BTS 退服

（1）故障现象：BTS 不能正常工作。

（2）原因分析。

① BTS 电源故障。

② 主控单元、载频单元、合路单元模块故障。

③ 天馈系统故障。

④ 连接钢跳线松动或损坏。

⑤ 2M 电路故障。

（3）处理方法。

① 测量输入电源电压，若输入电压过低或过高，则处理电源；若电源线接触不良或损坏，

则处理电源线。

② 检查 BTS 各模块面板运行状态，若有异常，则联系网管进行相关故障模块的更换。

③ 测试天馈系统驻波比，若测试超标，则分别检查天线、馈线、功分器、防雷器及各连接部位，更换、处理损坏部件。

④ 检查 BTS 连接钢跳线，处理连接部位松动或更换连接钢跳线。

⑤ 检查 BTS 相关模块面板指示灯状态，若有 2M 链路告警，则配合网管进行 2M 电路的故障排查。

2. 基站发射功率低

（1）故障现象：路测发现基站覆盖区域的无线场强覆盖弱。

（2）原因分析。

① 天线驻波比高。

② 天线方位角、俯仰角发生变化。

③ BTS 的发射功率低。

（3）处理方法。

① 测试天馈系统驻波比，若测试超标，则分别检查天线、馈线、功分器、防雷器及各连接部位，更换、处理损坏部件。

② 检查天线方位角、俯仰角是否与资料一致，若不一致，则进行调整。

③ 测试基站发射功率，若发射功率低，则更换载频单元或合路单元模块。

课后思考

1. 华为 BTS3012 机柜内部配置包括哪几个方面？

2. 当外部输入电源为 -48 V 时，华为 BTS3012 机柜从物理结构上可划分为哪几部分？

3. BTS3012 逻辑结构由哪 4 部分组成？各部分的主要作用是什么？

4. 简述华为 BTS3012 的主要板件和模块组成。

5. 简述华为 BTS3012 的 DTRU 模块的主要功能及各指示灯颜色含义。

6. 简述华为 BTS3012 的 DDPU 模块的主要功能及各指示灯颜色含义。

7. 简述华为 BTS3012 的 DTMU 模块的主要功能及各指示灯颜色含义。

8. 简述华为 BTS3012 的风扇盒模块面板上的 STATE 的主要功能及各指示灯颜色含义。

9. 简述 BTS3012 各单板配置原则。

10. 简述 BTS3012 典型配置 S1/1/1、S2/2/2、S4/4/4、S1/2/1、S3/3 及 S8/8/8 的主要区别。

11. 简述 BTS 维护项目与标准。

12. 简述 BTS 主要单板告警的处理方法。

13. 简述 BTS 常见开局故障的处理方法。

14. 简述 BTS 典型故障的处理方法。

任务 3.3　直放站设备维护与故障处理

3.3.1　直放站系统结构

3.3.1.1　光纤直放站系统组成

　　光纤直放站主要由以下几个部分组成：近端机（MU）、光传输部分、远端机（RU）、天馈线或漏缆。近端机（MU）和远端机（RU）都包括射频单元和光单元。无线信号从基站耦合出来后，进入近端机（MU），通过电光转换，电信号转变为光信号，从近端机（MU）输入至光纤，经过光纤传输到远端机（RU），远端机（RU）把光信号转换为电信号，进入射频单元进行放大，信号经过放大后送入发射天线，覆盖目标区域。上行链路的工作原理与其一样，移动台信号通过远端天线输入到远端机，把移动台信号放大到 −30 ~ 0 dBm 后送到远端机（RU），转换为光信号通过光纤传送到近端机（MU）。近端机（MU）把信号耦合到基站。

　　每一台直放站远端机（RU）都同时连接 2 个近端机（MU），从 2 个近端机（MU）获取信号。远端机（RU）根据距离 2 个近端机（MU）的距离，各自选用不同的主用信号，且主用信号比从信号高 6 dB，即在相邻 2 个远端机（RU）之间的漏缆上，同时有两路信号在工作，实现隧道内信号交织覆盖。当单点基站故障时，整个系统仍然能够正常工作。

3.3.1.2　光纤直放站设备结构

　　GSM-R 光纤直放站的主要设备有近端机（MU）设备和远端机（RU）设备。

1. 近端机（MU）设备

（1）近端机（MU）组成。

　　近端机（MU）由射频单元、数字中频单元、光传输单元、监控单元、供电系统等组成，如图 3-3-1 所示。

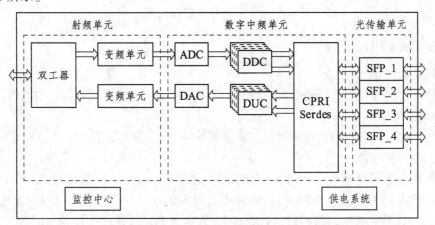

图 3-3-1　近端机组成框图

① 射频单元：包括双工器、滤波器和变频单元。双工器实现收、发（上行、下行）信号的分离。变频单元分为上行变频单元和下行变频单元。下行变频单元主要是实现将基站发过来的射频信号变为数字中频模块中 ADC 能够接收采样的中频信号。上行变频单元是将数字中频模块 DAC 输出模拟中频信号变为基站接收的上行射频信号。

② 数字中频单元：包括 ADC、DAC、DDC、DUC 和 CPRI。

ADC 将模拟中频信号通过高速采样变为数字信号；DAC 将 DUC 信号转变为模拟中频信号；DDC 将 ADC 采样的数字中频信号转换到基带，并形成 I/Q 数据；DUC 将基带 I/Q 数据由基带频率转换到数字中频；CPRI 传送 GSM-R 基带数据（CPRI 由爱立信、华为、NEC、北电和西门子 5 个厂家联合发起制定，用于无线通信基站中基带到射频之间的通用接口协议）。

③ 光传输单元：数字光模块将 CPRI 输出的高速串行信号通过光模块传输到对端。

④ 监控单元：完成对近端机设备的本地监控和远程监控。

（2）近端站（MU）工作原理。

从基站耦合过来的射频信号首先经双工滤波单元，然后通过功分器将信号一分为二传输至近端光单元，光单元将射频信号变为光信号，通过光纤传送至远端，监控信号通过 FSK 调制，与射频信号一起传输；上行链路近端光盘将光信号转化为电信号，然后通过 3 dB 电桥，分别接到收发合一口和分集接收口。近端机原理框图如图 3-3-2 所示。

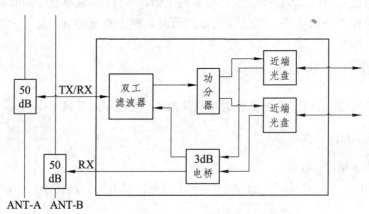

图 3-3-2 近端机原理框图

2. 远端机（RU）设备

（1）远端机（RU）组成。

远端机（RU）由光传输单元、数字中频单元、射频单元、监控单元、供电系统等组成，如图 3-3-3 所示。

远端机（RU）设备中的光传输单元、数字中频单元、监控单元、供电系统与近端机（MU）中对应单元的功能相似。

射频单元中除了变频单元、双工器、滤波器之外还增加了下行高功率放大器（HPA）和上行低噪声放大器（LNA）。HPA：GSM-R 下行射频信号进行放大，实现对覆盖区的大范围覆盖；LNA：对上行 GSM-R 信号进行低噪声放大，提高系统的接收灵敏度。

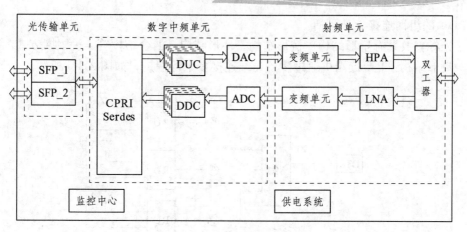

图 3-3-3　远端机组成框图

（2）远端站工作原理。

下行链路，近端过来的下行光信号送至远端光单元，光单元将信号变为射频信号，同时解调出监控信号，射频信号经下行滤波单元送至功放，功放放大后的信号经滤波单元后，通过双工单元连接天馈线系统；上行链路，天馈线系统将接收到的上行信号经上行滤波单元滤波后送至低噪放，低噪放将信号放大后送至光单元，光信号将射频信号和监控信号通过光纤送至近端。远端机原理框图如图 3-3-4 所示。

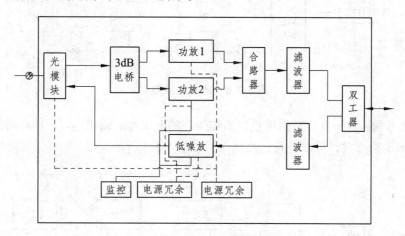

图 3-3-4　远端机原理框图

3.3.2　直放站组网配置

光纤直放站系统是用于解决接收电平低、当地电磁环境复杂的盲区和弱场强区域。

3.3.2.1　组网配置

由于 GSM-R 数字光纤直放站系统的传输为全数字化的，所以系统中近端机（MU）和远端机（RU）的组网连接异常灵活。

数字光纤直放站有星形结构、链形结构、环形结构、混合结构等 4 种组网方式。

（1）星形结构：1 台近端机通过多条光纤连接多个远端机，如图 3-3-5 所示。

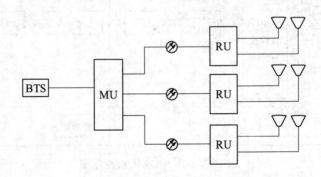

图 3-3-5　星形连接方式

（2）链形结构：即级联方式，1 台近端机通过 1 条光纤连接多个远端机，如图 3-3-6 所示。

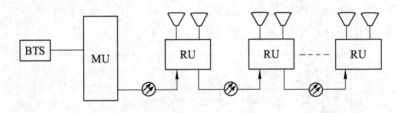

图 3-3-6　链形连接方式

（3）环形结构：多个直放站远端机以串接为环的形式与近端机连接，具有网络自愈能力，在一段光纤出现故障时，可以进行链路倒换，如图 3-3-7 所示。

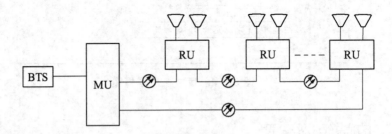

图 3-3-7　环形连接方式

（4）混合结构：多个近端机以多个连接方式混合使用，具有传输范围大、所带远端个数基本不受限制的优点，如图 3-3-8 所示。

可见，直放站的组网方式灵活，可适应链状、面状等多种 GSM-R 网络覆盖的不同需求，在铁路区间、隧道、铁路枢纽、交叉区域、站房室内、大型站场覆盖中都可采用。

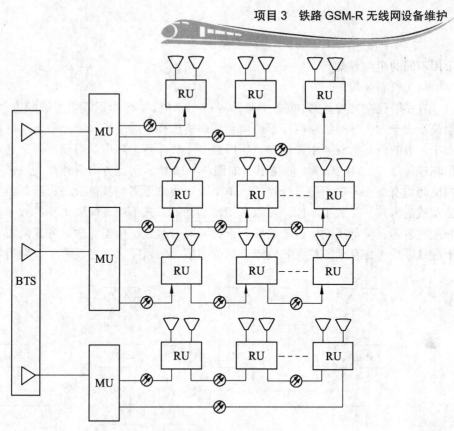

图 3-3-8　混合连接方式

3.3.2.2　实际应用

近端机在 GSM-R 基站侧将射频口的信号数字化处理，通过光纤传送到远端，利用远端数字单元还原，射频单元再生、放大，实现 GSM-R 基站信号拉远覆盖。如图 3-3-9 所示为典型的 GSM-R 数字光纤直放站系统。

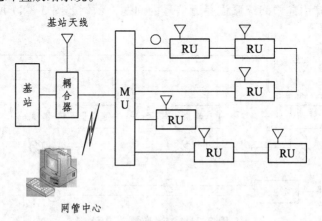

图 3-3-9　典型的 GSM-R 数字光纤直放站系统

根据直放站的特点和组网方式，在铁路 GSM-R 覆盖中应用直放站，需根据不同的场景采用不同的组网方案。

（1）铁路区间。

直接取代空间宏基站，按 1 个基站 + x 个近端机 + $4x$ 个远端机方式配置，其中 $x=1$、$2\cdots$，建议不大于 4，远端机采用环形结构与近端机连接。远端机间距上与宏基站覆盖情形相当。由于一般的近端机有 4 个光端口，可以组 2 个环，每个环中最多连接 6 个远端机，空间区域推荐连接 2 个。对于 $x=1$ 的情形，如图 3-3-10 所示，此方案有几个优点：每个远端机与近端机间均有 2 个不同路径光纤连接，单个设备故障不影响其他设备；覆盖距离大，采用类似分布式的方式，扩大了小区，可以采用比宏基站方式下频率间隔更小的频率复用方式，频率分配更容易，降低了同信道（同频）干扰，同时避免了模拟直放站方式的覆盖距离小和多径干扰缺陷。考虑到话务量大和故障后影响范围大的风险，不建议将小区做得特别大。

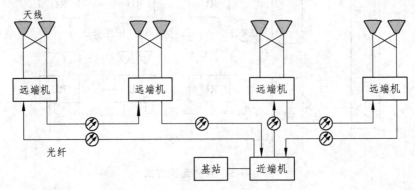

图 3-3-10　空旷区间覆盖方案

（2）长大隧道及隧道群区域。

在隧道口设置基站、近端机、远端机，隧道内根据链路预算设置远端机，基站仅作为信源，不直接给天线或漏缆输出信号提供覆盖。隧道口空间区域和隧道内全部由远端机进行覆盖，隧道中也可以组 2 个环，一般每个环中最多连接 6 个远端机，推荐连接 2~4 个，避免级联后个别设备故障引起中间级联设备无信号的问题，示例如图 3-3-11 所示。

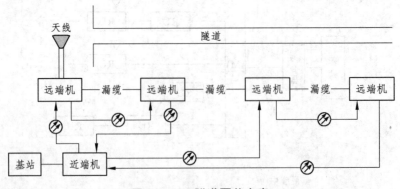

图 3-3-11　隧道覆盖方案

（3）铁路交叉、枢纽及站场区域。

铁路枢纽及线路交叉区域也非常适合使用数字直放站进行覆盖，组网方案可以采用混合结构。一方面可以取代传统的模拟直放站或分布式基站（BBU 和 RRU）组网方案来扩大小区，降低频率分配难度；另一方面可以克服采用模拟直放站带来的时延和干扰问题，克服分布式基站组网上对基站设备厂家的依赖、设备选择余地小的不足。

3.3.3　直放站故障处理

3.3.3.1　直放站维护项目与标准

直放站维护项目与标准如表 3-3-1 所示。

表 3-3-1　直放站设备维护项目与标准

维护项目	维护子项目	序号	维护内容	执行计划	周期	标准	备注
日常维护	网管检测	1	设备告警监控和性能监控	日	1 次/4 小时	正常	
		2	查询直放站的工作状态	日	1 次/24 小时	正常	
		3	系统时间校对	月	1 次/月	与时间同步系统保持一致	
	直放站巡检	4	直放站近、远端机运行状态检查，拨打测试	月	1 次/月	正常	
		5	射频器材、连接线检查	月	1 次/月	正常	
		6	远端机各种通道检查	月	1 次/月	正常	
		7	直放站机柜的清扫	月	1 次/月	正常	
		8	短段光缆、远端机蓄电池等设备检查	月	1 次/月	正常	
定期检测		10	防雷接地、设备接地			≤4 Ω	使用仪器仪表对直放站进行抽测
		11	远端机耦合输入电平				
		12	近端机输出光功率				
		13	近端机输入光功率		根据需要	根据各厂家技术指标进行检测	
		14	近端机的上行底部噪声				
		15	远端机的输出光功率				
		16	远端机的输入光功率				
		17	远端机的下行输出功率				
		18	下行链路增益				
		10	上行链路增益				
重点整修		11	版本升级		根据需要		
		12	其他项目整治				

3.3.3.2 直放站板件类型（以 Comlab 直放站为例）

1. 近端机

Comlab 近端机由光模块、功分器、电源模块、双工器等 4 部分组成。

（1）光模块：实现上、下行间的光电转换，模块为热备份配置。

（2）功分器：一路输入信号能量分成两路或多路输出相等或不相等能量；也可反过来将多路信号能量合成一路输出，此时可也称为合路器。

（3）电源模块：采用实时热备份方式，为近端机提供各种工作电源。

（4）双工器：将发射和接收信号隔离，保证接收和发射都能同时正常工作，由两组不同频率的阻带滤波器组成。

Comlab 直放站近端机光模块指示灯如表 3-3-2 所示，Comlab 近端机电源模块指示灯如表 3-3-3 所示。

表 3-3-2 Comlab 直放站近端机光模块指示灯

指示灯	颜 色	状 态	含 义
FOINSP	绿色	常亮	工作正常
		熄灭	无电
FOANDT	黄色	常亮	未建立连接
		闪烁	建立自检过程中
TX	绿色	常亮	光发射正常
	红色	常亮	光发射故障
RX	绿色	常亮	光接收正常
	红色	常亮	光接收故障

表 3-3-3 Comlab 近端机电源模块指示灯

指示灯（In OK）	指示灯（Out OK）	含 义
常亮	常亮	正常工作状态
常亮	熄灭	传感器信号没有正确连接
常亮	熄灭	温度太高； 过载； 输出电压太高； 输出电压太低
熄灭	熄灭	没有输入电压； 输入电压太低； 输入电压太高； 控制输入开关没有连接

2. 远端机

Comlab 直放站远端机由 MOXA 模块、远端机光模块、远端机前端射频单元、功率放大器、电源模块等 5 部分组成。

（1）光模块：进行上、下行间的光电转换。当从近端机到远端机的光链路中光衰耗在一定范围变化时，光模块可自动补偿还原出恒定的射频信号。

（2）远端机前端射频单元：上行信号放大，模块内置漏缆监控功能。

（3）功率放大器：用于增强信号功率。

（4）电源模块：采用实时热备份方式，任一路电源模块发生故障时，不影响单机设备的工作。

下面介绍 Comlab 直放站特有的 MOXA 模块。

MOXA 模块配备有 2 个串口和 2 个 10/100M 以太网口，可以内建 8MB NOR FLASHOM 和 16MB SDRAM，可以实现数据采集和协议转换方面的应用平台。

Comlab 直放站远端机 MOXA 模块指示灯含义如表 3-2-4 所示。

表 3-2-4　Comlab 直放站远端机 MOXA 模块指示灯含义

指示灯	颜色	含义
Ready	绿色	电源打开且功能正常
P1/P2（TX）	绿色	串口 1/2 正在发送数据
	熄灭	未发送数据
P1/P2（RX）	黄色	串口 1/2 正在接收数据
	熄灭	未接收数据

3.3.3.3　典型故障处理

1. 直放站近端机脱管故障

在联调联试及开通运行之初，某直放站近端机出现脱管故障：网管上显示某一近端机（MU02）为黑色，与 MU02 连接的主、从光纤均为黑色，无法连接到该近端机，如图 3-3-12 所示。

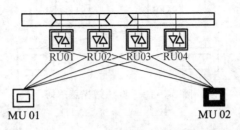

2MU-4RU-G-1-1

图 3-3-12　直放站近端机脱管故障截图

（1）原因分析。

① 在网管上出现网管不到某个近端机的情况（脱管），而其他近端机网管状态正常，则可以排除网管服务器及终端设备出现故障的情况。

② Comlab 直放站网管采用双网卡服务器，拥有 A、B 2 个网段，经网线分别连接至传输设备的 2 个以太网口，而近端机内的交换机经网线和基站的 622M 传输设备的以太网口连接。所以传输侧故障和 MU 内放置的小交换机、网线故障都可能造成网管通道故障。

（2）处理方法。

① 故障现场需要配备 1 台笔记本计算机并将笔记本网卡 IP 地址设置为近端机地址，从基站传输设备上直接用网线 ping 网管的 IP 地址，如果可以 ping 通，则判断网管传输通道正常。

② 检查 MU 内放置的小交换机和网线，用网线测试仪测试网线正常。经排除法得出，只有 MU 内置的小交换机可能有故障，更换小交换机后，故障排除，网管能对该近端机正常监控。

（3）小结。

本例是由于近端机内放置的小交换机故障导致直放站近端机脱管。在日常维护中，当直放站近端机/远端机脱管时，可以按照下面的流程进行故障排查：

① 现场检查设备电源头是否掉落或接触不良，检测电源线是否有电压（指标为 220 V 左右）。

② 检查网管服务器上 ping 近端机或远端机的 IP 地址（若是远端机，则 A、B 两网段均需要 ping）是否联通。

③ 现场检查远端机内部网线是否接触不良，检查近端机连接基站传输设备的网线以及机柜内网线是否接触不良。

④ 检查 MU 内放置的小交换机工作是否正常。

2. 直放站光路故障

某高铁线路直放站采用主、备、从 3 块光模块的方案，远端机（RU）从 2 个近端机（MU）获取信号，RU 到主用 MU 连接有主、备用两根光纤，主、备用光纤路径不同，相互起到保护作用。RU 与从 MU 之间采用单纤收发信号。当直放站发生光路故障时，通常网管上会上报两种告警：主链路网络故障、从链路网络故障。发生主、从链路网络故障告警时，从网管可以看到 RU 与 MU 连接的主、从光纤显示为红色，如图 3-3-13 所示。

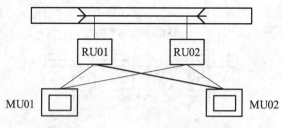

图 3-3-13　直放站光路故障

（1）原因分析。

当直放站网管上报主链路网络故障告警时，则表示主、备光链路中有 1 路断开或者主、备光链路 2 路均断开；从链路网络故障告警时，则表示从链路断开。直放站发生光路告警的可能原因有：① 设备光纤或尾纤故障；② 近端机或远端机收光故障；③ 设备光模块发光故障。

（2）处理方法。

① 网管必须确定故障光路，即主、备光路故障或从光路故障。

② 到达发生光路的近端机（MU），观察 MU 光模块指示灯：TX 绿色表示发光正常，红色则有告警；RX 绿色表示收光正常，红色则有告警。

③ 用光功率计测试近端机及远端机收、发光功率（MU 发光为 1 550 nm、收光 1 310 nm；RU 收光 1 550 nm、发光 1 310 nm），若不在门限值内，则检查尾纤和光缆。

④ 若光路没有问题，可以采用替换法来确定为近端机或远端机光模块故障，更换故障模块即可。

（3）小结。

处理直放站光路故障可分别从近端机、远端机的光路和尾纤开始排查，进而可用替换法来确定是近端机或远端机的光模块故障，即可按如下流程进行一一排查：

① 检查设备光纤是否连接。

② 检查设备光路是否畅通，近端机、远端机收光光衰是否符合直放站工作要求（指标为大于 1 dBm）。

③ 检查设备光模块发光是否符合要求。

3. 光通道中断告警

（1）故障现象：近端机或远端机收、发光无告警。

（2）原因分析。

① 远端机光模块故障。

② 近端机光模块故障。

③ 光缆中断。

④ 光纤连接器件损坏。

（3）处理方法。

① 测试光模块输出光功率，若光模块不能正常工作，则更换该光模块。

② 测试光缆，若光缆中断或衰耗过大，则处理光缆故障。

③ 测试尾纤（含连接法兰），若不通或衰耗过大，则分段排查后，更换故障器件。

4. 下行功放告警

（1）故障现象：网管显示下行功放告警。

（2）原因分析。

① 远端机下行功放故障。

② 远端机光模块故障。

③ 远端机功放前级连线出现断路。

（3）处理方法。

① 检查功放门限设定值是否过低，如过低则适当调整；若门限设定正常，则更换下行功放模块。

② 测试光模块输入光功率，判断是输入光功率过低还是光模块自身故障。若输入光功率低，则排查光缆及近端机光模块；若光模块自身故障，则更换远端机光模块。

③ 测试功放射频输入功率，判断功放或前级连线好坏。若判断为功放故障，则更换远端机功放；若判断为前级连线故障，则修复连线。

5. 驻波比告警

（1）原因分析。

① 远端机输出口接触不良。

② 远端机输出口至天线、漏缆接口接触不良或进水。

③ 远端机天线馈源进水或馈线受损。

（2）处理方法。

① 检查远端机射频输出口及至天线、漏缆接口，若发现接触不良或进水，则重新处理接口。

② 测试远端机射频输出口至天线的驻波比，若驻波比不合格，则分段测试，检查处理损坏器件。

6. MU 接收 BTS 的信号电平指标异常

某日检测车测试，发现 01/RU1、RU2 的主用信号及 02/RU1、RU2 的从信号都高于直放站近端机输入电平门限值（信号偏高容易造成切换点位置偏移，从而引起通话中掉话）。

（1）原因分析。

当测试发现直放站近端机输入电平过高，可能的原因是 BTS 的输出电平过高，如图 3-3-14 所示。01/RU1、RU2 的主用信号及 02/RU1、RU2 的从信号都是 01/MU 提供的，当 4 台 RU 接收到的信号均偏高时，可以判断出故障点为其共同的信号源，即 01/MU 提供的信号偏高。

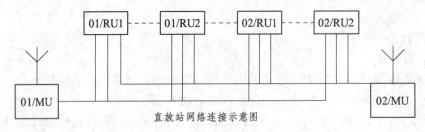

图 3-3-14　直放站网络连接示意图

（2）处理方法。

故障现场测试基站设备输出到直放站近端机的电平为 35 dBm，而直放站近端机输入电平要求为 30 dBm，故高出 5 dBm。有两种解决措施：① 降低基站设备输出电平，但是会降低本基站信号对其他方向的覆盖；② 在馈线上增加衰减器，但是会增加故障隐患点。

为了保证本基站信号对其他方向的覆盖，采取在基站至直放站近端机的馈线上增加 5 dBm 衰减器的措施后，4 台 RU 的接收电平符合要求，故障排除。

（3）小结。

排查此类故障应掌握的知识点：直放站近端机输入电平要求为 30 dBm，基站到近端机的馈线连接包括功分器、衰减器等，所以一般情况下基站的输出信号约为 42 dBm，经过功分器、衰减器及接头等衰减后，到达直放站近端机的电平值应略高于 30 dBm，这样就不会因信号偏高而导致掉话了。

　　本节列举了几个 GSM-R 光纤直放站日常维护中比较典型的故障。在 GSM-R 光纤直放站日常维护中，经常会遇到各种故障现象并伴随着不同的告警指示，甚至同一种告警现象却是由不同的原因导致的。只有透过故障的表象找到其本质，才能实现故障的准确定位并迅速排除。这就需要我们了解故障定位的基本原则，明确故障处理的思路，掌握常见的故障处理方法，才能从容应对各种异常现象，提高日常维护的能力，更好地为铁路运输安全生产服务。

3.3.4　直放站维护实例

3.3.4.1　郑西高铁光纤直放站

　　郑西高铁 GSM-R 系统采用单网交织冗余方式，基站子系统主要采用北电 BTS 设备进行覆盖，对于隧道内和个别无线覆盖交叉的地方使用瑞士 Comlab 公司的直放站进行网络覆盖。郑西高铁全线共使用 Comlab 公司近端机（MU）5 台、远端机（RU）133 台，郑州局管内近端机 48 台，远端机 129 台。如图 3-3-15 所示为郑西高铁 GSM-R 光纤直放站系统连接示意图。

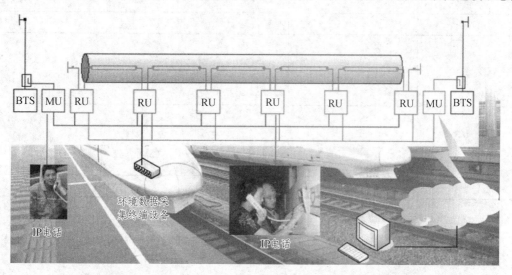

图 3-3-15　郑西高铁 GSM-R 光纤直放站系统连接示意图

　　直放站采用主要模块备份，包括光模块备份、功放备份、电源模块备份和基站信元备份。当其中 1 个基站故障时，系统仍能继续工作。直放站采用内置漏缆监控功能，内置 IP 透明传输通道，在远端机、近端机上都有以太网接口，提供 IP 透明传输通道。

　　每个 MU 用 2 根馈线连接到 1 个基站上（通过定向耦合器连接），MU 用光纤以星形方式连接到 RU 上，每个 RU 连接 2 个 MU（用 2 根光纤连接主用 MU，用 1 根光纤连接备用 MU），相邻 2 个 RU 用漏缆连接（每个 RU 向外同时发射 2 路信号，分别来自主用 MU 和备用 MU，主用 MU 的信号比备用 MU 信号高 6 dBm）。

　　近端机（MU）的作用是：① 将基站 BTS 通过馈线发送过来的电信号转变为光信号，通过近端机到远端机的光缆传送到远端机；② 将远端机传送过来的光信号转变为电信号，传送给基站 BTS；③ 近端机到远端机的光纤内部使用 TCP/IP 协议，提供网管通道连接直放站网管和远端机。

远端机（RU）的作用是：① 将近端机传送过来的光信号转变成电信号，发送到漏缆；② 将漏缆收到终端发送的电信号传送给近端机。

直放站工作原理，简单地说，就是直放站把 BTS 的电信号变为光信号，通过光缆拉远传送到隧道内的漏缆上，以实现基站 BTS 对隧道内的无线覆盖。

3.3.4.2 直放站指示灯状态与故障排查

1. 近端机电源指示灯状态与故障判断

（1）近端机电源模块指示灯状态说明如表 3-3-5 所示。

表 3-3-5 近端机电源模块指示灯状态说明

指示灯（In OK）	指示灯（Out OK）	状态描述
绿色	绿色	正常工作状态
绿色	×	传感器信号没有正确连接
绿色	不亮	温度太高； 过载； 输出电压太高； 输出电压太低
不亮	不亮	没有输入电压； 输入电压太低； 输入电压太高； 控制输入开关没有连接
不亮	绿色	不可能发生

（2）近端机电源模块故障判断。

当通过电源模块指示灯状态观察到电源故障时，首先要检测电源模块的输入电压，以快速判断故障点。

测量仪器：数字万用表。

测量方法：

第一步：测量输入电压是否正常。

用万用表负极"－"接地，推荐接在电源模块的 DC－端子；用万用表正极"＋"接电源模块的 DC＋端子，此时在万用表上应该可以显示出输入电压。如果电压显示为 －48～－54 V，就认为它是正常的，这时可以进行第二步操作；如果此时电源电压超过了这个范围，需要首先检测电源系统供电，直到输入电压正常为止。

第二步：测量输出电压是否正常。

在第一步操作中，已经确认输入电压是正常的。在这里需要测试输出电压是否正常。用万用表的正、负极分别接在电源模块 DC12 + 和 DC12 - 端子，观察此时数值，如果数值不是 + 12 V，就可以判断电源模块已经损坏，需要更换新的电源模块；如果此时数值为 + 12 V，但还是无法加电，说明主板有过载，需要返厂做进一步的检测。

2. 远端机状态与故障排查

由于远端机一般位于隧道内，维护的时间很短，一般采用整机更换的方法。首先要判断是远端机设备有问题还是电源系统、光传输系统、射频系统有问题。为此，可分为电源系统检测、光传输系统检测、射频系统检测 3 部分来测试分析和排查故障。

（1）电源系统检测。

测试仪器：数字万用表。

现象分析：郑西高铁采用双电源模块 + 备用电池的方案，通过网管可以快速发现故障所在点，网管上通常会有两种告警。

① 电源模块告警，远端机内部有 1 个电源模块已经损坏，需要更换整个远端机。

② 市电告警，此时需要检查电源供电系统。

（2）光传输系统检测。

测试仪器：功率源、功率计。

现象分析：郑西项目上采用 2 块主光模块 + 1 块从光模块的方案，网管上通常会有两种告警。

① No-Redundancy，此信息表示主光链路 1 路断开。

② With- Redundancy，此信息表示主光链路 2 路断开，从光链路在工作。

测试方法：测试近端机和远端机的光发和光收，光强度应该控制在 0 ~ 5 dBm。如果光发正常，光收小于 0 dBm，此时认为光衰过大，需要测试光传输通道；否则，表示光模块损坏。如果近端机光模块损坏，可以更换光模块；如果远端机光模块损坏，需要做整机更换。

（3）射频系统检测。

测试仪器：频谱分析仪。

现象分析：郑西项目上采用双功率放大器的方案，如果有 1 个功率放大器损坏，网管会有相应的告警信息，此时更换远端机即可。如果功放工作正常，电平强度不够，需要检测远端机射频端口电平，如果有输出，需要检查馈线驻波比，判断故障点；如果无输出，则需要更换远端机。

远端机更换流程如下：

① 关闭远端机电源。

② 拆下远端机连接线：为了保证安全，最先拆除天馈连接线。在拆除天馈线时，用扳手将接头松开后，手不要接触天馈连接头金属部分，然后使其分开远端机；用 T20 螺丝刀打开远端机机壳，拆下电源连接线，拆下光纤连接线。

③ 从架子上拆下远端机：用 19 mm 开口扳手拆下远端机支架下方的 2 个螺丝，轻轻地往上抬远端机，脱开支架的挂钩即可。

④ 更换新的远端机（注：详见安装手册）。

⑤ 打开远端机电源。

⑥ 更换结束。

Comlab 设备需要关注的几个问题：

① BTS 通过馈线传送过来的信号电平不大于 30 dBm。

② 近端机 MU 到以自己为主用的远端机 RU 连接有 2 根光纤，分别为主用和备用光纤；到以自己为从用的远端机 RU 连接有 1 根光纤；近端机到远端机采用单纤收发，分别使用 1 310 nm、1 550 nm。

③ 远端机、近端机对端的接收光功率范围为 0 ~ 5 dBm，光纤损耗不能太大或太小。

④ 远端机对连接的漏缆分别提供主信号和从信号，主信号比从信号高 6 dBm。

3.3.4.3 直放站网管操作

Comlab 网管采用 Windows2003 服务器 1 台，双网卡连接 2 个 100M 口，通过中兴传输分别连接单双数基站下挂的近端机，分别使用 192.168.3.X 和 192.168.4.X 网段的地址。目前提供两个界面：中文图形化界面，比较直观，一般值班人员经过培训即可掌握（见图 3-3-16）；英文文字界面，需要一定的英文基础并熟悉 Comlab 公司直放站，对设备具有一定的修改权限。

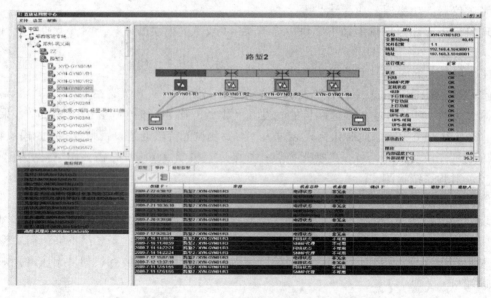

图 3-3-16　Comlab 直放站网管中文界面

1 个管理区通常由 1 个或多个列车线路组成，1 条列车线路通常包括 1 个或多个线路区段，1 个线路区段通常包括 1 套或多套直放站系统，1 套直放站系统通常包括 1 个或多个近端机和远端机，如图 3-3-17 所示。

Comlab 直放站网管树形监控列表位于中文界面左上部，如图 3-3-18 所示。黄色图标为近端机，如 XYD-GYN01/M；蓝色图标为远端机，如 GYN01/R3。出现"绿色对号（√）"的为正常设备，出现"黄色叹号（！）"的为冗余失效告警，出现"红色叹号（！）"的为设备故障告警。如图 3-3-19 所示为 Comlab 网管指示含义及处理方案。

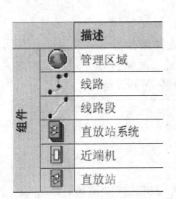

图 3-3-17　网管管理区

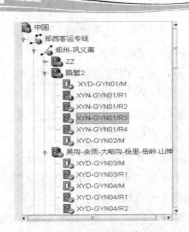

图 3-3-18　网管树形监控列表

Comlab网管指示含义及处理方案				
序号	告警名	OMC状态	含义	处理方案
1	状态/Status	正常/OK	工作正常	
		失败/FAILURE	伴随序号5以下告警同时出现	处理序号5~9相应告警
		不可用/UNAVAILABLE	设备脱管	检查远端机设备供电与光链路
2	网络/Network	正常/OK	工作正常	
		不可用/UNAVAILABLE	设备脱管	
3	SNMP代理/SNMP Agent	正常/OK	工作正常	
		不可用/UNAVAILABLE	设备脱管	
4	主机状态/UC Status	正常/OK	工作正常	
		失败/FAILURE	伴随序号5以下告警同时出现	处理序号5~9相应告警
5	电源/Power	正常/OK	工作正常	
		失败/FAILURE	远端机电源失败	升级软件
6	下行预功放/DL Preamp	正常/OK	工作正常	
		失败/FAILURE	功放坏	更换整机
		不可用/UNAVAILABLE	功放脱管	升级软件或检查数据线
7	下行功放/DL Poweramp	正常/OK	工作正常	
		失败/FAILURE	预功放坏	更换整机
		不可用/UNAVAILABLE	预功放脱管	升级软件或检查功放到预功放数据线
8	上行功放/UL Amp	正常/OK	工作正常	
		失败/FAILURE	前置坏	更换整机
		不可用/UNAVAILABLE	前置脱管	升级软件或检查前置到预功放数据线
9	链接Link	正常/OK	工作正常	
		失败/FAILURE	光链路故障	检查光衰和光模块发送功率
		不可用/UNAVAILABLE	光纤未连接	升级软件或检查数据线

图 3-3-19　Comlab 网管指示含义及处理方案

3.3.4.4　直放站常见故障处理

直放站常见故障主要有电源故障、光缆故障、近端机光模块故障、远端机光模块故障、馈线引入引出的接头故障、网管通道故障等 6 个方面。

（1）电源故障。

根据网管告警，现场观察电源指示灯，使用万用表测量输入电压。如果电压输入正常，判断为电源模块故障，更换电源模块。

（2）光通道故障。

根据网管告警，携带光源光功率计、OTDR、光缆熔接机等到达近端机、远端机处。观察光模块指示灯，如果光模块显示未连接，在近端机、远端机处分别测试对端发送过来的光功率，要求测量值在 0 ~ 5 dBm。如果测不到光功率或光功率太低，则检查光缆及尾纤接头。

（3）近端机光模块故障。

如果光缆正常，可将不正常光模块的尾纤与其他正常光模块的尾纤调整位置，以判断是否是光模块故障。如果是近端机光模块故障，可以更换光模块。

（4）远端机光模块故障。

如果试判断光缆正常、近端机正常，则判断为远端机光模块故障，Comlab 对于远端机采用的是整机更换的维修模式，应联系厂家更换远端机。

（5）馈线引入引出的接头故障。

BTS 到 MU 的馈线连接有功分器、衰减器等，提供给 MU 的功率在 30 dBm 左右。但是增加的功分器、衰减器的故障也增加了故障点。如果出现功率不正常，需要使用频谱测试仪或驻波比测试仪来测试输出的功率，以查找故障点。

（6）网管通道故障。

MU 内放置的小交换机、网线及传输通道的故障可能造成网管通道故障。现场处理故障必须配备有网线测试仪、便携工具及网线制作工具等。

课后思考

1. 光纤直放站系统由哪几部分组成？各部分的主要功能是什么？

2. 光纤直放站的组网方式有哪几种？请画出各组网方式示意图。

3. 简述铁路区间光纤直放站的组网方案。

4. 简述长大隧道及隧道群区域光纤直放站的组网方案。

5. 简述直放站维护项目与标准。

6. Comlab 直放站板件类型有哪些？简述各面板指示灯的含义。

7. 简述 Comlab 直放站近端机光模块指示灯的含义。

8. 简述 Comlab 近端机电源模块指示灯的含义。

9. 简述 Comlab 直放站远端机 MOXA 模块指示灯的含义。

10. 简述 Comlab 直放站近端机脱管故障的处理方法。

11. 简述 Comlab 直放站光路故障的处理方法。

12. 简述 Comlab 直放站通道中断告警的处理方法。

13. 简述 Comlab 直放站光下行功放告警的处理方法。

14. 简述 Comlab 直放站近端机电源指示灯状态与故障判断方法。

15. 直放站常见故障主要有哪 6 个方面？简述直放站常见故障的处理方法。

项目 4　机车综合无线通信（CIR）设备维护

CIR 是"机车综合无线通信设备"的简称，它是新一代的铁路无线通信车载设备，不但具备既有铁路无线列调机车电台的全部业务功能，还能够提供提速铁路无线调度命令接收、车次号校核、列尾风压查询等新业务功能，更是高速铁路 GSM-R 无线通信系统不可或缺的一员。机车综合无线通信设备是关系列车安全、正点运行的重要装置，保障机车综合无线通信设备在运用中的安全性和可靠性是至关重要的，因此其维护与检修工作举足轻重。本项目主要介绍 CIR 设备系统构成、CIR/LBJ 设备操作使用、CIR/LBJ 设备出入库检测、CIR/LBJ 设备故障处理等内容。

任务 4.1　CIR 系统设备构成

4.1.1　CIR 设备构成与功能

4.1.1.1　CIR 设备构成

机车综合无线通信设备（CIR）是基于 450 MHz 列车无线调度通信、GSM-R、800 MHz 列车防护报警系统的机车终端通信设备。CIR 由主机（包括 A、B 子架及机柜）、操作显示终端（以下简称 MMI）、送受话器、打印机、扬声器、天线及天线电缆（2 个 GSM-R 天线、1 个 GPS 天线、1 个 450 MHz 天线）、各种连接电缆等构成。其设备组成及设备构成原理如 4-1-1 和图 4-1-2 所示。

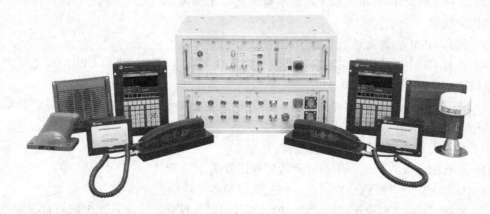

图 4-1-1　CIR 设备组成

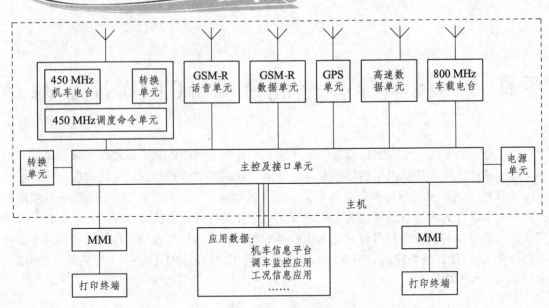

图 4-1-2　设备构成原理框图

CIR 主机包括机柜（含子架）、总线板、主控单元、电源单元、后备电源（蓄电池）单元、GPS 单元、GSM-R 话音单元、GSM-R 数据单元、高速数据单元、记录单元、天馈单元、接口单元、450 MHz 机车电台单元（450 MHz 调度命令单元）、800 MHz 列尾和列车安全预警车载电台（简称 800 MHz 车载电台）单元等，各组成部分模块化，可根据功能要求进行模块配置。其中，450 MHz 机车电台、800 MHz 车载电台、天馈等单元安置在机柜内可单独放置。

MMI 包括显示器、送受话器、扬声器、按键、外部接口等。

4.1.1.2　CIR 整机功能

根据单元模块的选配，CIR 可实现以下相应功能：

（1）具有 450 MHz 通用式机车电台的调度通信功能。

（2）具有 450 MHz 通用式机车电台承载的列车尾部风压、无线车次号、调度命令等数据信息的传输功能。

（3）具有 GSM-R 调度通信功能。

（4）具有 GSM-R 通用数据传输功能，根据承载业务的需要，提供 GPRS 或电路方式数据传输链路。

（5）具有《800 MHz 列尾和列车安全预警系统主要技术条件（暂行）》中规定的车载电台的功能。

（6）具有无线宽带数据传输功能。

（7）具有工作模式自动、手动转换功能和语音提示功能。

（8）具有上、下行线路分别设定工作模式转换点的功能。

（9）根据卫星定位信息无法确定唯一的运行线路时，具有提示并手动选择运行线路的功能。

（10）卫星定位单元失效时，具有手动转换工作模式和选择运行线路的功能。

（11）具有输出卫星定位原始信息、公用位置信息的功能。

（12）MMI 具有调度通信、通用数据传输所需的操作，以及状态显示和语音提示功能。

（13）具有主、副 MMI 之间通话的功能。

（14）具有话音、数据业务和状态信息记录及转储功能。

（15）具有整机自检功能和故障定位功能（故障定位到单元模块），包括 450 MHz 机车电台单元、800 MHz 车载电台单元、GSM-R 话音单元、GSM-R 数据单元、记录单元、卫星定位单元、MMI、机车数据采集编码器、电池单元，并可将自检结果发送到库检设备。

（16）具有人工系统复位功能，复位重启后自动进入原注册状态。

（17）主机关机时，具有电池单元放电电压检测功能。

4.1.2　CIR 主机构成

4.1.2.1　CIR 主机装配

CIR 主机包括机柜、A 子架、B 子架（见图 4-1-3）。A 子架包括主控单元、电源单元、电池单元、卫星定位单元、GSM-R 话音单元、GSM-R 数据单元、高速数据单元、记录单元；B 子架包括接口单元、450 MHz 机车电台单元、800 MHz 列尾和列车安全预警车载电台（简称 800 MHz 车载电台）单元等，子架内各单元装配位置如图 4-1-4 所示。

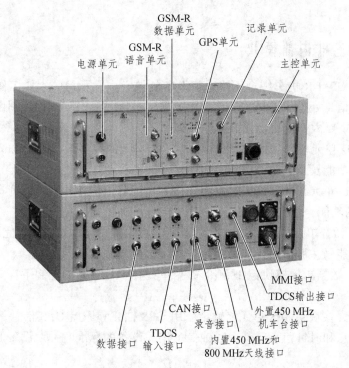

图 4-1-3　CIR 主机

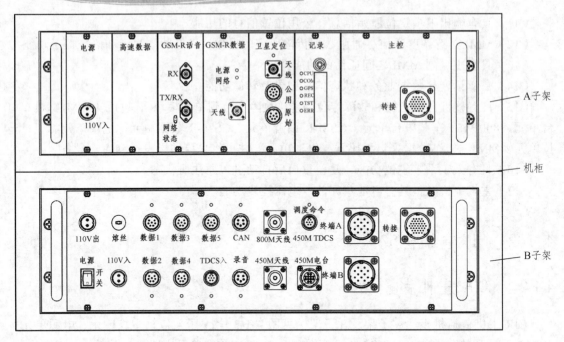

图 4-1-4　主机各单元装配示意图

注：受安装条件限制时，450 MHz 机车电台、800 MHz 车载电台等单元可外置接入 B 子架。

4.1.2.2　CIR 主机内部模块

CIR 主机是 GSM-R 机车综合无线通信设备的核心，其承担的主要工作包括其他组件的设备供电、数据信息处理、信息传递、对外数据传送接收等，其工作分别由其内部各类模块分担完成。CIR 主要内部模块功能及工作原理如下：

（1）450 MHz 单元模块：450 MHz 单元在主控单元的控制下，完成 450 MHz 调度通信所规定的机车电台功能及承载的数据传输功能。

（2）800 MHz 单元模块：800 MHz 机车电台单元具有向 KLW 查询列车尾部风压和控制 KLW 排风制动的功能，具有发送和接收列车防护报警信息的功能等。

（3）GSM-R 话音单元模块：GSM-R 话音单元在主控单元的控制下，完成 GSM-R 话音调度通信功能和功能号注册注销功能。

（4）GSM-R 数据单元模块：GSM-R 数据单元在主控单元的控制下，完成数据信息的接收和发送。

（5）GPS 单元模块：GPS 单元能输出公用 GPS 信息和原始 GPS 信息，为 CIR 的各单元提供公用位置信息和时钟信息，其中时钟信息作为设备的标准时钟，设备的时钟校准周期不大于 10 min。

（6）电源及电池单元模块：电源及电池单元由 DC-DC 电源模块、掉电检测电路和蓄电池（电池单元）组成，用于 CIR 主机电源的电压转换、断电切换等功能。当 CIR 设备得到正常供电时，电源单元通过电压转换功能，将供电电压转换成 CIR 主机内其他模块所需的电压值，提供所需电源；当设备断电时，主控制单元会通过掉电检测电路，自动切换到蓄电池（电池单元）供电，并完成机车功能号、车次功能号注销和网络注销。注销完成后自动切断所有电源，完成设备关机。

（7）记录单元模块：记录单元具有对话音、承载业务信息及操作过程进行记录存储、话音回放的功能。记录单元有两种版本（V1.0 和 V2.0），V1.0 采用 CF 卡存储，V2.0 采用内置 FLASH 存储。V1.0 记录单元需使用 CF 卡读卡器将数据导入计算机；V2.0 记录单元需将数据下载到 U 盘后，再将 U 盘数据导入计算机。导入计算机后，通过配套记录单元解析软件进行分析，可以回放录音、查看通话记录、查看调度命令信息等。

（8）主控单元模块：主控单元由 CPU 处理器、音频电路、控制电路共同组成，实现对各功能单元的控制及主要信息的存储。

（9）接口单元模块：接口单元用于外部设备或系统的连接，包含 800 MHz 报警按钮、2 个 MMI 接口、外置 450 MHz 通用机车电台接口、外置 450 MHz DMIS 接口、TDCS 信息接口、外置 800 MHz 机车电台接口、电源接口、录音接口、数据输出 1 接口、数据输出 2 接口、5 个通用数据接口（注：数据 4 接口用于连接外置 800 MHz 机车电台）。

4.1.2.3　CIR 主机模块配置要求

CIR 设备可根据通信业务需求选配相应的单元模块，模块配置应符合表 4-1-1 中的规定。

表 4-1-1　单元模块选配表

模块配置	通信类型			
	GSM-R 通信	450 MHz 通信	高速数据通信	列车安全预警
机柜	√	√	√	√
主控单元	√	√	√	√
接口单元	√	√	√	√
卫星定位单元	√	√		
GSM-R 话音单元	√			
GSM-R 数据单元	√			
高速数据单元			√	
450 MHz 机车电台单元		√		
记录单元	√	√		
电源单元	√	√	√	
电池单元	√			
800 MHz 车载电台单元				√

注：标"√"表示对应通信类型必须配置的单元模块。

4.1.3 MMI（人机操作界面）

人机操作界面是 GSM-R 机车综合无线通信设备与运营维护人员的交流平台，其承担的主要工作包括信息显示、人机信息交流、控制操作传输等。MMI（见图 4-1-5）分为液晶显示屏和可配置式功能按键两种，其组件包括送受话器（见图 4-1-6）、打印终端（见图 1-1-7）、扬声器、MMI 操作终端，其功能及工作原理如下：

图 4-1-6　送受话器

图 4-1-5　嵌入式安装 MMI

图 4-1-7　打印终端

（1）MMI 操作终端：MMI 操作终端提供人机信息交互提示和操作，包含调度命令信息的查询和打印、话音调度通信呼入呼出、音量调节、列尾相关功能操作。其按键具有背光功能，方便夜间使用。该设备根据机车情况，配置 1～2 套。

（2）扬声器：扬声器可根据工程实际应用要求，确定采用内置或外置安装方式，采用内置安装方式时，将扬声器嵌入 MMI 内部；采用外置安装方式时，将扬声器与打印机进行组合安装。扬声器用于设备语音信息输出。

（3）送受话器：送受话器分为通用式和紧凑式两种，现阶段主流采用紧凑式。其主要用于话音通话时，信号的输入与输出。

（4）打印终端：打印终端在 MMI 的控制下，打印输出纸质调度命令等信息。

4.1.4 天馈设备

天馈设备是 GSM-R 机车综合无线通信设备与铁路 GSM-R 系统信息传递的接口，其承担的主要工作包括信息传输、与 GSM-R 其他系统数据交换等，是设备的对外窗口。其组件包括多频段合路器、不同频段的机车天线及连接电缆等，其功能及工作原理如下：

（1）多频段合路器。

多频段合路器为射频信号合路设备，主要用于 CIR 主机各类型及频段射频信号的合路，以达到减少机车车顶天线数量的目的。该设备根据现场应用情况选择不同型号使用，WTZJ-I 型 GSM-R 机车综合无线通信设备常规情况下选择配置 DHL-IV 型三合一多频段合路器。

图 4-1-8   多频段合路器

DHL-IV 型三合一多频段合路器可将 900 MHz 信号、450 MHz 信号及 800 MHz 信号 3 种不同频段信号合路后，将原有 3 根不同频段的机车天线取消，采用 1 根多频段机车天线收发此 3 种信号。如图 4-1-8 所示是其中一种添加了多频段合路器的连接方式，图中显示的三合路器为 DHL-IV 型三合路器。

（2）机车天线。

机车天线为射频信号发送接收设备，主要用于 GSM-R 机车综合无线通信设备的发送与接收，与铁路整体的 GSM-R 系统建立联络。该设备根据现场应用情况选择不同型号使用。机车天线一般分为 450 MHz 机车天线、800 MHz 机车天线、组合天线、合路天线、900 MHz 语音/数据天线，GPS 天线等，实物如图 4-1-9 所示。

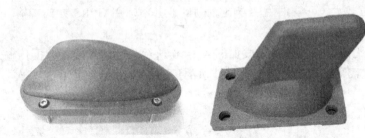

图 4-1-9   机车天线

（3）连接电缆。

连接电缆是 GSM-R 机车综合无线通信设备各组件之间或对外的信号传导媒介，通过其互通信息或供电。如 CIR 主机与 MMI、CIR 主机与机车天线、MMI 与打印机、CIR 主机与 TAX 箱等均采用连接电缆连接。

4.1.5   CIR 业务功能实现

4.1.5.1   调度通信

1. GSM–R 调度通信

个呼：司机→调度、司机→前站、司机→本站、司机→后站以及司机→车长全部采用单键呼叫；司机→固定台采用输入 ISDN 号码（或功能号）呼叫；司机→移动台采用输入 MSISDN 号码（或功能号）呼叫。

组呼（VGCS）：发起（或加入）站内组呼、发起（或加入）邻站组呼以及发起紧急组呼全部采用单键呼叫。

广播（VBS）：可以进入广播组呼状态。

注册与注销：具有 GSM-R 网络注册/注销和功能号注册/注销功能；具有电源软关机功能，完成主机关电后的 GSM-R 网络注销和功能号注销。

2. 450 MHz 调度通信

主呼：司机→调度、司机→隧道机车、司机→平原机车、司机→隧道车站以及司机→平原车站全部采用单键呼叫。

被呼：包括同频→司机、调度→司机、隧道机车→司机和隧道车站→司机。

4.1.5.2 数据通信

1. GSM-R 数据通信

GSM-R 的数据业务分为电路数据和 GPRS 两种传输方式。电路数据方式实时性强，可实时传送数据信息，缺点是占用网络资源较大；GPRS 方式占用网络资源少，但是 GPRS 方式延时比电路数据方式大，对实时性要求比较高的业务不适用 GPRS 方式传输。

（1）无线车次号。

GSM-R 模式无线车次号系统构成如图 4-1-10 所示。通信方式：数据传输采用 GPRS 方式（UDP 协议）。系统功能：实现车次号传送的目的 IP 地址自动更新及车次号信息传送。

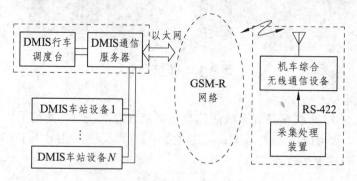

图 4-1-10　GSM-R 模式无线车次号系统构成示意图

车次号信息传送分为下面 3 种情况：

① 列车进入新的闭塞分区、进站、出站。

② 在非监控状态下速度由 0 变为 5 km/h。

③ 司机操作运行记录器开车键时，包括列车停稳、起动信息的传送；存储发送的车次号信息、列车停稳信息；DMIS/CTC 向采集处理装置查询车次号信息。

（2）调度命令。

GSM-R 模式调度命令系统构成如图 4-1-11 所示。通信方式：数据传输采用 GPRS 方式（UDP 协议）。

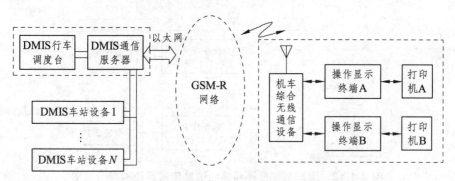

图 4-1-11　GSM-R 模式调度命令系统构成示意图

该系统具有如下功能：① 调度员向辖区内的运行列车发送调度命令等信息，在 CTC 区段发送行车凭证、调车作业通知单等信息；② 车站值班员向辖区内的运行列车发送行车凭证、调车作业通知单等信息；③ 自动向辖区内的运行列车发送列车接车进路预告信息；④ 机车设备向车站发送调车请求信息；⑤ 机车设备向发送人终端发送自动确认和签收信息；⑥ TDCS 设备和机车设备存储调度命令并记录操作过程；⑦ 系统中各终端具有文字提示功能，机车设备还具有语音提示功能。

（3）尾部风压。

GSM-R 模式尾部风压系统构成如图 4-1-12 所示。通信方式：数据传输采用 GPRS 方式（UDP 协议）。

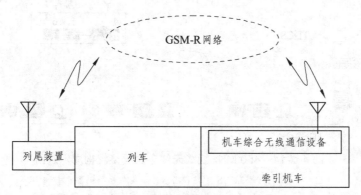

图 4-1-12　GSM-R 模式尾部风压系统构成示意图

该系统具有如下功能：① 与列尾主机之间建立和拆除唯一对应关系；② 提供司机查询尾部风压的功能；③ 能接收并显示列尾主机发送的尾部风压数值；④ 风压数值在规定时间内没有更新时，机车综合通信设备告警；⑤ 具有控制列尾主机排风制动的功能；⑥ 能接收列尾主机发送的电池欠压、主风管风压不正常告警信息，并进行声光告警；⑦ 具有语音和数字显示的提示功能。

（4）调车监控信息传送。

GSM-R 模式调车监控信息传送系统构成如图 4-1-13 所示。通信方式：数据传输采用点对点电路连接（CSD）。

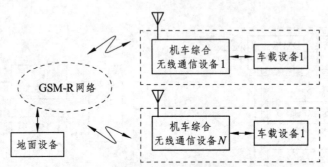

图 4-1-13　调车机车信号和监控信息传送系统构成示意图

该系统具有如下功能：① 提供调车机车信号和监控信息传输通道；② 实现地面设备和多台车载设备间的数据传输；③ 存储进入和退出调车模式的有关信息；④ 多台调车机车同时作业时，地面设备使用连选功能，与每台车载设备分别建立电路连接。

2. 450 MHz 数据通信

调度所与车站之间利用 TDCS 通道，车站至机车方向利用无线列调通道（结合具体情况由设计确定采用同频或异频），机车至车站方向采用 TDCS 无线车次号工作频点。

（1）无线车次号。

450 MHz 模式无线车次号系统构成如图 4-1-14 所示。

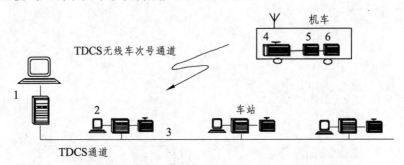

图 4-1-14　450 MHz 模式无线车次号系统构成示意图

1—TDCS 总机；2—TDCS 车站设备；3—车次号解码器；4—CIR；
5—数据采集编码器；6—运行监控装置

该系统具有如下功能：

① 机车台发射频率和车站数据接收解码器的接收频率为第 2 四频组的 f_4，即 457.550 MHz。

② TAX 箱为无线车次号校核系统提供信息来源，通过 RS-485 接口周期性地向机车数据采集编码器传送车次号信息。

机车数据采集编码器发送无线车次号信息的条件如下：

① 在沿线运行，机车经过进站和出站信号机两个位置时，均连续单向发送 2 次；

② 在非监控状态下，机车速度从 0 变化至 5 km/h 时，单向发送 3 次，时间间隔为 3 s；

③ 在始发站机车对标点时，单向发送 3 次，时间间隔为 3 s。

（2）调度命令。

450 MHz 模式调度命令无线传送系统构成如图 4-1-15 所示。

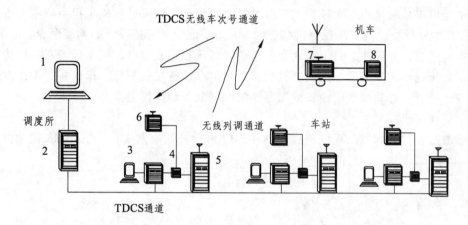

图 4-1-15　450 MHz 模式调度命令无线传送系统构成示意图

1—行车调度台；2—TDCS 总机；3—TDCS 车站设备；4—车站转接器；
5—无线列调车站台；6—车次号解码器；7—CIR；8—监控装置

① 系统功能。

a. 调度员向辖区内的运行列车发送调度命令等信息，在 CTC 区段发送行车凭证、调车作业通知单等信息。

b. 车站值班员向辖区内的运行列车发送行车凭证、调车作业通知单等信息。

c. 自动向辖区内的运行列车发送列车接车进路预告信息。

d. 机车设备向车站发送调车请求信息。

e. 机车设备向发送人终端发送自动确认和签收信息。

f. TDCS 设备和机车设备存储调度命令并记录操作过程。

g. 系统中各终端具有文字提示功能，机车设备还具有语音提示功能。

450 MHz 模式接收调度命令显示界面如图 4-1-16 所示。

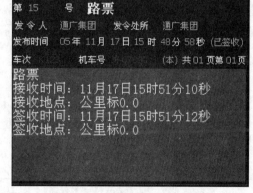

图 4-1-16　接收调度命令显示界面

② 工作过程。

接收到发给本次列车的调度命令后，向发送终端回送自动确认信息。在 MMI 上显示调度命令并发出阅读提示音；当接收调度命令后（不含接车进路预告信息），按"签收"键向地面回送签收信息并停止语音提示，在区间发送的签收信息在前方站进站信号机处进行自动重发；当接收到接车进路预告信息后，按"签收"键停止语音提示，该签收信息进行记录，不向地面发送；显示和打印调度命令并具有状态提示；按"打印"键打印调度命令；记录接收、操作等信息，对调度命令、行车凭证、调车作业单、进路预告分类存储，进路预告存储容量各不小于 1 000 条，其余存储容量不小于 100 条；在未收到监控装置的有效机车号和车次号信息时，则接收显示命令信息中机车号与机车设备记录的机车号相同的命令信息；接收到命令信息中无机车号时只判车次号，无车次号时只判机车号；可进行机车担当角色（本务机或补机）的设置；机车设备工作在补机状态时，显示、记录所有接收到的调度命令，记录签收、打印等操作过程，补机状态时不向地面发送自动确认和签收信息；机车设备在补机状态时，接收到有效无线车次号信息，则退出补机状态；机车设备在机车号、车次号、工作方式发生变化时进行记录；可利用专用设备读出存储的调度命令和操作记录。

（3）尾部风压。

450 MHz 模式尾部风压系统构成如图 4-1-17 所示。通信方式：采用 FFSK 通信方式。

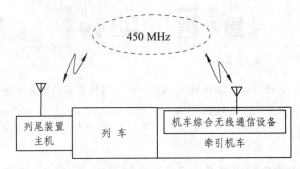

图 4-1-17　450 MHz 模式尾部风压系统构成示意图

该系统功能：① 与列尾主机之间建立和拆除唯一对应关系；② 提供司机查询尾部风压的功能；③ 能接收并显示列尾主机发送的尾部风压数值；④ 风压数值在规定时间内没有更新时，机车综合通信设备告警；⑤ 具有控制列尾主机排风制动的功能；⑥ 能接收列尾主机发送的电池欠压、主风管风压不正常告警信息，并进行声光告警；⑦ 具有语音和数字显示的提示功能。

课后思考

1. CIR 设备由哪几部分构成？CIR 整机有哪些功能？
2. 简述 CIR 主机承担的主要工作。CIR 主机内部有哪些模块？各模块的功能是什么？
3. 简述 MMI 承担的主要工作。MMI 包括哪些组件？各组件的功能是什么？
4. 简述天馈设备承担的主要工作。天馈设备包括哪些组件？各组件的功能是什么？
5. 简述 CIR 的 GSM-R 数据通信业务。其功能是什么？
6. 简述 CIR 的 450 MHz 数据通信业务。其功能是什么？

任务 4.2　CIR/LBJ 设备操作使用

4.2.1　CIR 设备操作使用

4.2.1.1　开车准备工作

1. 开　机

机车加电时，CIR 设备应自动加电运行。加电后，MMI 根据上次关机时的状态进入 450 MHz 或 GSM-R 模式主界面，如图 4-2-1、图 4-2-2 所示。若机车加电后，CIR 设备没有自动加电运行，检查 CIR 供电电源开关是否打开。

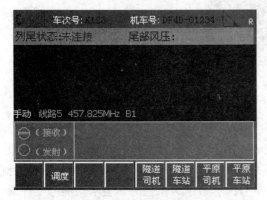

图 4-2-1　450 MHz 模式主界面

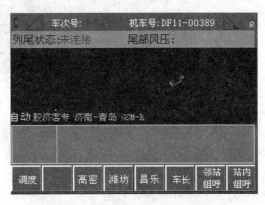

图 4-2-2　GSM-R 模式主界面

2. 主控切换

MMI 处于副控状态，此时可配置按键区无显示，司机需按下"主控"键 3 s 以上，手动将 MMI 切换至主控状态。副控状态、主控状态（450 MHz、GSM-R 模式下）功能按键区如图 4-2-3、图 4-2-4、图 4-2-5 所示。

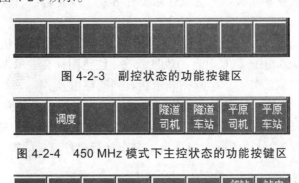

图 4-2-3　副控状态的功能按键区

图 4-2-4　450 MHz 模式下主控状态的功能按键区

图 4-2-5　GSM-R 模式下主控状态的功能按键区

3. 界面介绍

MMI 在守候状态下的主界面，从上到下依次分为基本信息显示区、列尾状态显示区、安全预警显示区、工作模式及运行线路显示区、调度通信状态显示区和功能按键显示区，一共 6 个区域，如图 4-2-6 所示。

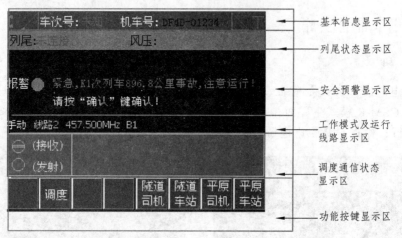

图 4-2-6　MMI 主界面

基本信息显示区：在这个显示区域，显示内容包括扬声器、听筒的音量、车次号和机车号、场强信息等。左侧的图标显示的是扬声器或听筒的音量，在挂机状态下显示扬声器音量，在摘机状态下显示听筒音量。在 GSM-R 工作模式下，右侧的场强信息图标显示设备接收到的 GSM-R 话音单元网络信号强度。车次号和机车号内容显示为白色时，表示功能号已注册；显示为黑色时，表示功能号未注册。

列尾状态显示区：此区域显示与列尾相关的各种信息，主要信息包括列尾的连接状态、风压数值等。在与不同制式的列尾配合使用时，显示的内容不同。

安全预警显示区：此区域显示列车安全预警信息。在 CIR 设备装备有 LBJ 单元时，此区域显示列车防护报警的各种状态提示信息。

工作模式及运行线路显示区：此区域显示工作方式、线路名称、运行区段、工作模式等信息。

调度通信状态显示区：此区域显示调度通信的呼出、呼入、通话等状态信息，在 450 MHz 工作模式下，还显示 450 MHz 机车电台的收发状态，红色图标亮表示发射机发射，绿色图标上半圆亮表示接收到异频信号，下半圆亮表示接收到同频信号。

功能按键显示区：此区域用于显示司机可单键发起呼叫的按键名称，在 450 MHz 模式下显示"调度""隧道司机""隧道车站""平原司机""平原车站"，在 GSM-R 模式下显示"调度""车长""邻站组呼""站内组呼"以及根据列车运行位置显示的车站名称。

4. 工作模式选择

（1）自动选择线路。

在 MMI 主界面下按"设置"键，进入设置界面，根据屏幕提示按方向键将光标移动到

"2、运行区段"，也可以按数字键"2"快速定位至选项，按"确认"键进入"线路选择"界面，移动光标到"1、自动模式"，再次按"确认"键，此时 CIR 设置为线路自动切换模式，如图 4-2-7、图 4-2-8 所示。

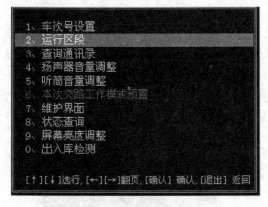

图 4-2-7　设置界面　　　　　　　　图 4-2-8　线路选择界面 1

　　CIR 将根据位置信息自动在 450 MHz 和 GSM-R 两种工作模式间切换，在 450 MHz 模式下，可自动转换工作制式和频点；在 GSM-R 模式下，可自动变换功能按键显示区的车站名称。

　　（2）手动选择线路。

　　在 MMI 主界面下按"设置"键，进入设置界面，选择"2、运行区段"，按"确认"键进入"线路选择"界面，此时屏幕上会列出所有的路局。选择路局后按"确认"键，此时屏幕上列出该路局主要的运行线路。选中线路后，再次按下"确认"键，即可转到相应运行线路的工作模式。手动选择线路后，即使卫星定位信息有效，工作模式、车站名称也不随位置信息自动变化，如图 4-2-9 所示。

　　（3）指定线路选择。

　　除以上所述自动、手动选择线路的方式外，还有在指定运行线路下的选择方式，即当 MMI 发出语音提示"通信转换，请选择线路"时，司机可按"切换"键调出线路选择界面，选择运行线路，如图 4-2-10 所示。

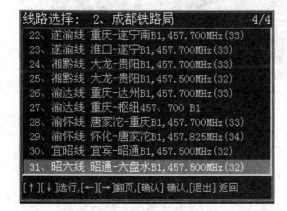

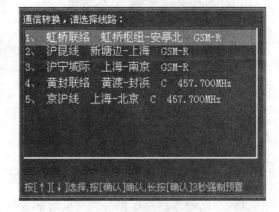

图 4-2-9　线路选择界面 2　　　　　　图 4-2-10　指定线路选择界面

5. 车次号注册

CIR 在 GSM-R 工作模式下必须进行车次号注册。

车次号注册过程如下：

① GSM-R 模式下，在主界面下按"设置"键，进入设置界面。将光标移动至"1、车次功能号注册"并按"确认"键。根据 MMI 屏幕下方的提示，手动输入车次号后按"确认"键，从随后弹出的选择机车牵引任务状态界面上选择"本务机"或"补机"，再次按下"确认"键后，CIR 即向 GSM-R 网络注册车次功能号，如图 4-2-11、图 4-2-12、图 4-2-13 所示。

② 450 MHz 模式下，设置车次号的操作过程与 GSM-R 模式下的注册过程一样，但"确认"后不进行功能号注册，如图 4-2-14 所示。

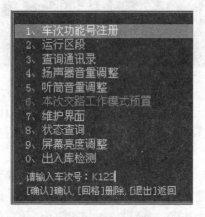

图 4-2-11　输入车次号（GSM-R 模式）

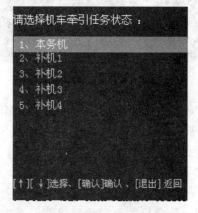

图 4-2-12　选择机车牵引任务状态

图 4-2-13　注册车次号

图 4-2-14　输入车次号（450 MHz 模式）

4.2.1.2　通　话

1. GSM-R 通话

GSM-R 通话分为 CIR 与调度员通话、与车站值班员通话、与运转车长通话，邻站组呼，站内组呼，紧急呼叫和广播。

（1）与调度员通话。

在主界面下按"调度"键呼叫该区段列车调度员，通话过程中需要按 PTT 讲话。

有调度员呼入时，在 MMI 上显示呼叫方信息并伴有振铃提示（振铃声），如图 4-2-15 所示，此时司机摘机即可进行通话。

（2）与车站值班员通话。

司机根据功能按键显示区显示的站名按下相应的按键，可以呼叫车站值班员，如图 4-2-16 所示，通话过程中需要按 PTT 讲话。

有车站值班员呼入时，在 MMI 上显示呼叫方信息并伴有振铃提示（振铃声）。

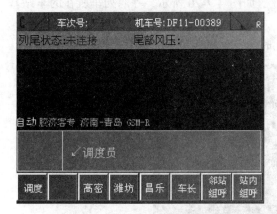

图 4-2-15　调度员呼入

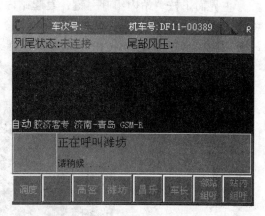

图 4-2-16　呼叫车站值班员

（3）与运转车长通话。

在主界面下按"车长"键，可以呼叫运转车长，如图 4-2-17 所示，通话过程中需要按 PTT 讲话。

有运转车长呼入时，在 MMI 上显示呼叫方信息并伴有振铃提示（振铃声）。

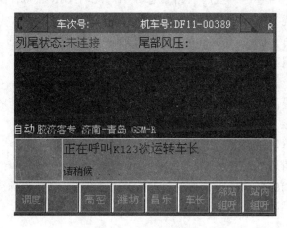

图 4-2-17　呼叫运转车长

（4）邻站组呼。

在主界面下按"邻站组呼"键，可以发起邻站组呼，呼叫列车所在位置的相邻 3 个车站及站间区间的相关用户，在通话过程中，需要按 PTT 讲话。当看到屏幕显示送受话器图标不可用时，不能讲话，如图 4-2-18 所示；当送受话器图标显示可用时即可讲话，如图 4-2-19 所示。有邻站组呼呼入时，CIR 自动加入通话，此时屏幕显示组呼呼入信息，扬声器播放话音。

图 4-2-18 送受话器图标显示不可用

图 4-2-19 送受话器图标显示可用

（5）站内组呼。

主界面下按"站内组呼"键，发起站内组呼，如图 4-2-20 所示，呼叫列车所在的车站基站区内相关用户，通话过程与邻站组呼一样。

有站内组呼呼入时，CIR 自动加入通话，此时屏幕显示组呼呼入信息，扬声器播放话音。

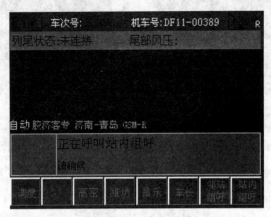

图 4-2-20 站内组呼

（6）铁路紧急呼叫。

司机按下"紧急呼叫"键，发起铁路紧急呼叫。此时 CIR 若处于其他通话状态，则退出正在进行的通话，并优先发起铁路紧急呼叫。

有紧急呼叫进入时，CIR 自动加入通话，此时屏幕显示呼入信息，扬声器播放话音。在通话过程中的操作与组呼相同。

结束紧急呼叫时，发起方司机按下"挂断"键或直接挂机。

铁路紧急呼叫为最高优先级的组呼，接收方不能自己退出，除非呼叫发起方主动结束呼叫或由调度员人工拆除。

注意：司机必须慎用铁路紧急呼叫功能。

（7）接收广播呼叫。

有广播呼叫时，CIR 自动接听，此时屏幕显示广播呼入信息，扬声器播放话音。广播过程中，只能收听不能讲话。

（8）拨号呼叫。

除以上单键发起呼叫外，司机还可以直接输入被叫方的功能号或电话号码，按"呼叫"键发起呼叫，如图 4-2-21 所示。

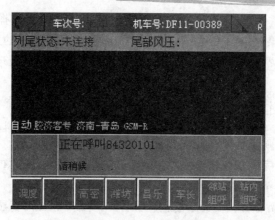

图 4-2-21　拨号呼叫

（9）重拨。

主界面下按"呼叫"键，屏幕上显示司机上一次拨打过的号码，按"回格"键可修改或重新输入号码，再次按"呼叫"键能够方便地进行重拨。

2. 450 MHz 通话

（1）450 MHz 主呼。

在守候状态下摘机，根据需要呼叫的对象按下屏幕下方相应的按键即可以发起呼叫。通话过程中需要按 PTT 讲话，如图 4-2-22 所示。

（2）450 MHz 被呼。

450 MHz 状态下被呼时，通过扬声器可听到对方的话音，此时摘机即可与对方通话，若未摘机，则通话将在 10 s 左右后自动挂断。通话过程中需要按 PTT 讲话，如图 4-2-23 所示。

图 4-2-22　呼叫平原司机

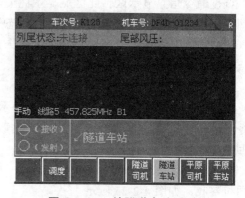

图 4-2-23　被隧道车站呼叫

4.2.1.3　运行中线路转换及相关操作

CIR 的工作方式为自动时，由卫星定位单元根据当前运行位置来确定 CIR 的工作模式。在列车运行过程中，CIR 无法区分两条及以上的运行线路，需要进行线路选择时，MMI 发出语音提示"通信转换，请选择线路"，司机按"切换"键调出线路选择界面，选择运行线路。

在运行过程中，如果 CIR 判断列车的实际运行线路与司机选择的运行线路不符时，MMI 自动弹出运行线路确认界面并提示"请确认线路"，司机需重新选择运行线路。

4.2.1.4 调度命令信息

调度命令信息包含调度命令、行车凭证、列车进路预告等信息。其中列车进路预告是应用最多的一种调度命令信息，该信息由 CTC 设备自动向辖区内的运行列车发送。

（1）调度命令显示界面介绍。

MMI 调度命令显示界面分调度命令信息显示区、调度命令正文内容显示区，如图 4-2-24 所示。

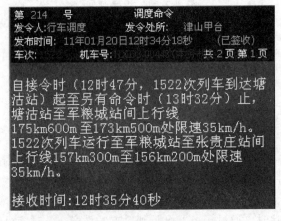

图 4-2-24　调度命令显示界面示例

调度命令信息显示区：此区域显示凭证名称、调度命令编号、发令处所、调度命令发布时间、车次号和机车号、调度命令签收状态等信息。

正文内容显示区：此区域显示调度命令正文内容、签收时间、签收地点等信息。CIR 未连接 LKJ 时，签收地点信息显示"无"。

（2）阅读和签收。

CIR 接收到调度命令信息后，MMI 显示接收到的调度命令信息，MMI 发出提示"调度命令，请签收"。司机阅读完调度命令信息后，按"签收"键进行签收，MMI 在 10 s 后自动返回主界面。较长的调度命令会分页显示，司机应阅读完后再签收。如果未阅读至最后一页按"签收"键会提示"请阅读完再签收"。未签收的调度命令信息每间隔 15 s 重复显示，提醒司机签收，如图 4-2-25 所示。

（3）打印。

在调度命令界面下，按"打印"键，打印终端即打印当前显示的调度命令信息。

（4）查询。

在主界面下按"查询"键，进入查询界面。移动光标选择要查询的调度命令信息类型，然后按"确认"键，屏幕上即显示查询到的调度命令信息索引列表，将光标移动到要查看的条目上按"确认"键，即可查看该条调度命令信息的全部内容，如图 4-2-26 所示。

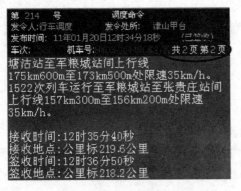

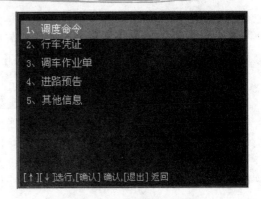

图 4-2-25 调度命令阅读与签收 　　　　　　图 4-2-26 调度命令查询

4.2.1.5 列尾操作

1. 450 MHz 列尾操作

（1）频率选择。

确认 MMI 上列尾状态显示区的频率与当前列尾装置主机的工作频率是否一致，若不一致，进入"运行区段"界面选择正确的频率。

（2）输号。

当听到 MMI 发出提示音"XXXX 列尾装置等待确认"，司机判断该列尾装置主机 ID 与本机一致时，按下"列尾确认"键，听到"XXXX 机车，确认完毕"表示输号成功。

（3）手动查询列尾风压。

按下"风压查询"键，可以主动查询当前列尾风压数据。查询后 MMI 提示"XXXX 机车，风压 XXX"，如图 4-2-27 所示。

（4）风压自动报警。

当 CIR 收到列尾装置主机发送的风压报警信号时，MMI 显示区的风压值变成红色字样并提示"XXXX 机车注意，风压 XXX"；当风压值恢复正常或司机按下"列尾确认"键后，屏幕字样变回黑色，如图 4-2-28 所示。

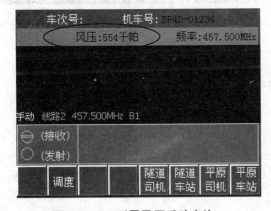

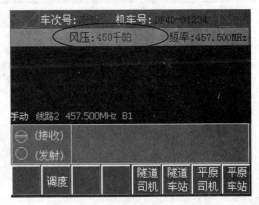

图 4-2-27 列尾风压手动查询 　　　　　　图 4-2-28 列尾风压自动报警

（5）电池欠压报警。

当 CIR 收到列尾装置主机发送的电池欠压报警信号时，MMI 发出提示音"XXXX 机车，电量不足"，司机按下"列尾确认"键后停止提示。

（6）辅助排风制动。

CIR 进行辅助排风制动可通过以下两种方法：

第一种方法是持续按下"列尾排风"键 3 s 以上；

第二种方法是按下"列尾排风"键后，3 s 内再按下"列尾确认"键。

按以上操作后，CIR 即向列尾装置主机发送排风命令并提示"XXXX 机车，排风"。列尾主机排风结束后，CIR 会收到一条风压数据，MMI 提示"XXXX 机车，注意风压 XXX"。

（7）消号。

按下"列尾消号"键，消号成功时，播放语音"XXXX 机车，消号成功"。

2. 客列尾操作

（1）建立连接关系。

CIR 处于列尾未连接状态时，司机进入设置界面输入需要连接的列尾装置 ID 并按"确认"键发起连接。如果连接成功，MMI 主界面显示客列尾 ID 并提示"XXXXXX 列尾装置，连接成功"，如图 4-2-29 所示；如果连接不成功，MMI 会发出提示音"列尾装置连接失败"，如图 4-2-30 所示。

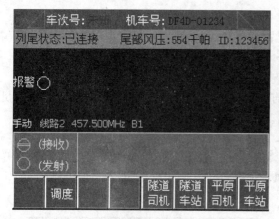

图 4-2-29　列尾装置连接成功

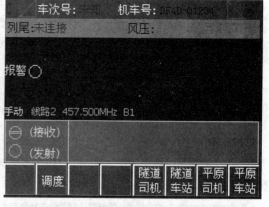

图 4-2-30　列尾装置连接失败

（2）手动查询列尾风压。

司机在主界面下按"风压查询"键，查询到的当前列尾风压数值显示在 MMI 上并提示"XXXX 机车，风压 XXX"。

（3）列尾风压动态显示。

CIR 每隔一段时间（随机 120～130 s）自动轮询列尾风压 1 次，并在 MMI 上动态更新风压数据。当 CIR 与列尾连接失效时，CIR 会进入列尾连接故障告警状态，每隔 5 s 发出一次提示音"列尾装置通信失效"，按下"列尾确认"键可以停止提示；如果 CIR 重新接收到风压信息，即恢复与列尾装置主机的连接。

（4）辅助排风制动。

持续按下"列尾排风"键 3 s 以上，或按下"列尾排风"键后 3 s 内再按下"列尾确认"键，CIR 将向客列尾发送列尾排风制动命令并提示"XXXX 机车，排风"。

（5）风压自动提示。

列车主风管风压不正常时，MMI 显示区的风压值变成红色字样"XXXX 机车注意，风压 XXX"。司机可以按下"列尾确认"键停止 MMI 的声光提示。

（6）供电电压欠压自动提示。

当 MMI 发出提示音"XXXX 机车，列尾装置电压不足"时，司机可以按"列尾确认"键，停止 MMI 的语音提示。

（7）解除列尾连接关系。

解除列尾连接关系的方式有两种：第一种是进入列尾 ID 输入界面，输入 6 个 0 并按下"确认"键；第二种是按下"列尾消号"键并持续 3 s 以上。列尾连接关系解除后，MMI 提示"XXXXXX 列尾装置，消号成功"。

4.2.2　LBJ 设备操作使用

4.2.2.1　LBJ 显示界面介绍

CIR 可以通过 LBJ 发送和接收列车防护报警信息和列车防护报警解除信息，还可以接收施工防护报警信息、道口报警信息等其他报警信息。

开机后，若 CIR 与 LBJ 连接正常，MMI 显示报警主界面（见图 4-2-31）。报警主界面里的圆形区域为工作状态指示灯，平常状态下为黄色圆环。司机按下"报警"键发送过报警信息后，工作指示灯为红色圆形，需要维护人员处理后才能变回黄色圆环。

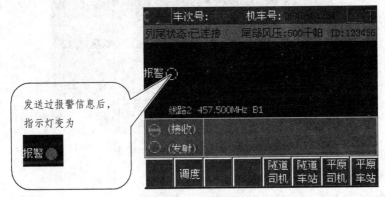

图 4-2-31　报警主界面

4.2.2.2　启动和解除列车防护报警

1. 启动列车防护报警

按下 MMI 上的"报警"键并持续 3 s 以上，或者按下"报警"键后 5 s 内再按"确认"

键启动报警；也可以通过按下 LBJ 主机面板上的"报警"按钮启动报警。CIR 发送报警信息时，同时发出"间歇性的蜂鸣音"提示音，如图 4-2-32 所示。

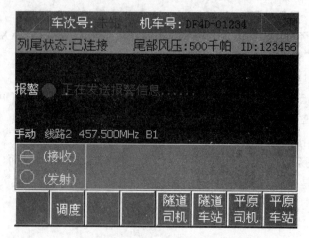

图 4-2-32　启动列车防护报警

2. 解除列车防护报警

当设备正在发送列车防护报警时，按下 MMI 上的"报警"键解除报警；也可以通过按下 LBJ 主机面板上的"报警"按钮来解除报警。解除列车防护报警如图 4-2-33 所示。

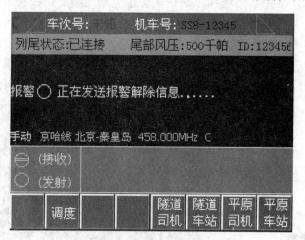

图 4-2-33　解除列车防护报警

解除报警时的注意事项：

（1）由 MMI 启动的报警，可以通过 MMI 或者 LBJ 主机进行解除。当通过 MMI 解除时，只有发起报警的一端 MMI 可以解除报警，另一端的 MMI 不能解除；通过 LBJ 主机可以解除任意一端 MMI 发起的报警。

（2）由 LBJ 主机启动的报警，只能通过 LBJ 主机解除。

（3）正在发送报警信息的设备，关闭 CIR 主机不能使其停止报警。正确的处置方式是按上述方法解除报警。

4.2.2.3　接收报警信息

1. 接收列车防护报警信息

CIR 接收到列车防护报警信息时，MMI 显示报警内容"紧急，XXX 次列车 XXX.X 公里事故，注意运行"，同时发出语音提示，司机可以通过按下"确认"键来停止语音提示，如图 4-2-34 所示。

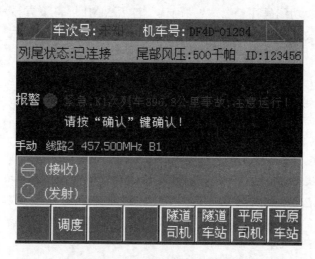

图 4-2-34　接收列车防护报警信息

2. 接收列车防护报警解除信息

CIR 接收到列车防护报警解除信息时，MMI 显示报警解除信息内容"XXX 次列车报警解除，注意运行"，同时发出语音提示，此时司机不需要进行任何操作，如图 4-2-35 所示。

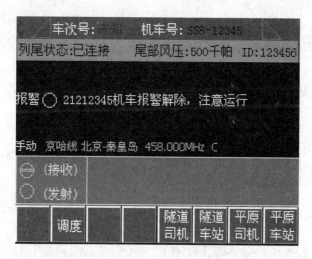

图 4-2-35　接收列车防护报警解除信息

3. 接收其他报警信息

CIR 接收到施工防护报警信息、道口报警信息时，只是显示及语音提示内容与列车防护报警信息有差异，其处理方法与列车防护报警完全相同。

司机离车前的注意事项：

（1）司机离车前，一定要将送受话器挂好。

（2）离车前，以及动车组换端时，司机需手动注销车次功能号。注销过程如下：在设置界面下选择"1、车次功能号注销"，按"确认"键后 MMI 屏幕下方显示是否确认注销的提示，按"确认"键，CIR 即向网络注销车次功能号。车次功能号注销后，关闭机车电源。机车电源关闭 5 min 内 CIR 自动断电。

课后思考

1. CIR 设备开车准备需要做哪些准备工作？
2. MMI 在守候状态下的主界面，从上到下依次分为几个区域？各区域的主要作用是什么？
3. GSM-R 通话包括哪几个方面？简述 CIR 与调度员通话、车站值班员通话的操作过程。
4. 450 MHz 通话包括哪几个方面？简述 CIR 与其通话的操作过程。
5. 简述列车运行中线路转换及相关操作。
6. 调度命令信息包含哪些？其主要功能是什么？
7. 简述 450 MHz 列尾操作及客列尾操作过程。
8. 简述 LBJ 显示界面。
9. 简述启动和解除列车防护报警过程。
10. 简述接收报警信息过程。
11. 简述司机离车前的注意事项。

任务 4.3　CIR/LBJ 设备出入库检测

4.3.1　CIR/LBJ 设备维护规则

4.3.1.1　CIR 设备维护规则

1. CIR 设备维护管理

机车综合无线通信设备（CIR）是基于无线列调、GSM-R、800 MHz 列车防护报警等系统的机车终端设备。

CIR 设备由主机和操作显示终端（MMI）、送受话器、扬声器、打印机、天线、合路器、馈线、线缆、机车数据采集编码器等附属设备组成。

CIR 设备的管理和日常维护、检修由通信部门负责，设备的使用和保管由机务部门负责。

CIR 设备的倒修数量应不少于实际运用数量的 30%，并纳入计表检修计划中。

CIR 设备跨局（段）检修点，每处各种型号倒修设备应配备不少于 2 套，以上设备均纳入运用设备管理、维护。

CIR 设备维护管理分界规定如下：

（1）机务部门负责电源开关（双刀开关或空气开关）和电源开关至直流供电装置（电机、电池组或逆变器）的连接电缆及管路；天线、操作显示终端（MMI）、扬声器与设备主机间连接电缆或管路的布设；天线、设备主机箱（底座）、操作显示终端（MMI）、打印机座的固定（焊接）；设备主机、操作显示终端（MMI）、打印机、送受话器、扬声器、TAX 箱内的机车数据采集编码器机盘的日常保管。

（2）通信部门负责设备主机、控制盒、显示屏、打印机、送受话器、扬声器、天线、TAX 箱内的机车数据采集编码器以及各部连接线缆的日常维护。

（3）无线车次号校核系统机车设备（以下简称机车数据采集编码器）以 TAX 箱的 48 芯插座和后面板 12 芯插座为分界点，采集编码器及 TAX 箱至机车电台的连接电缆由通信部门维修。

（4）机车电台的录音设备以机车电台录音插座为分界点，机车电台录音插座以内由通信部门维修；插座外至录音装置间的连线由 TAX 箱维护部门负责。

各铁路局可根据机车类型的不同，具体协商确定无线通信设备的直流供电方式和机务、通信专业分工维护界面。

CIR 设备应能适应不同类型机车（含动车组、大型养路机械和轨道车自轮运转设备）电源供电条件。

CIR 设备主机内置电池、时钟电池以及送受话器每 2 年更换 1 次，送受话器线缆每年更换 1 次。

SIM 卡号码分配、制作、发放、保管、使用等工作按照 SIM 卡相关管理办法执行。

2. CIR 设备检修维护项目及周期

为确保 CIR 设备良好运用，维护人员在机车、动车组入库（所）时，应对 CIR 设备逐台进行检查试验。当发现 CIR 设备故障、状态不良时，必须及时修复或予以更换；维修人员在动车组出所时，应对 CIR 设备进行逐台检查试验，具体实施细则和作业流程由铁路局规定。

跨局（段）运用的机车设备的检修，相关通信（电务）段应签订机车设备委托维修协议。承修单位应在相应折返点设置机车设备检修点。跨局运用的客运机车、动车组，对 CIR 设备实行逐台入库检查；跨局运用的货运机车，对 CIR 设备可实行入库故障检修。

CIR 设备在折返点处于故障状态时，机车乘务员应在机车入库后向所在地（机务段或机务折返段）检修点值班人员进行申告。值班人员接到申告后，应立即对故障设备进行检查和故障设备的检修处理，并按维修协议规定与委托维修单位办理故障和倒修设备的交接。

CIR 设备检修维护项目及周期规定如表 4-3-1 所示。

表 4-3-1　CIR 设备维护项目及周期

序号	类别	工作项目	周期	备注
一	日常维护（一）	1. 访问用户。 2. 主机各部配线、接头、天线合路器、MMI、送受话器、扬声器、打印机等外观强度检查、表面清扫。 3. 添加打印纸，打印机检查、试验。 4. 自检及语音通话试验。 5. 记录单元语音回放。 6. 车次号、调度命令、列车防护报警等功能试验。 7. 天线外部巡视（动车组做此项工作）。 8. 司机确认签字	每台机车入库后	
二	日常维护（二）	1. 主机与各部附属配件连接线缆和接头、天线、合路器、MMI、送受话器、扬声器、打印机等外观强度检查、清扫、整修或更换。 2. 添加打印纸，打印机检查、试验。 3. 记录单元记录检查。 4. 测量天线驻波比。 5. 自检及语音通话试验。 6. 车次号、调度命令、列车防护报警等功能试验。 7. 交接确认签字	与机车检修同步进行	
三	定期轮修	1. 主机内部清扫、强度检查整修。 2. 450 MHz 单元测试及调整。 　发射机：载波功率、载波频率误差、调制灵敏度、调制限制、调制特性、音频失真、剩余调频。 　接收机：参考灵敏度、音频输出功率、额定输出功率的音频失真、音频响应、调制接收带宽、双工灵敏度下降、接收门限。 　信令系统：发送信令频率偏差、发送信令调制频偏、信令接收带宽、信令检出特性。 3. GSM-R 话音和数据单元测试，更换不合格部件。 　发射机：最大峰值功率、频率误差。 　接收机：参考灵敏度。 4. 驻波比测试，天馈线整修，更换不合格部件。 5. 合路器测试。 6. 更换主机内置和时钟电池。 7. 更换送受话器及送受话器线缆。 8. 清洁 SIM 卡卡槽。 9. 自检及语音通话、各种数据业务传输功能试验	每 2 年 1 次（动车组结合入基地检修同步进行）	

3. CIR 设备检修维护质量标准

CIR 外观和机械强度质量标准如下：

（1）整机内、外各部清洁整齐，无污垢，无明显脱漆，色泽光亮，面板字迹清晰，把手牢固；

（2）整机内、外各部安装牢固，机壳、面板、盖板无变形或破损，各部螺栓和螺母齐全、紧固；

（3）各部电缆连接正确、紧固，无明显破损；

（4）MMI 按键接触良好，动作灵活，按键标字和 MMI 界面显示清晰明了，显示屏显示字迹清晰；

（5）送受话器、扬声器外形完好，无破损变形，不松动，按键接触良好，动作灵活，连接电缆根部有防护，电缆芯线与接头间无假焊；

（6）打印机无破损，针头动作灵活，色带不干；

（7）减振器件应保持性能良好。

4.3.1.2　LBJ 设备维护规则

1. LBJ 设备维护项目及周期

列车防护报警设备（LBJ 设备）是用于列车防护报警和客运列车尾部安全防护的行车安全设备。LBJ 设备是 CIR 设备的组成部分，由 CIR 设备集中控制。在实际运用中，LBJ 设备应与 CIR 设备组合使用。LBJ 设备由机车乘务人员使用，通信部门负责维护管理。

LBJ 设备由主机、天线和连接电缆组成，与 CIR 设备组合使用时，共用 CIR 设备的操作显示终端（MMI）和机车数据采集编码器。

LBJ 设备（或单元）倒修数量应不少于实际运用数量的 30%，并纳入计表检修计划中。

为确保 LBJ 良好运用，维护单位在机车、动车组入库（所）时，应对 LBJ 设备逐台进行检查和试验。LBJ 故障、状态不良影响使用的，必须予以更换；维护单位在机车、动车组出库（所）时，结合 CIR 设备，对 LBJ 设备进行检查试验，具体实施细则和作业流程由铁路局规定。

跨局（段）运用的 LBJ 设备的检修可结合 CIR 设备进行检修。相关铁路局通信（电务）段应按铁道部有关规定签订 LBJ 设备跨局（段）检修协议。委托单位应在机车、动车组折返点配备应急倒修设备。倒修设备数量应结合 LBJ 设备运用情况，每处配备不少于 2 套并纳入运用设备管理、维护。

LBJ 检修维护项目及周期规定如表 4-3-2 所示。

表 4-3-2　LBJ 维护项目及周期

序号	类别	工作项目	周期	备注
1	日常维护（一）	1. 访问用户。 2. 各部配线、配件、MMI 等部件外观强度检查。 3. 表面清扫。 4. 电子铅封状态检查（启动状态下需读取记录）。 5. 功能试验。 6. 司机签字确认	每台机车入库后	
2	日常维护（二）	1. 各部配线、配件、控制盒（或 MMI）等外观强度检查。 2. 设备检查、清扫、整修或更换。 3. 天线整修、测量驻波比。 4. 功能试验。 5. 时钟校对。 6. 交接确认签字	与机车检修同步进行	
3	定期轮修	1. LBJ 主机内部清扫、强度检查整修。 2. LBJ 主机测试和调整： 　发射机：载波功率、载波频率误差、调制频偏、调制信号频率准确度、调制限制、剩余调频。 　接收机：参考灵敏度、可用频带宽度、调制接收带宽、接收限幅特性。 3. 更换 LBJ 主机内部电池电源和时钟电池。 4. 功能试验	每 2 年 1 次（结合 CIR 集中检修进行）	

LBJ 设备应能适应不同类型机车（含动车组、大型养路机械和轨道车自轮运转设备）电源供电条件。LBJ 设备的使用寿命按 6 年考虑，主机内置的备用电池和时钟电池每 2 年更换 1 次。

2. LBJ 设备维护质量标准

LBJ 外观和机械强度质量标准如下：

（1）整机内、外各部清洁整齐，无污垢，无明显脱漆，色泽光亮，面板字迹清晰；

（2）整机内、外各部安装牢固，机壳、面板、盖板无变形或破损，各部螺栓和螺母齐全、紧固；

（3）各部按键位置适中、动作灵活、无明显磨耗旷动；

（4）各部电缆连接正确、紧固，无明显破损；

（5）车顶天线配件齐全，安装牢固，密封性能良好，法兰座根部焊接处无裂纹、防水性良好。

LBJ 电源单元输入输出特性规定如下：

（1）选配的电源单元应能适应不同类型机车电源（蓄电池）的供电条件，标称（额定）电压（U_n）分别为 DC 24 V、DC 48 V、DC 72 V、DC 96 V 或 DC 110 V。

（2）输入电压变化范围为 0.7 ~ 1.25 U_n，LBJ 处于发射状态时，输出电压比标称值变化应不大于 ±1 V。

LBJ 天线电压驻波比不大于 1.5，馈线衰耗不大于 1.5 dB。

LBJ 控制盒音频输出功率为 0.2 ~ 5 W 且可调。

4.3.2 CIR/LBJ 出入库检测设备

4.3.2.1 出入库检测设备构成

1. 设备构成

CIR 出入库检测设备包括主机（含 A 子架和 B 子架）、计算机和打印机，如图 4-3-1 所示。

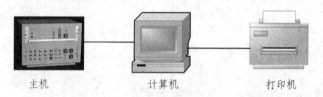

主机　　　　　　计算机　　　　　　打印机

图 4-3-1　CIR 出入库检测设备构成图

（1）主机电缆连接。

① 用 2 芯短电缆将主机 A 子架的"电源（入）"接口连接到 B 子架的"电源（出）"接口。

② 用 3 芯电缆将 A 子架的"13.8 V 出"接口连接到 B 子架的"+13.8 V"接口。

③ 用 37 芯电缆将 A 子架的"控制"接口连接到 B 子架的"A 子架"接口。

④ 用三芯电源电缆将 B 子架的"电源（入）"连接到 220 V 交流电源。

⑤ 将两根 450 MHz 天馈线连接到 B 子架的两个"450M 天线"接口。

⑥ 如配置了 GSM-R 话音模块，将 GSM-R 天馈线连接到 A 子架 GSM-R 话音模块的"天线"接口。

⑦ 如配置了 GSM-R 数据模块，将 GSM-R 天馈线连接到 A 子架 GSM-R 数据模块的"天线"接口。

（2）计算机和打印机电缆连接。

按照随机配备的计算机和打印机的说明书进行连接。

（3）主机和计算机电缆连接如图 4-3-2 所示。

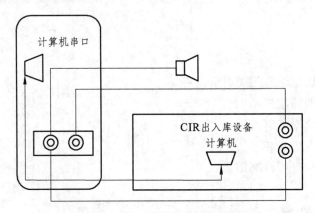

图 4-3-2　主机和计算机的电缆连接

① 用 9 芯串口电缆将主机 B 子架的"计算机"串行接口连接到计算机的串行接口。

② 用 MIC 电缆将主机 B 子架的"计算机"5 芯圆形插座连接到计算机的 MIC 接口（注意：计算机除了主板的集成声卡外，还配置了独立声卡，所以计算机的 MIC 接口采用计算机主机下方独立声卡的蓝色接口）。

③ 用音频电缆将主机 B 子架的"计算机"4 芯圆形插座连接到计算机的音频接口（注意：计算机的音频接口采用计算机主机下方独立声卡绿色接口的转接座，绿色接口有 1 个 1 变 2 的转接座，1 个接多媒体音箱，1 个接主机 B 子架）。

（4）注意事项。

① 在非 GSM-R 区段，CIR 可进行的出入库检测项目包括 450 MHz 数据、异频通话测试、同频通话测试。

② 插拔硬件之前，请确保设备电源已经关闭。

2.　工作原理

（1）TDCS 无线车次号功能测试。

CIR 库检设备接收到机车数据采集编码器发送的无线车次号数据，经数据解码、纠错、检错处理后，将信息数据传至计算机串口。计算机将接收到的数据进行存储、分类，并在相应的屏幕主窗口和测试窗口显示测试机车的机车型号、机车号和数据接收时间。如果在设定的检测周期内未收到机车发出的数据,待查机车窗口就会提示待查机车的机车型号和机车号。检修人员根据检测结果可以掌握 TDCS 无线车次号机车设备的运用情况,实现对出、入库机车的 TDCS 无线车次号机车设备进行自动监测和管理。

（2）调度命令功能测试。

可通过两种方式测试调度命令机车设备,一种是在计算机上输入测试机车的车次号、机车类型和机车号,发送入库检测调度命令,接收并记录自动回执和手动回执;第二种方法是在机车设备上发送出、入库检测请求,CIR 库检设备接收到请求后,系统会提取请求检测机车的车次号、机车型号和机车号,并根据提取信息自动发送相应的出、入库检测调度命令,接收并记录自动回执和手动回执。通过这两种方法可实现对调度命令机车设备工作情况的监测、记录和管理。

3. 设备功能

① 检测 CIR（机车综合无线通信设备）。
② 检测无线列调通用机车电台。
③ 检测 DMIS 数据采集编码器。
④ 检测调度命令机车装置。
⑤ 存储、检索和打印检测结果。

4.3.2.2 出入库检测软件操作

本系统软件支持 Windows2000、Windows 7 操作平台,具有友好的人机界面和操作简单、显示清楚、使用方便等特点,同时也兼顾了系统的稳定性和安全性。

1. 启动入库检测软件

（1）软件的安装。

检测系统配置的计算机在出厂时已经安装了出入库检测系统软件,并且随机附带软件安装光盘。如需重新安装软件,请先卸载原软件,执行"开始菜单\程序\CIR 出入库检测系统\unInstall.exe",点击弹出窗口的"确认"按钮后,稍等一段时间,系统即完成对软件的卸载。

运行光盘驱动器"disk1"子目录下的"setup.exe",然后一直点击"Next"或"Yes",直到程序安装完毕（在"Serial"栏中输入 123）。

（2）软件的启动。

如果已经正确地安装了出入库检测系统软件,计算机开机后操作系统会自动运行软件,开机界面如图 4-3-3 所示。只有拥有管理员权限的用户,在通过系统密码验证后,方可关闭软件进行其他操作;否则,在关闭软件的同时,计算机也将同时关闭,避免无关人员操作计算机,造成计算机系统安全隐患。

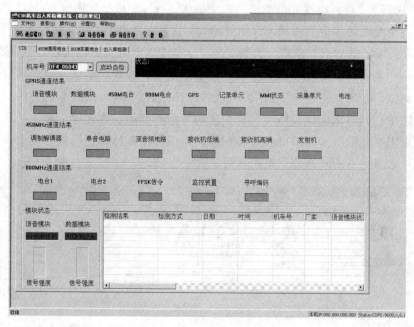

图 4-3-3 开机界面

2. 设 置

系统初次使用时，应进行相应的设置，以满足不同用户的具体需要。只有系统管理员能够进行此项操作，所有的操作都需要验证系统管理员密码。

（1）密码修改。

系统的用户名为"User"，默认密码为空。选择菜单栏"设置（P）"选项中的"修改密码"，弹出对话框。输入原密码（初始密码为空），分别在"新密码"和"验证密码"栏输入两次新密码。按"确认"键，密码修改成功。

（2）通信端口设置。

通信端口参数自动配置（端口：串口 1；速率：9 600；数据位：8）。若端口已被其他软件占用，程序提示"无法打开串口！串口有可能已被占用！"，这时需要管理员手动配置端口（正常情况不需改动）。配置前，请关闭其他软件。

选择菜单栏"设置（P）"选项中的"端口、速率配置"，出现系统信息窗口。在"用户名"栏中输入"User"，然后输入密码。通过系统验证后，便可以设置端口、速率和数据位。

（3）建立机车号数据库。

选择菜单栏"设置（P）"选项中的"机车号登录"，出现系统信息窗口，在"用户名"栏中输入"User"和密码，进入如图 4-3-4 所示的机车号登录窗口。

① 非 CIR 设备登录。

输入所有已经安装车次号设备的机车类型代码和机车号，如东风 4（D）4011，查表知东风 4（D）的代码为 141，在"机车类型"栏中输入 141，在机车号中输入 4011。再根据本机车安装的设备情况选择相应的选项："450M 电台"选项，如果安装了 450M 电台则选中该项，否则取消该项；"800M 电台"选项，如果安装了 800M 电台则选中该选项，否则取消该选项；车次号选项，如果安装了 DMIS 车次号板则选中该选项，否则取消该选项；调度命令选项，如果安装了调度命令装置则选中该选项，否则取消该选项。最后按"登录"键后，将此机车登录到数据库中，同时在窗口表格里会有相应的显示。如需在数据库中删除某机车，用鼠标选中该行，点击"删除"按钮即可。如需在数据库中修改某机车，用鼠标选中该行，然后修改相应的选项，最后点击"修改"按钮即可。

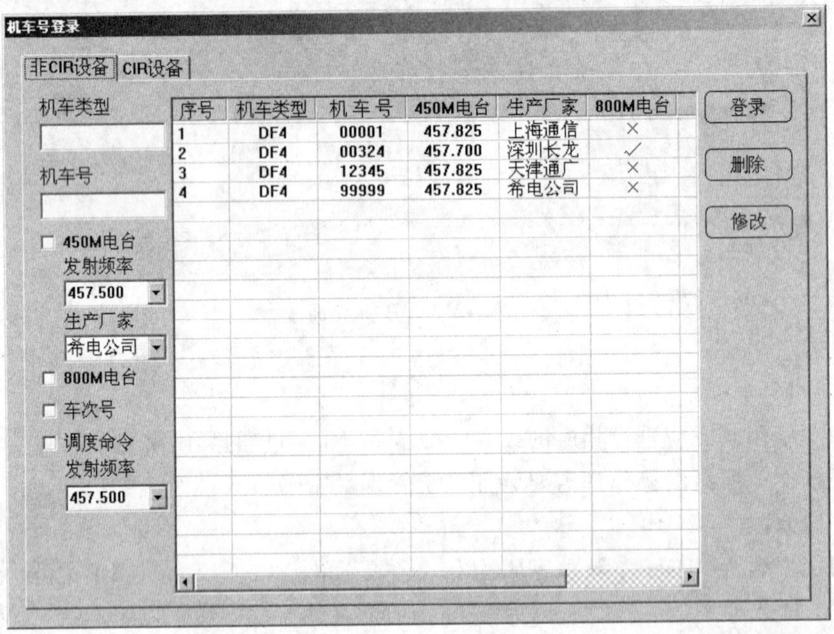

图 4-3-4　机车号登录窗口（非 CIR 设备登录）

② CIR 设备登录。

输入所有已经安装车次号设备的机车类型代码和机车号，如东风 4（D）4011，查表知东风 4（D）的代码为 141，在"机车类型"栏中输入 141，在机车号中输入 4011。再根据本机车安装的设备情况选择相应的选项："450M 电台"选项，如果 CIR 中安装了 450M 电台则选中该选项，否则取消该选项；"800M 电台"选项，如果 CIR 安装了 800M 电台则选中该选项，否则取消该选项；车次号选项，如果 CIR 安装了 DMIS 车次号板则选中该选项，否则取消该选项；调度命令选项，如果要检测调度命令功能则选中该选项，否则取消该选项。最后按"登录"键后，将此机车登录到数据库中，同时在窗口表格里会有相应的显示。如需在数据库中删除某机车，用鼠标选中该行，点击"删除"按钮即可；如需在数据库中修改某机车，用鼠标选中该行，然后修改相应的选项，最后点击"修改"按钮即可，如图 4-3-5 所示。

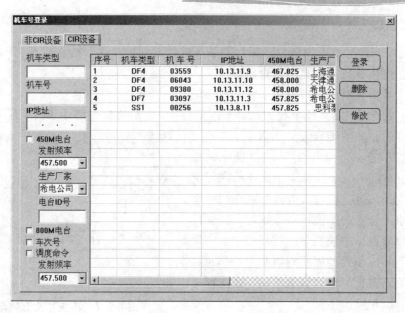

图 4-3-5　CIR 设备登录

（4）选项。

选择菜单栏"设置（P）"选项中的"选项"，出现如图 4-3-6 所示的选项窗口。

① 判断机车类型。

若管内编码器可设置机车类型，则应选定"判断机车类型"，此时点击可选框，在框内显示对号（系统默认为"判断机车类型"）；如编码器不能设置机车类型，取消可选框内的对号。编码器设置机车类型的方法详见《数据采集编码器使用说明》。

② 检测周期。

根据本机务段机车运用交路最大返段周期设定天数。在此天数内如不能收到机车出入库时发送的车次号，系统将在待查机车窗口内给予告警提示，系统默认的检测周期为 3 天。

③ 库外机车默认发射频率。

图 4-3-6　选项窗口

如果手动发射出入库检测或机车设备自动请求发送出入库检测时，机车号不是数据库中的机车号，则默认以该频率发送出入库检测。

④ APN 的设置。

根据库检设备的所属路局，设置相应的 APN 数据。设置时，要输入系统密码，否则不能修改 APN 数据。

⑤ 与工控机握手。

用来验证计算机与 CIR 库检设备的电缆连接是否连好。如果在状态栏中显示"与工控机的握手已应答"说明已连好，否则表明未连好。

3. 界面窗口

TDCS 无线车次号机车设备出入库检测系统软件界面由车次号待查机车、车次号主窗口、车次号测试、模块单元 4 个显示窗口组成。

（1）车次号待查机车窗口。

在已设定的天数内，系统未收到某机车的信息，该机车的机车型号和机车号会显示在"待查机车"窗口内，提醒维修人员注意。

双击此机车号，会弹出如图 4-3-7 所示的显示窗。如果机车因大修、外调等情况导致在规定天数内没有收到信息，管理人员就可以在注释文本框中写明原因，点击"注释"按钮后，该注释内容即写入故障窗口中该机车的注释栏内。如果系统收到过不同机车类型而相同机车号的信息，则有可能是编码器机车类型设置错误，在注释栏内自动提示"机车类型不符"。

图 4-3-7　车次号待查机车窗口

查明故障原因并且处理完毕后，在"故障原因"文本框中注明具体原因内容，选择处理故障的时间，点击"添加"按钮，把处理时间加载到故障机车数据库中供以后查用。

选择菜单栏"操作"中的"待查打印"，可打印待查机车窗口提示的全部机车型号和机车号。

（2）车次号主窗口。

主窗口内排列出所有已登录的机车号，登录的机车号较多时，会在主窗口内分几页显示。执行"操作（H）"菜单中的"换页"选项，或直接点击"快捷工具栏"中的"换页"来查看主窗口其他页的内容。

系统收到车次号数据后，判断数据内容，将收到数据的时间显示在机车号的前面，表明该机车设备工作正常。

双击某机车的接收时间，可以察看收到数据的具体内容，机车历史记录的查询在"4、数据库查询"的"详细结果查询"中详细介绍。

在检修设备时，发现机车设备存在问题，而由于上次收到该机车信息的时间在规定天数内，未在待查机车窗口提示，此时可通过下面方法添加故障原因。双击机车的机车类型和机车号，会弹出如图 4-3-8 所示的窗口。填写发现故障和处理故障的时间和故障原因，点击"添加"按钮即将此机车的故障信息存在故障机车数据库中。具体的数据库查询方法在"4、数据库查询"的"待查机车数据库查询"中详细介绍。

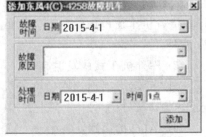

图 4-3-8　车次号主窗口

（3）车次号测试窗口。

系统接收到车次号数据后，经判断如认为该数据不符合在主窗口显示的条件，则在测试窗口显示该机车的机车号和收到数据的时间。双击测试窗口标题栏，可以查看数据的详细内容。

测试窗口显示所有 TDCS 测试仪触发的车次号数据、正线运行机车的数据以及非登录机车发出的数据。

测试窗口循环显示收到的机车信息，最多可以显示 200 条测试数据，超出后滚动溢出。机车信息数据历史记录的查询方法在"4、数据库查询"的"待查机车数据库查询"中详细介绍。

（4）模块单元窗口。

软件运行时，模块窗口会被自动打开，操作过程中模块窗口可能会被隐藏到车次号窗口后面，此时在菜单栏中选择"文件（F）"中的"模块窗口"，窗口即可重新显示。

① "CIR 设备检测"子窗口。

开机软件自动查询模块的状态信息，查询到后在模块状态栏中显示模块注册的运营商、信号强度。状态栏中显示库检设备的 IP 地址。如果在 5 min 内查询不到，则重新启动 CIR 库检设备和 CIR 库检计算机。

选择要检测的机车号，最后点击"启动自检"按钮即可检测。检测完后相应的检测项会显示检测结果，绿色表示正常、红色表示故障。鼠标移动到该检测项后显示详细检测结果，如图 4-3-9 所示。

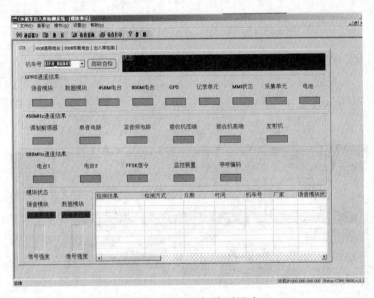

图 4-3-9　CIR 设备检测子窗口

② "450 MHz 设备检测"子窗口。

450 MHz 设备检测是只检测机车上的 450 MHz 电台。

选择机车号后，点击"启动自检"按钮即可检测。检测完后相应的检测项会显示检测结果，绿色表示正常、红色表示故障。鼠标移动到该检测项后显示详细检测结果。如果列表框中数据过多，可以用鼠标选中要删除的检测结果，按键盘上的"Delete"键即可删除，如图 4-3-10 所示。

③ "800 MHz 设备检测"子窗口。

800 MHz 设备检测是只检测机车上的 800 MHz 电台。

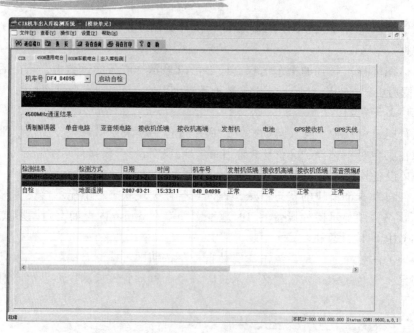

图 4-3-10　"450 MHz 设备检测"子窗口

　　选择机车号后，点击"启动自检"按钮即可检测。检测完后相应的检测项会显示检测结果，绿色表示正常、红色表示故障。鼠标移动到该检测项后显示详细检测结果。如果列表框中数据过多，可以用鼠标选中要删除的检测结果，按键盘上的"Delete"键即可删除，如图4-3-11 所示。

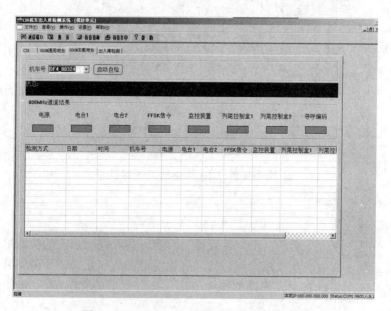

图 4-3-11　"800 MHz 设备检测"子窗口

　　④"出入库检测"子窗口。
　　系统默认的车次号为"XXXXXXX"，机车号为 8 位数字，前 3 位表示机车类型，对应关系可在相关附表中查到。后 5 位为机车号，不足 5 位的机车号在前面加 0。如东风（4D）4096 机车应在机车号栏内输入 14104096。

输入车次号和机车号点击"发送"，可以发送出入库检测调度命令，收到机车给出的自动回执和手动回执后，状态栏会有相应的显示，并在数据库中保存结果。

4. 数据库查询

（1）待查机车数据库查询。

待查机车数据库中保存了全部待查机车的信息，查询故障机车功能有助于管理人员查询、掌握故障机车的故障时间、故障原因、处理时间、恢复时间，并可以对查询结果进行打印。

选择菜单栏"操作（W）"中的"查询故障机车"功能，会弹出"故障机车表"窗口。选择时间范围，如要查询 2015 年 6 月份机车的故障情况，应将时间选择从"2015-6-1"到"2015-6-31"；如要查询 2015 年 6 月 17 日的机车故障情况，应将时间选择从"2015-6-17"到"2015-6-17"。然后，输入机车型号和机车号，如不输入机车型号或机车号，查询时会列出全部故障机车。最后，点击"时间查询"，把符合时间范围、机车型号和机车号的故障机车信息按照时间顺序显示在列表中；点击"机车查询"，显示按照机车型号和机车号的顺序排列出选定时间范围内的全部故障机车信息。

点击"打印"按钮即可打印查询的结果。点击"导出"按钮，可以将故障数据库的内容转存到自己命名的文本文件中，并把原来数据库中的数据删除。此功能的目的是为了避免故障数据库过大而占用硬盘空间。

（2）详细结果查询。

车次号信息数据库中保存了系统收到的全部机车发出的车次号数据。由于信息量较大，数据库仅保存最近两个月的数据。

选择菜单栏"操作（W）"中的"查询详细结果"功能，会弹出"详细结果查询"窗口。选择时间范围、机车类型和机车号。点击"查询"按钮会在表格中显示主窗口的数据；点击"测试查询"，会显示测试窗口的数据。点击"打印"按钮即可打印查询的结果。

（3）调度命令出入库检测查询。

所有系统发送的出入库检测调度命令和收到的回执情况都会在数据库中有所记录。

选择菜单栏"操作（W）"中的"调度命令出入库检测查询"功能，会弹出"出入库记录查询"窗口。选择时间范围、机车类型和机车号。点击"手动库检查询"会显示输入车次号、机车号后人工发送调度命令及其接收到的回执情况；点击"自动库检查询"会显示系统相应机车出入库检测请求而发送的调度命令及收到的回执情况。

（4）CIR 自检查询。

CIR 自检结果数据库中保存了系统收到的全部机车的自检数据。由于信息量较大，数据库仅保存最近两个月的数据。

选择菜单栏"操作（W）"中的"CIR 自检查询"功能，会弹出"CIR 自检查询"窗口。选择时间范围、机车类型和机车号。点击"查询"按钮会在表格中显示主窗口的数据；点击"打印"按钮即可打印查询的结果。

（5）450 MHz 通用电台自检查询。

450 MHz 通用电台自检结果数据库中保存了系统收到的全部机车的自检数据。由于信息量较大，数据库仅保存最近两个月的数据。

选择菜单栏"操作（W）"中的"450 MHz 通用电台自检查询"功能，会弹出"450 MHz 通用电台自检查询"窗口。选择时间范围、机车类型和机车号。点击"查询"按钮会在表格中显示主窗口的数据；点击"打印"按钮即可打印查询的结果。

（6）800 MHz 通用电台自检查询。

800 MHz 通用电台自检结果数据库中保存了系统收到的全部机车的自检数据。由于信息量较大，数据库仅保存最近两个月的数据。

选择菜单栏"操作（W）"中的"800 MHz 通用电台自检查询"功能，会弹出"800 MHz 通用电台自检查询"窗口。选择时间范围、机车类型和机车号。点击"查询"按钮会在表格中显示主窗口的数据；点击"打印"按钮即可打印查询的结果。

（7）录音回放。

选择菜单栏"操作（W）"中的"录音回放"功能，会弹出"录音回放"窗口。选中要播放的语音文件，点击"播放"按钮即可从音响中播放语音文件。

（8）其他功能。

菜单栏"操作（W）"中的"发送 TAX 箱数据"功能，用于给编码器测试仪发送模拟 TAX 箱数据，使用方法详见《TDCS 数据采集编码器测试仪使用手册》；"读取 Flash 数据"，用于读取机车设备测试仪收到的车次号数据，设备的连接方法和软件使用方法详见《TDCS 机车设备测试仪使用手册》。

（9）注意事项。

如果计算机由于一些原因重装操作系统后，需对声卡进行一些必要的设置。

打开"控制面板"，双击"声音和音频设备"，点击"音频"页，在录音项中的默认设备中选择"Sound Blaster Audigy"。点击按钮"音量（O）…"，会弹出"音量控制"窗口，选中麦克风的"选择"选项，点击"高级"按钮，弹出"麦克风的高级控制"窗口，选中"不进行监听"选项即可。

4.3.3　CIR/LBJ 设备出入库检测

4.3.3.1　CIR 设备出入库检测

1. 地面遥测

检修人员操作地面库检设备。输入待检 CIR 的机车编号，选择启动通道，库检设备根据选择的通道，向所输入的机车号的 CIR 发送库检命令。CIR 收到库检命令后，自动回送确认信息（GPRS 通道），并启动 CIR 自检功能，自检完成后，将检测结果发回地面库检设备，地面库检设备保存检测结果，并将检测结果标记为"自检"。

注意：若选择 GPRS 通道启动，那么被测 CIR 的 IP 地址及机车号必须正确。

若选择 450M 通道启动，那么被测 CIR 的电台号及生产厂家必须正确。

2. 上车检测

检修人员操作被测 CIR 的 MMI，按"设置"键进入设置界面，选择"出入库检测"选项，并按下"确认"键，CIR 进入出入库检测界面，界面如图 4-3-12 所示。

图 4-3-12　CIR 进入出入库检测界面

3. 自　检

选择"自检"项，CIR 进入自检状态，MMI 上界面显示："请输入或选择库检设备 IP 地址"。输入或选择后，按"确认"键，MMI 显示"正在进行自检……"，自检完成，MMI 显示自检结果。同时，CIR 将自检结果发送到地面库检设备保存，地面库检设备将结果标记为"自检"，如图 4-3-13 所示。

图 4-3-13　自检界面

4. GPRS 数据检测

选择"GPRS 数据"选项，按"确认"键，CIR 向地面库检设备发送请求"GPRS 数据检测"信息，地面库检设备收到后存储并向 CIR 发送一条正文内容为"GPRS 数据出入库检测"的信息，CIR 收到后在 MMI 上显示该信息并发送自动确认信息，在按"确认/签收"键后，发送手动签收信息并返回原界面，如图 4-3-14 所示。地面库检设备存储收到的 CIR 自动确认和手动签收信息。

图 4-3-14　GPRS 数据检测界面

如果 15 s 内未收到地面库检设备发来的"GPRS 数据出入库检测"信息，MMI 显示"GPRS 数据测试失败"。

5. 450 MHz 数据检测

选择"450 MHz 数据"选项，按"确认"键，CIR 用频率 457.550 MHz 向地面库检设备发送请求"450 MHz 数据检测"信息。地面库检设备收到后存储并向 CIR 用工作频率发送一条正文内容为"450 MHz 数据出入库检测"的信息，CIR 收到后在 MMI 上显示该信息，并用 457.550 MHz 频率发送自动确认信息，在按"确认/签收"键后，用 457.550 MHz 频率发送手动签收信息并返回原界面，如图 4-3-15 所示。地面库检设备存储收到的 CIR 自动确认和手动签收信息。

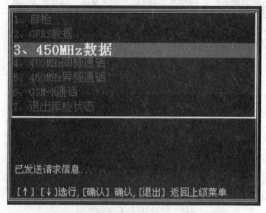

图 4-3-15　450 MHz 数据检测界面

如果 15 s 内未收到地面库检设备发来的"450 MHz 数据出入库检测"信息，MMI 显示"450 MHz 数据测试失败"。

6. 450 MHz 同频通话

选择"450 MHz 同频通话"选项，按"确认"键，在 457.925 MHz 信道发送同频呼叫信令（123.0 Hz），收到回铃后，按 PTT 开始讲话，内容为"某某型 XXX 号机车 450 MHz 电台同频呼叫话音试验"，讲话时间应在 7 s 内完成，地面库检设备录制语音并存储，在 CIR 载波结束 1 s 后，地面库检设备使用同频回放录制的语音，CIR 收听，如图 4-3-16 所示。

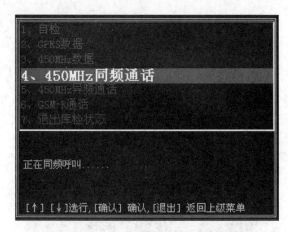

图 4-3-16　450 MHz 同频通话界面

7. GSM-R 通话

选择"GSM-R 通话"选项，按"确认"键，MMI 上显示"请输入或选择库检设备电话号码"，按"确认"键，收到地面库检设备接通提示音后，开始讲话，内容为"某某型 XXX 号机车 GSM-R 呼叫话音试验"，讲话时间应在 7 s 内完成，地面库检设备录制语音并存储，8 s 后，地面库检设备回放录制的语音，CIR 收听，如图 4-3-17 所示。

图 4-3-17　GSM-R 通话界面

8. 打印机检测

按"打印"键，打印测试报文，查询调令并打印。

9. 车次号传输检测

长按"编码器测试"按钮，MMI 显示车次。

4.3.3.2 LBJ 设备出入库检测

1. 启动库检

LBJ 出入库检测由库检台或便携式库检设备启动。当接收到出入库测试指令后，MMI 屏幕上显示的内容如图 4-3-18 所示，同时发出语音提示。

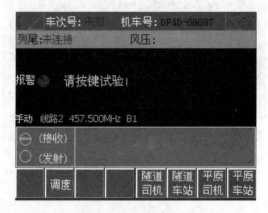

图 4-3-18 启动库检

2. 库检操作

MMI 上发出库检提示后，应在 60 s 内按下"报警""列尾排风""风压查询""列尾确认"4 个按键，按键的先后顺序无要求。完成按键操作后，LBJ 向库检设备发送检测结果后退出库检状态。

课后思考

1. CIR 设备维护管理分界是如何规定的？
2. CIR 设备检修维护有哪些项目？其周期是什么？
3. CIR 设备检修维护质量标准是什么？
4. LBJ 设备维护有哪些项目？其周期是什么？
5. LBJ 设备维护质量标准是什么？
6. 出入库检测设备有哪几部分构成？各部分的主要功能是什么？

7. 简述出入库检测软件操作方法。

8. 简述 CIR 设备出入库检测过程。

9. 简述 LBJ 设备出入库检测过程。

任务 4.4　CIR/LBJ 设备故障处理

4.4.1　CIR 故障处理流程及汇报机制

4.4.1.1　故障处理总则

动车组机车综合无线通信设备（CIR）是保证动车组行车安全的重要设备，必须加强 CIR 设备的运用及维护管理，同时提高故障应急处理，更好地为铁路运输服务，满足铁路运输的需求。

依据《铁路无线通信维护暂行规则》故障及障碍管理的要求：通信段应制定障碍处理程序，当铁路专用无线通信设备发生障碍时，维护人员应及时准确地做出判断，迅速组织修复，努力缩短障碍时间。对影响行车安全的设备必须采取倒、代等应急措施，减少影响程度。

障碍处理必须做到"五清"，即时间清、地点清、原因清、影响范围清、处理过程清。

4.4.1.2　车载通信设备故障汇报流程

各动车组 CIR 检测工区接到机车乘务员或其他单位申告车载无线通信设备故障后，首先应记录清楚故障车次、动车组机车号、故障现象，向通信段调度和车间汇报，做好启动应急预案准备工作。

通信段调度接电务调度通知机车故障，询问清楚车次、动车组机车号，通知相应无线车间、动车组 CIR 检测工区及时处理。通信段调度接收到《铁路事故概况表》，应及时转发到相应车间。

相关车间、工区在故障处理过程中，应及时向通信段调度汇报处理进度；如处理完毕，应向通信段调度报告处理结果；需要提取运行数据时，应及时提取并将分析结果报告通信段调度。

跨局修相关动车组 CIR 检测工区及时联系对方跨段修工区及时抢修并更换设备，处理完毕后报告通信段调度。运行中的动车组在外局途中故障，必要时由通信段调度协调对方通信段调度处理。

相关车间、出入库工区做好故障动车组的 CIR 设备故障原因分析、登记工作。

4.4.1.3　对维修人员的要求

维修人员应熟悉管内运用的 CIR 设备型号、原理、各设备连线，熟悉管内车载无线设备故障抢修预案。

各动车组 CIR 检测点备用设备应齐全、状态良好，跨局修设备状态良好。

各动车组 CIR 检测工区应有完整的机车 SIM 卡、IP 地址运用台账、熟悉本局 CIR 设备各项配置参数。

跨局修设备所在 CIR 检测工区必须建立相应的设备、联系电话台账、CIR 设备 SIM 卡、IP 运用台账、跨局修 GSM-R 数据参数台账。

GSM-R 区段本局 GSM-R 核心机房应及时跟踪故障动车组运行状态,及时通知相应工区、车间。相应动车组 CIR 检测工区能通过库检台遥测故障机车 CIR 设备,掌握运用状态。

4.4.1.4 故障处理的基本原则

处理 CIR 故障时,维修人员应遵循一"询问"、二"查看"、三"思考"、四"动手"的基本原则。

接到故障通知后,有条件时应先询问机车乘务员故障现象、影响范围、乘务员采取的操作,大致判断故障发生的范围。

上车后不应盲目更换单元器件,以免掩盖故障本象,应先观察主机各单元灯显状态、MMI 显示是否正常,查看各单元版本号是否正确。

根据自己上车观察的设备状态,运用自己的知识进行分析,GSM-R 线路区段可以借助库检台设备,对设备进行出入库检测,通过测试结果判断故障点。必要时可以联系 GSM-R 网管中心一同协助进行故障定位,判断故障点和故障原因。

判断出故障单元部件,应采用倒代、替换等方式迅速修复,减少故障延时。

结合部设备故障处理,在确认本部设备良好后,应通知相关单位处理并积极配合。

动车组 CIR 检测工区相关车间应及时组织对设备故障情况进行分析、统计,制定相应整改措施。

4.4.1.5 故障定位的常用方法

故障定位的常用方法有观察分析法、分段排除法、替换法、测试法、配置数据分析法等。

（1）观察分析法:主要通过查看 CIR 各单元状态,特别是灯显,来判断故障点,这是故障处理的常用方法。

（2）分段排除法:通过分段试验,逐次缩小故障范围,直到找到故障点。

（3）替换法:通过用好的单元替换怀疑故障的单元,对比故障现象,判定故障点,这也是工作中常用的方法。要注意替换的设备必须是好的。

（4）配置数据分析法:CIR 设备由软硬件组成,参数设置错误将影响设备使用,运行中出现的故障还需要提取 CIR 运行数据分析设备运行状态。

4.4.2 CIR 设备各单元应用及故障处理案例

4.4.2.1 语音模块

GSM-R 语音模块有 RS232、RS422 两种通信方式。SAGEM 语音模块采用 RS232 方式,

KAPSCH 语音模块采用 RS422 方式。

1. SAGEM 语音模块

SAGEM 语音模块如图 4-4-1 所示，由网络信号指示灯、SIM 卡指示灯、接收天线、收发共用天线构成。

（1）语音模块功能号注册过程。

① 上电，在 GSM-R 工作模式下，语音模块完成网络注册后，自动向 GSM-R 网络发送车次号功能号、机车号功能号注册消息，完成功能号注册。

② 如果没有车次号，只自动注册机车号功能号。

③ 如果车次号是 TAX 箱传来的，而机车处于"降级"状态，则不注册车次号功能号，只自动注册机车号功能号。

④ 如果车次号是人工设置的，马上注册车次号功能号。

⑤ 如果此前 CIR 未注册车次号功能号，司机按"开车"键，TAX 装置由"降级"状态转为"监控"状态，马上注册车次号功能号。

⑥ 在"监控"状态，从 TAX 装置得到新车次号时，CIR 自动向 GSM-R 网络先注销原来的车次号功能号，再注册新的车次号功能号。

⑦ CIR 从 450 MHz 工作模式转换成 GSM-R 工作模式时，马上注册车次号功能号、机车号功能号。

⑧ 原则上在不同地区 CIR 可以向 GSM-R 系统注册相同的车次号功能号。

⑨ 车次号功能号注册不成功（最多重复 3 次），CIR 会声音告警并进行屏幕文字提示。

注：司机应主动向调度员报告车次号功能号注册故障情况。

⑩ 机车号功能号注册不成功（最多重复 3 次，共 4 次），CIR 只进行屏幕文字提示。

注：未注册时，机车号显示字体为黑色；注册成功后，字体为白色。

（2）语音模块功能号注销过程。

① 如果人工选择注销车次号功能号，马上发起注销车次号功能号消息。

② 机车退出运行状态（TAX 装置由"监控"状态转为"降级"状态）时，CIR 自动向 GSM-R 网络发送车次号功能号注销消息，但机车号功能号保持原状。

③ CIR 由 GSM-R 工作模式切换到 450 MHz 工作模式时，自动向 GSM-R 网络发送车次号功能号、机车号功能号注销消息，完成功能号注销。

④ CIR 关机时，自动向 GSM-R 网络发送车次号功能号、机车号功能号注销消息，完成功能号注销。

⑤ 车次号功能号注销不成功（最多重复 3 次），CIR 会声音告警并进行屏幕文字提示。

⑥ 机车号功能号注销不成功（最多重复 3 次），CIR 只进行屏幕文字提示。

（3）语音 SIM 卡要求。

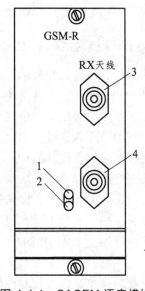

图 4-4-1　SAGEM 语音模块

1—网络信号指示灯；2—SIM 卡指示灯；
3—接收天线；4—收发共用天线

GSM-R 区段运行，语音模块必须安装 SIM 卡，中国铁路总公司语音 SIM 卡 MSISDN 号码分配模式：1498XX2AAAA（149 表示铁路 GSM-R、8 表示无线用户、XX 对应铁路局长途冠号、2 表示语音卡、AAAA 为随机数字）。

动车组 CIR 在智能网注册成功后，呼叫动车组有 3 种方式：车次功能号呼叫、机车功能号呼叫、采用 CIR 语音 MSISDN 号码呼叫。

2. 语音模块故障处理案例

案例一：语音模块故障。

某 HXD$_{3C}$ 型机车，网管中心通知调度呼叫不到该车，联系网管查询该车在智能网未注册，但车次号校核上传正常，进路预告接收正常。拨打该车语音 SIM 卡号，提示已关机，数据车次号校核上传正常，说明 CIR 主机接收到车次号，正常时语音可注册，但语音在智能网未注册，初步判定语音模块故障，机车到站后上车后检查该车模块故障，更换后恢复。

案例二：重复注册车次号。

某日，CIR 检测工区接通知出现好几个动车组车次车站、调度无法联系。启动库检遥测设备正常，联系网管智能网注册正常，利用 GSM-R 手机采用功能号拨叫试验，拨叫不通，同时网络返回 2 个 MSISDN 号码，其中 1 个是该动车组语音号码，另一个是外局号码，拨打该号码询问是外局某客专线动车组运行试验，车次号与本局运行的动车组相同。

该故障现象是两车重复注册 1 个车次号，目前，GSM-R 网络还未实现调度区段划分，智能网无法区分，造成呼叫不通。临时办法可采用机车功能号或 MSISDN 号码呼叫。

案例三：车次号被占用。

调度通知某车次车站呼叫不到，工区采用车次功能号呼叫返回 2 个 MSISDN 号，该号码 1 个是牵引该车次机车 CIR 号码，经查另一个机车在库内未运行。首先联系网管中心将未运行的机车 SIM 卡注册取消，故障恢复。工区人员上车检查，自检发现电池单元不良，予以更换。故障原因分析：由于机车电池不良导致机车上一次车次号未正常注销，影响本次运行。

案例四：车次号输入错误。

调度通知某 CRH380 型动车组在运行呼叫不到、工区遥测设备良好的情况下，联系网管查看车次号校核信息，网管查看通知车次号设置错误，通过 MSISDN 号码联系司机，车次号注销重新注册恢复。

G 网模式下，所有动车组在始发站开车前，均需要手动注册车次号，车速 300 km/h 的动车组没有 TAX 箱，默认手动输入的车次号，机车乘务员输错车次号，造成呼叫不良。

简捷判断方法：由于语音注册在北京智能网中查询较为困难，可以通过查询本局 GRIS 服务器中该动车组上传的车次号校核信息内容，检查车次号是否正确。

案例五：网络问题。

某日，某高铁动车组调度反映呼叫不到某车次动车组，工区用功能号呼叫不通，然后又接到多列运行动车组申告呼叫不到。由于是大面积相同故障，应排除 CIR 自身问题，联系网管处理，后经信息反馈是智能网出现故障。

CIR 的运用不光牵涉机车设备，还与网络、数据软件有很大关联，故障处理应及时与网管中心联系协助处理。

4.4.2.2　GSM-R 数据模块

GSM-R 数据模块分 AT 指令、拨号上网两种上网方式。SIM300 数据模块采用 AT 方式上网，WAVECOM 数据模块采用拨号方式上网。

1. SIM300 数据模块

SIM300 数据模块由电源信号、网络状态灯、数据天线构成，如图 4-4-2 所示。

数据模块应用注意事项：

① GSM-R 区段运行，数据模块必须安装 SIM 卡，中国铁路总公司数据 SIM 卡 MISDN 号码分配模式：1498XX7AAAA（149 表示铁路 GSM-R、8 表示无线用户、XX 对应铁路局长途冠号、7 表示数据卡、AAAA 为随机数字）。

② 动车组 CIR 设置参数时，主要是机车号、路局 APN、GRIS IP、主备用 GROS IP 等，各局数据 SIM 卡与本局 APN 绑定，APN 设置不对，则 CIR 无法获得本机 IP 地址。

③ 跨局动车组数据卡故障处理有两种方式：a. 利用跨局修应急抢修卡，选用对应路局相应的数据卡；b. 启用 APN 为*（GRIS.*）的通用卡。

④ AT 指令模式下，数据模块场强显示的是代表模块自身的状态；拨号模式下，数据模块场强显示的是语音模块场强值，应引起注意。

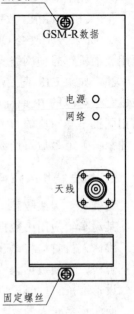

图 4-4-2　SIM300 数据模块

（1）GPRS 数据模块 IP 地址、当前 GRIS 服务器 IP 地址获得过程。

① 上电，GPRS 数据模块完成网络注册后，根据 APN 和机车号向网络申请本机 IP 地址。

注 1：南昌铁路局的 APN 是 GRIS.NC。

注 2：每个路局的 SIM 卡只能设置本局的机车号，才能获得本机 IP 地址。

注 3：GPRS 数据模块只能用数据 SIM 卡，不能用语音 SIM 卡。

注 4：本机 IP 地址只与机车号绑定，与 SIM 卡无关，不同的数据 SIM 卡，只要机车号相同，获得的 IP 地址都是相同的。

② 获得本机 IP 地址后，CIR 等待 GPS 盘搜索到有效的卫星信号，一旦卫星信号有效，CIR 马上向北京主用 GROS 发送命令，问讯当前 GRIS 服务器 IP 地址。

③ 如果等待 1 min 后，卫星信号仍无效，CIR 直接向北京主用 GROS 服务器发送命令，问讯当前 GRIS 服务器 IP 地址。

④ 如果北京主用 GROS 服务器没有应答，每隔 1 min，再问讯 1 次，重复 2 次。

⑤ 如果 3 次问讯，北京主用 GROS 服务器都没有应答，再隔 1 min，向武汉备用 GROS 服务器发送命令，问讯当前 GRIS 服务器 IP 地址。

⑥ 如果武汉备用 GROS 服务器没有应答，每隔 1 min，再问讯 1 次，重复 2 次。

⑦ 如果 3 次问讯，武汉备用 GROS 服务器都没有应答，再隔 1 min，向自己路局的归属 GRIS 服务器发送命令，问讯当前 GRIS 服务器 IP 地址。

⑧ 如果自己路局的归属 GRIS 服务器也没有应答，默认归属 GRIS 服务器作为当前 GRIS 服务器，并每隔 30 s 继续向归属 GRIS 服务器发送命令，问讯当前 GRIS 服务器 IP 地址。

注：归属 GRIS 服务器可在 MMI 维护界面设置。

北京主用 GROS：10.13.1.76（铁路总公司）。

武汉备用 GROS：10.13.137.2（武汉）。

（2）GPRS 数据模块 IP 地址注销过程。

① 关机，GPRS 数据模块向网络发起 IP 地址去激活命令，然后发起网络注销命令。

② 如果人工改变 CIR 的机车号，GPRS 数据模块向网络发起当前 IP 地址去激活命令，再用新的机车号向网络重新申请本机 IP 地址。

注：如果 CIR 直接断电，GPRS 数据模块有可能来不及向网络发起 IP 地址去激活命令，该机车号对应的 IP 地址会被该数据 SIM 卡长期占用。这时，如果用另外的数据 SIM 卡来激活相同机车号对应的 IP 地址，也会获得 IP 地址。但在实际传输数据时，会由 GPRS 网络进行仲裁，确定最后发送数据的 IP 处于激活状态，这时会造成数据传输延时、断续的现象。

2. 数据模块故障案例

案例一：天线故障。

某动车组应用中数据模块上不了网，无法获得 IP 地址，自检发现语音、数据场强相差较大。维修人员首先将语音、数据天线倒换，发现语音故障，数据模块正常，用功率计测试驻波不合格，更换数据天线，故障消除。

设备维护自检时，应注意查看语音、数据模块的场强值，正常时两者相近，当相差较大时，应注意检查天馈线。采用拨号上网的数据模块，自检显示的场强值实际是语音模块的场强，应用时需要注意。

案例二：数据 SMI 卡故障。

某机车应用中数据模块上不了网，无法获得 IP 地址，维修人员首先将语音、数据天线倒换，发现语音正常，数据模块还上不了网，更换数据模块，故障依旧；更换 SIM 卡，故障消除。故障原因：数据 SIM 卡坏。

该故障处理应用 2 次替换，首先倒换天线，故障依旧，排除天线原因；更换数据模块，故障依旧，排除模块原因。由于数据 SIM 卡目前没有好的测试手段，只能通过替换试验的方式排除。

案例三：APN 设置错误问题。

（1）某机车更换 CIR 主控单元后，数据上不了网，更换数据模块、数据 SIM 卡，故障依旧，然后检查发现参数设置时将路局 APN 拼错，修改后恢复。

（2）某机车更换 CIR 设备后，设备正常，库检一切正常，可司机反映收不到进路预告，遥测该车设备正常。回库后检查是将路局 GRIS 服务器 IP 地址设置成库检台地址，修改后恢复。

以上故障反映在设置 CIR 参数时要仔细，路局 APN 拼错，SIM 卡都通不过网络鉴权，因为各路局数据卡与本局 APN 绑定；GRIS 服务器 IP 地址是与 CTC 连接的接口地址，只有通过它才能与 CTC 通信。

案例四：机车型号设置错误。

某机车维护人员设置完参数后，无法获得 IP 地址，检查机车号、路局 APN、GRIS 服务器 IP 地址、主备用 GROS 服务器 IP 地址设置正确，联系网管中心查询该车已经配置 IP 地址，检查发现机车型号错误，修改后恢复。

案例五：GRIS 地址未及时切换。

HXD$_{3C}$ 型机车跨线运行，转线进入某客专线，CIR 未收到进路预告，网管查询无车次号校核信息上传，司机重启设备后车次号校核信息上传正常，进路预告接收正常。入库提取数据分析，进入客专后 CIR 未转换到运行线路 GRIS，GRIS 还保留原线路 IP 地址，重启后跳转到运行线路 GRIS，恢复使用。

该故障是由于 GPS 未及时通知主控切换 GRIS 服务器 IP 地址，导致 CIR 还继续向原线路发送车次号校核信息。

案例六：外界干扰。

某动车组机车乘务员反映在某客专某一站未收到进路预告，其余车站正常，联系网管查询 GRIS，车次号校核信息上传正常，该站进路预告已经下发，并收到自动确认。遥测 CIR 设备一切正常。回库查询进路预告的确没有×××站信息，提取运行数据分析，发现当时运行时，数据场强为 0，判断是场强弱或外界干扰造成数据接收干扰。

个别站接收不到进路预告，可以排除 CIR 设备本身问题。接收到进路预告后由主机自动向网络发送自动确认，司机查看后按 MMI "确认" 键，MMI 只向主机转发操作记录，主机不向网络发送。GRIS 只记录自动确认（对于调度命令，主机需要向网络转发手动确认信息，GRIS 必须记录手动确认）。

收不到进路预告、调度命令的故障，尽可能通过提取 CIR 记录单元运行数据，并结合 GRIS 网管记录一并综合分析。

案例七：TAX 箱异常。

HXD 型机车在客专线未收到进路预告，语音正常，联系网管中心查询该车未在网络注册，上车发现 MMI 提示 "请注意机车号"，自检 CIR 未获得 IP 地址，DMIS 工作正常，怀疑 TAX 数据异常。将 CIR 关机，断开 TDCS 连接线，开机后机车号注册正常，获得 IP 地址，GPRS 库检正常，可断定 TAX 传来的机车号数据异常。

车速 200 km/h 以下的各型机车均从 TAX 箱中提取机车号与 CIR 配置机车号对比，不正常时提示告警，无法正常进行机车号注册，数据无法获得 IP 地址，也就收不到进路预告信息（非正常处理手段，将 TDCS 连接线断开，CIR 将启动上传自身存储的机车号，此时能获得 IP 地址，但是注意司机必须手动注册车次号，否则车站无法用车次功能号呼叫机车）。

4.4.2.3　GPS 单元

按最新技术条件输出公用 GPS 信息和原始 GPS 信息，预制线路信息数据库，可利用卫星定位机车位置，搜索前后站位置信息和当前应工作的模式，可提供机车所在小区位置信息，可以通过 GPS 面板升级线用 USB 完成最新程序及 GPS 数据库的升级，向 CIR 各单元提供时钟信息。

1. GPS 单元

GPS 单元工作正常时，CIR 在自动状态下，MMI 显示车站站名，呼叫车站采用 MISDN 号码方式；GPS 无效时，MMI 只显示"车站"，呼叫车站采用短号码方式。GPS 单元如图 4-4-3 所示。

2. GPS 单元故障处理案例

案例一：天线混淆。

某 CRH2A 型动车组 1 端报 GPS 不定位，更换 GPS 单元故障未消除，怀疑 GPS 天线故障。自检发现语音与数据场强差别很大，数据场强弱，将数据天线与 GPS 天线互倒，GPS 恢复。

由于 G 网单元与 GPS 单元都采用 TNC 型插头，容易搞混，特别是 GPS 天线目前还没有有效、简易的判定方法。

案例二：天线故障。

某 CRH5 型动车组 0 端 GPS 不定位，进库后更换 GPS 单元无效，采用临时 GPS 天线试验正常，判断 GPS 天线故障，组织更换，发现 N 型插头中间插针脱焊。

该类故障通过自检可以看出 GPS 单元状态，通过用万用表测试 TNC 口，如果有 3 V 以上电压，可判定 GPS 单元正常。

案例三：数据库无效。

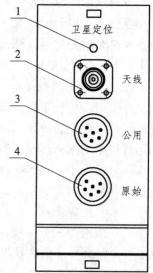

图 4-4-3 GPS 单元

1—状态指示灯；2—天线；
3—公用数据输出；
4—原始数据输出

某机车运行在新开通线路，司机反映自动状态 MMI 报未知区段，进库后自检 GPS 单元正常，查询运行区段，数据库中未存储该线路信息。

CIR 自动状态采用 GPS 定位，GPS 单元将接收到的经纬度信号与自身存储的数据库比较，从而确定线路、区段。所以 GPS 定位要有 2 个因素：一是 GPS 接收正常；二是要有相应的地理信息库。

4.4.2.4 记录单元

1. 记录单元

记录单元（见图 4-4-4）可采用线控和声控两种方式进行录音操作，同时记录相关数据及通话状态信息。记录单元采用外接 USB 或存储卡设备读取数据，可以设置读取时间段，读取时间快。使用专用的记录单元分析软件可以对 CIR 记录的数据和语音进行分析。

记录单元根据 CIR GPS 单元输出信息进行时钟校正，并可以手动校正时钟。

记录单元日常通过自检测试，还需要定期提取存储数据分析状态，车速 300 km/h 的动车组只有记录单元记录运行数据，需要定期检查存储状态。

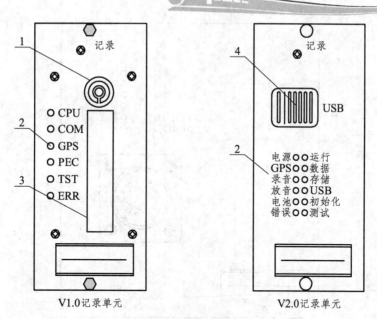

图 4-4-4　记录单元

1—钥匙孔；2—状态指示灯；4—CF 卡固定座；4—USB 接口

2. 记录单元故障案例

案例一：记录单元故障。

某 CRH5 型动车组 CIR 设备，库检语音通话试验，记录单元不回放。查看记录版本号不正常，更换记录单元后，故障消除。

案例二：记录单元时钟故障。

某动车组提取记录单元数据分析，发现记录单元记录时间与 GPS 时间偏差很大，更换后，故障消除。分析原因是记录单元时钟电路故障。

案例三：记录单元电池不良。

某 CRH5 型动车组 CIR 设备，库检作业结束设备断电，记录单元直接掉电，更换记录单元，故障消除，判断记录单元电池故障。

正常情况下，CIR 设备断电后记录单元应运行 5 s 左右才处于关机状态。

4.4.2.5　主控单元

1. 主控单元

主控单元由嵌入式工控机和外围控制单元共同组成，如图 4-4-5 所示，是 CIR 设备的控制核心。主控单元接收其他单元传送的控制指令，进行相应的控制操作；接收各个应用接口的信息送到 MMI，进行相应的提示和显示；按各个应用接口的数据要求进行相应数据的转发，完成数据的存储功能；与各单元共同完成软关机、复位、电池电量检测、通信串口扩展、450 MHz 与 GSM-R 语音切换、记录单元录放音等功能。

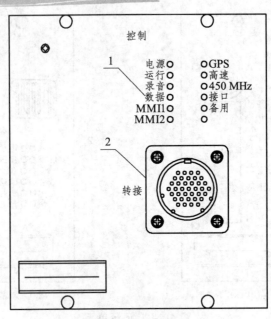

图 4-4-5　主控单元

1—状态指示灯；2—转接（A、B 子架控制连接）

日常维护中，可以通过查看 CIR 版本号判断相应的故障，正常状态下，主控单元应与各单元通信正常，能记录各单元版本号。CIR 设备引入程序软件控制，各单元大都采取串口通信方式，会造成 CIR 在运行过程中出现不稳定，CIR 大部分软件故障都可以通过复位重启方式解决。在 CIR 应急操作中，这也是一种重要的处理方法。

2. 主控单元故障案例

案例一：主控单元工控机故障。

HXD 型机车 CIR 设备，两端 MMI 不显示机车号，无法使用。更换 A 子架后，故障消除。故障原因是主控单元工控机故障。

案例二：MMI 无法切换主控。

HXD 型机车 CIR 设备，两端 MMI 无法切换主控，无法使用。更换 A 子架后，故障消除。故障原因是主控单元工控机故障。

案例三：存储器故障。

某动车组 CIR 设备，自检 GPRS 试验都正常，按"界面"键查看进路预告接收情况，发现数据丢失，只有库检记录，关电后再启动后库检信息也没有，更换主控单元后，故障消除（CIR 进路预告等信息既存在记录单元中，也存在主控单元中，平常查询读取是从主控单元提取），判断该主控单元存储器发生故障。

案例四：语音通话故障。

某动车组 CIR 在 GSM-R 模式下，通话时串入 450 MHz 杂音，影响联控，更换主控单元后，故障消除，故障判断为语音控制 CPU 异常。

案例五：软件异常。

某机车进入 G 网区段，调度反映呼叫该车只有回铃，联系司机重启后恢复，经提取该时段运行数据，发现语音场强一直保持固定值，越区切换场强也没变化，故障分析判定为主控单元与语音模块通信异常，经重启复位后，故障消除。

4.4.2.6　电源故障

1. 电源单元

电源单元包含开关电源模块和蓄电池两部分。电源单元为设备提供供电电源，在外界直流供电切断后，为 CIR 进行功能号注销和网络注销提供备用电源。

2. 电源故障案例

案例一：电源模块故障。

某动车组上电运行，机车乘务员反映 CIR 加不上电，更换 A 子架，故障消除，经查电源模块桥堆击穿。分析为上电瞬间冲击电流过大击穿模块。

案例二：电池充电电路故障。

某动车组 CIR 设备自检时，发现电池单元显示故障，更换电池，自检多次还是显示故障。判定是电池充电电路故障，导致电池无法充电。

案例三：影响语音通话。

某动车组 CIR 设备自检时，发现语音模块显示故障，观察模块灯显状态不正常，更换语音模块还是显示故障。判定是 19 V 电源故障，导致语音模块无法正常启动。

案例四：备用电池不良。

CIR 备用电池的主要作用是支持功能号正常注销，自检发现不良时，应及时予以更换。

某待备机车进库检修，CIR 检测完毕关电时发现 MMI 屏幕一直亮，机车号、车次号未正常注销，观察主机主控单元已经没电，更换 A 子架，故障消除。然后将更换下的 A 子架放在工区实验台加电试验，一切正常。

该现象是由于 CIR 电池电压低，无法支持主控单元执行正常关机操作。因为主控失效，导致 MMI 一直处于工作状态，表现就是屏幕一直亮。该故障判断有两种情况：一是电池老化故障，需要更换；二是电池未充满电，经过充电后就能恢复，该故障就属于此类情况。

案例五：DMIS 线损伤。

某 HXD 机车 CIR 设备，主机电源上电后输出电源低，整机无法正常工作，测试机车输入 110 V 电源正常，初步判断有设备短路的地方。处理时，逐个拔出断开与主机连接线，当将 TDCS 连接线断开时，设备恢复，更换 TDCS 连接线后，设备正常。故障是 TDCS 连接线被挤伤。

TDCS 连接线内有 12 V 的电源，由 CIR 主机供电，该电源设计是方便 DMIS 板测试用，而 DMIS 板工作时是由 TAX 箱供电。

案例六：设备绝缘不良。

某 HXD 机车 CIR 设备，主机电源上电后输出电源低，MMI 无法正常工作，测试机车输入 110 V 电源正常，初步判断有设备短路的地方。处理时，逐个拔出断开与主机连接线，当将 II 室 MMI 控制缆断开后故障消除，怀疑 II 室 MMI 不良，更换 MMI，故障依旧。准备换回原来的 MMI，在断开打印机时，MMI 突然恢复，接上打印机时故障出现。检查打印机，发现打印机内部进水。因此，短路、绝缘故障不能轻易认为是线缆问题，应分析用电设备电源分配情况，分段逐一排除。

案例七：设备接地。

某 DF11 机车 CIR 设备，机务反映机车接地灯亮，检查是通信影响。断开 CIR 电源，故障消除，接通电源试验故障依旧。依次断开 CIR 连接线，断开 AB 子架电源连接线，故障消除。用万用表测量有一根线碰地，更换后，故障消除。

某 DF8B 新装小型化 CIR 设备，机务反映机车接地灯亮，处理时排除各线缆，最终确定主机内部接地。

由于接地故障对 CIR 运行没有影响，属于隐蔽性故障，应仔细试验检查。

3. 电池不良现象

（1）关机后不报车次号注销成功、机车号注销成功，MMI 一直有电。

原因：给主机供电的蓄电池损坏。断电后主机主控单元掉电，无法成功注册机车号、车次号，无法成功切除给 MMI 供电的蓄电池，导致关机不正常。

（2）关机报车次号注销失败 4 次、机车号注销失败 4 次后掉电。

原因：给主机供电的蓄电池损坏，电压不足。断电后主机主控单元有电，主控单元最低电压为 8 V，但电压不足使 GSM-R 语音模块射频部分无法工作（射频部分最低电压为 11 V）。

4.4.2.7　内置 450 MHz 电台

1. 450 MHz 电台

450 MHz 机车电台单元在主控单元的控制下，完成 450 MHz 调度通信所规定的机车电台功能及承载的数据传输功能。

450 MHz 电台应按照无线维护规程要求，定期测试主机各项指标、天馈指标，掌握运用状态，发现超标应及时处理。

2. 450 MHz 电台故障案例

案例一：450 MHz 电台开启门限超标。

某 CRH5 型动车组运行中，司机反映 450 MHz 电台接收不好，距离稍远车站就呼不到，灵敏度还不如手持机。该车进库后测试天线驻波良好，更换 B 子架后，故障消除，经用综合测试仪测试发现内置 450 MHz 电台开启门限超标。

案例二：天线故障。

某 CRH5 型动车组运行中，司机反映 450 MHz 电台通话距离近，由于该车最近刚测过

450 MHz 指标，该车进库后测试天线驻波偏大，超出指标，组织更换车顶 450 MHz 天线，故障消除。

案例三：信道机故障。

某 HXD 机车 450 MHz 时好时坏，进库试验正常，组织更换 B 子架，更换下 B 子架经测试在 1 min 长发时，发射功率由 5 W 迅速下降到 3 W，B 子架发射不良。

案例四：软件故障。

某 HXD 机车 CIR 设备，450 MHz 运行模式 MMI 显示 450 MHz 通信故障，不能发送不能接收。复位故障未消除，司机断电重启恢复，进库后更换 B 子架。故障是 B 子架 450 MHz 单元与主控通信异常。

案例五：亚音频故障。

某动车组 CIR 设备入库自检时，发现 450 MHz 亚音频故障，更换 B 子架后，故障消除。该类故障在自检操作中就能及时发现。

4.4.2.8　内置 LBJ 设备

1. LBJ 设备

MMI 显示屏的主界面具有安全预警显示区，用于显示列车防护报警的各种状态。CIR 开机后，MMI 每隔 10 s 向 LBJ 请求当前状态，在 LBJ 返回当前状态后，MMI 在"安全预警显示区"显示报警主界面；如果 30 s 收不到 LBJ 返回的当前状态信息，自动清除报警显示界面。

"安全预警显示区"的"报警 + 圆环"表示电子铅封/工作状态指示灯，如果 LBJ 没有发送过列车防护报警，铅封状态为黄色圆环，黄色圆环表示电子铅封未启用，也就是没有发送过列车防护报警信息；点亮时为红色圆形，表示电子铅封已启用，LBJ 曾经发送过列车防护报警，提示维护人员及时读取报警信息，读取完列车防护报警数据后，MMI 恢复。

2. LBJ 故障案例

案例一：LBJ 故障。

某动车组 CIR 自检时，发现 800 MHz 电台显示故障，查询版本号发现没有，MMI 没有显示，判断为 LBJ 与 CIR 通信故障，更换 B 子架后，故障消除。

案例二：LBJ 告警。

客专线运行机车接收到 DF11 型 XXXX 机车事故告警。工区组织立刻查找该机车，经查该车已经进库，上车查看机车已断电，上电后 CIR 开机 MMI 显示 LBJ 告警，按 LBJ 报警按钮解除。经了解，司机反映运行时误按报警键，发现报警后立刻关闭 CIR 电源，认为已经中止告警。

LBJ 触发报警后，报警是由 LBJ 主机发出，关闭 CIR 电源是不起作用的。消除 LBJ 告警的方法：① 哪端 MMI 发起，按哪端报警键消除；② 直接按 LBJ 报警按钮消除；③ 电子铅封破封后，必须经数据管理器提取数据才能消除，关电、复位不起作用。

4.4.2.9 MMI 等附件故障

案例一：MMI 故障。

某 HXD 型机车 CIR 设备，I 台 MMI 白屏，Ⅱ台正常，无法切主控。判定 MMI 工控机故障，更换后，故障消除。

案例二：MMI 软件故障。

某 HXD$_{3c}$ 型机车 CIR 设备，I 台 MMI 显示致命错误，多次复位无效。司机断电重启后，故障消除。

该类故障是 MMI 与主机间通信异常导致，断电后重启可以使工控机初始化，重新同步。

案例三：MMI 按键。

某动车组机车乘务员反映按"界面"键查询进路预告，进不了界面，判定按键故障，更换 MMI 后，故障消除。

应定期进行按键功能性能测试，确保各按键接触运用良好。

案例四：软件版本不匹配。

某 HXD 机车 CIR 设备，运行时 MMI 显示通信故障，断电重启恢复，进库自检正常，查看版本号，MMI 与主控版本不一致，MMI 版本号低，更换高版本的 MMI 后，故障消除。

MMI 显示通信故障，表示是 MMI 与主控单元通信有问题，排除硬件，应查看版本号是否一致。一般 MMI 版本高于主控使用没有问题，但当 MMI 低于主控时，会出现不显示站名或接收到进路预告按签收键无效等现象。

案例五：无法通话。

某 CRH5 型动车组运行中，机车乘务员反映报 1 端送受话器送不出话，到站维护人员更换送话器后故障未消除，更换 MMI 后，故障消除。

案例六：MMI 液晶屏。

某 CRH5 型动车组运行中，机车乘务员报 1 端 MMI 黑屏，询问状况，反映能看到字，可能为副控状态。判断为 MMI 液晶屏背光电路故障，更换 MMI 后，故障消除。

案例七：内置喇叭故障。

某 CRH5 型动车组运行中，机车乘务员反映报电话呼入时不响铃，送受话器通话正常，到站维护人员更换 MMI 后，故障消除。

案例八：打印机。

CRH5 型动车组 CIR 设备，自检发现打印机打叉，查询版本号发现没有，经检查发现打印机机芯微带断裂，更换后故障消除。

打印机由于更换打印纸频繁抽拉，容易使打印微带折断导致故障，应引起注意。

案例九：送受话器。

送受话器常见故障：① 送不出话或杂音大；② PTT 按键失效故障，按下 PTT 时，MMI 不显示；③ 不挂机；④ 听不见等现象。由于送受话器使用频繁，内部接插件容易出现松动、配线断线等现象，导致出现故障。

送受话器 2 年更换 1 次，日常维护中应加强送受话器的除尘清扫、线缆加固，可以对内部插件、线缆接头进行点胶加固，提高可靠性。

4.4.3　CIR 常见故障应急处理

4.4.3.1　按键操作失效

如连续出现按键操作失效的现象，应检查 MMI 是否处于主控状态：如果不是主控状态，按"主控"键 3 s 以上，将 MMI 切换为主控状态后再尝试操作；如果是主控状态，按"复位"键 3 s 以上，对 CIR 整机进行复位重启，待 CIR 重启恢复正常工作后再尝试操作。

4.4.3.2　工作模式不正确，不能进行正常通信

如果 CIR 操作、显示状态均正常，但无法进行正常的通信，应按以下步骤进行检查及操作。

首先确认 CIR 屏幕显示的工作方式是否正确，当工作方式是"自动"时，如果机车上方无明显遮挡，说明卫星定位单元可能故障，应进入"运行区段"界面，手动选择正确的运行线路；如果机车上方有明显遮挡，如隧道、站房，司机无需处理，待列车通过遮挡区域后，CIR 应恢复正确的工作方式，如无法恢复或恢复后的工作方式仍不正确，则请司机手动选择工作方式。当工作方式是"手动"时，进入"运行区段"界面，选择正确的运行线路。

如果经过上述处理后，故障现象仍然存在，按"复位"键 3 s 以上，对 CIR 整机进行复位重启。待 CIR 重启恢复正常工作后，正确设置 CIR 的工作方式、运行线路和工作模式，然后再尝试操作。

4.4.3.3　进入 GSM-R 工作模式时，CIR 不自动注册车次号

如果列车在运行过程中，在 GSM-R 区段列车运行在监控状态，未能自动注册车次功能号，应按以下步骤进行检查及操作：

首先确认 CIR 的工作模式，如果工作模式不是 GSM-R 模式，则手动选择 GSM-R 工作模式；如果工作模式是 GSM-R 模式，则需要手动进行车次号注册。

4.4.3.4　进入 GSM-R 工作模式时，车次号注册不成功

如果出现"车次号注册失败"的提示，应按以下步骤进行检查及操作：

首先确认 CIR 屏幕左上角显示的车次号，如果车次号不正确，输入正确的车次号并注册；如果车次号正确，呼叫调度员并报告"XXX 次列车车次号注册失败"，然后按调度员指示行车，同时机车乘务员应及时向维修人员报告。

4.4.3.5　进入 GSM-R 工作模式时，可配置式功能按键不能正确显示车站名

如出现 GSM-R 工作模式时，CIR 屏幕下方的可配置式功能按键不能正确显示车站名，

应按以下步骤进行检查及操作：

确认 CIR 的线路名称是否正确，如果线路名称不正确（如列车在胶济客线运行，但 CIR 显示的线路名称为"胶济货线"），应按"切换"键进入运行线路选择界面，选择正确的运行线路，或者进入"运行区段"界面，选择正确的运行线路。

如果 CIR 工作方式是"自动"，但"自动"两字符闪烁，可能是卫星定位单元有故障。可通过查询"通讯录"，选择需要呼叫的车站进行通话；也可按下"本站"键，呼叫当前车站的值班员。

4.4.3.6 进入 GSM-R 工作模式时，不能接收进路预告信息

如出现 CIR 未按预期接收到列车接车进路预告信息时，应按以下步骤进行检查及操作：

检查 CIR 的车次号是否正确，如不正确，应输入正确的车次号。

检查机车号是否正确，如果机车号不正确，应呼叫调度并报告"XXX 次列车 CIR 设备机车号不正确，当前机车号为 XXXXXXXX"；如果机车号正确，应对 CIR 整机进行复位重启后，再尝试操作。如果 CIR 复位重启后，故障未消除，应呼叫调度并报告"XXX 次列车不能接收进路预告信息，机车号为 XXXXXXXX"。

4.4.3.7 MMI 未显示车次号信息

如列车进入正线运行后，CIR 屏幕左上方一直未显示车次号，应进入设置界面，输入正确的车次号。

4.4.3.8 MMI 显示错误的车次号信息

如列车在正常运行中，CIR 屏幕左上方车次号显示错误，应检查 LKJ 显示的车次号是否正确：如果 LKJ 显示的车次号不正确，应操作 LKJ 输入正确的车次号；如果 LKJ 显示的车次号正确，应操作 CIR 输入正确的车次号。

4.4.3.9 通话时音量过小或过大

通话过程中感觉音量过高或过低，应按以下操作调整：

（1）MMI 在主界面时，直接按"←"键，调低音量；按"→"键，调高音量。

（2）MMI 进入设置界面，选中"4、扬声器音量调整"或"5、听筒音量调整"，按"←"键，调低音量；按"→"键，调高音量，如图 4-4-6、图 4-4-7 所示。

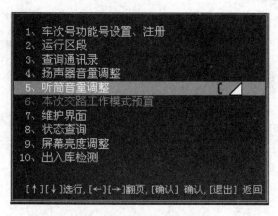

图 4-4-6　听筒音量调整选项

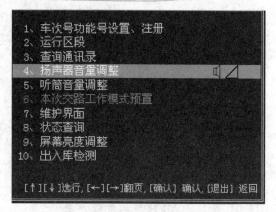

图 4-4-7　扬声器音量调整选项

4.4.3.10　天馈系统故障

如发现发射/接收功能不良时，应首先检查设备的天馈系统，注意是否是天线损坏或馈线接头接触不良，可用通过式功率计进行测量。

4.4.3.11　送受话器故障

送受话器是易损部分，出现故障的可能性较大。如发现按下 PTT 时，MMI 界面上的发射灯不亮，或发射灯亮但语音发不出去，或接收时，MMI 界面上的接收灯亮，但耳机听筒中没有声音，应检查是否是送受话器故障。

4.4.3.12　450 MHz 单元

通信不良时，如外围设备经检查无故障，应在库检时能发现 450 MHz 单元有故障指示。此时需更换此单元。

课后思考

1. 简述 CIR 车载通信设备故障的汇报流程。
2. CIR 故障处理的基本原则是什么？
3. CIR 故障定位的常用方法是什么？
4. 简述 CIR 的 SAGEM 语音模块功能号的注册过程。
5. 简述 CIR 的 SAGEM 语音模块功能号的注销过程。
7. 简述语音模块故障处理案例的处理方法。
8. 简述 SIM300 数据模块的应用注意事项。

9. 简述 GPRS 数据模块 IP 地址、当前 GRIS 服务器 IP 地址的获得过程。

10. 简述 GPRS 数据模块 IP 地址的注销过程。

11. 简述数据模块故障案例的处理方法。

12. 简述 GPS 单元故障处理案例的处理方法。

13. 简述记录单元故障案例的处理方法。

14. 简述主控单元故障案例的处理方法。

15. 简述电源故障案例的处理方法。

16. 简述 450 MHz 电台故障案例的处理方法。

17. 简述 LBJ 故障案例的处理方法。

18. 简述 MMI 故障的处理方法。

19. 简述 CIR 常见故障的应急处理方法。

参考文献

[1] 铁道部劳动和卫生司，铁道部运输局. 高速铁路通信综合维修岗位[M]. 北京：中国铁道出版社，2012.

[2] 铁道部劳动和卫生司，铁道部运输局. 动车组车载通信设备维修岗位[M]. 北京：中国铁道出版社，2012.

[3] 钟章队，李旭，蒋文怡，等. 铁路 GSM-R 数字移动通信系统[M]. 北京：中国铁道出版社，2011.

[4] 王邠. 铁路通信技术[M]. 北京：中国铁道出版社，2010.

[5] 邵汝峰，蒋笑冰. 铁路移动通信系统[M]. 北京：中国铁道出版社，2011.